财务BP丛书

业绩铁三角
预算、分析、激励

冯月思 _ 著

中信出版集团 | 北京

图书在版编目（CIP）数据

业绩铁三角：预算、分析、激励 / 冯月思著 . -- 北京：中信出版社，2024.1（2024.2 重印）
(财务 BP 丛书)
ISBN 978-7-5217-6103-0

Ⅰ.①业… Ⅱ.①冯… Ⅲ.①财务管理 Ⅳ. ①F275

中国国家版本馆 CIP 数据核字（2023）第 204597 号

业绩铁三角：预算、分析、激励
(财务 BP 丛书)

著者：冯月思
出版发行：中信出版集团股份有限公司
（北京市朝阳区东三环北路 27 号嘉铭中心　邮编　100020）
承印者：北京盛通印刷股份有限公司

开本：787mm×1092mm 1/16　　印张：25　　字数：363 千字
版次：2024 年 1 月第 1 版　　　　印次：2024 年 2 月第 3 次印刷
书号：ISBN 978-7-5217-6103-0
定价：79.00 元

版权所有·侵权必究
如有印刷、装订问题，本公司负责调换。
服务热线：400-600-8099
投稿邮箱：author@citicpub.com

谨以此书献给我的父亲母亲
冯建宏先生和邵小为女士

主创团队

冯月思

毕　瑶、吕广玮、孙　宇、谢　育
（按拼音排序）

特别鸣谢

周　强、郭丽清、杨　添、姚茂敦、杨慧敏、贾　琪、杨卓异、孙成义、佘家杰、陈　虹、刘　迎、张晓芬、徐晶玲、张　羽、骆　倩、余惟杰、杨　杰、陈雪婷、王文静、林夏淅、闫强寅、全体悦财志愿者、编辑及悦财群友们

目 录

序　　V

1 总论

第 1 章　业绩铁三角
1.1　定义：什么是好业绩　　003
1.2　内涵：好业绩，由什么决定　　008
1.3　模型：业绩铁三角　　016
1.4　基本功：盈利预测　　029

2 分析篇

第 2 章　四轮八步法
2.1　定义：什么是业务分析　　045
2.2　步骤：四轮八步法　　047

第 3 章　从战略到数据
3.1　KPI：战略牵引 KPI　　053
3.2　报表：我的报表为何没人看　　060
3.3　痛点：数据源错了，分析能对吗　　069

第 4 章　从分析到行动
4.1　定位：先细化，后排序　　075
4.2　深挖：找到"真问题"解决它　　082
4.3　讨论：业务分析会怎么开　　086
4.4　行动：定政策、调组织、配资源　　094

3 预算篇

第5章 定目标
- 5.1 定义：预算的六重境界　　111
- 5.2 理论：预算基础三连问　　119
- 5.3 目标：如何制定合理目标　　132
- 5.4 金额：指标高，达不成怎么办　　141
- 5.5 谈判：赢在预算谈判　　157
- 5.6 定性目标：支持部门目标怎么定　　164

第6章 配资源
- 6.1 定义：什么是"配资源"　　173
- 6.2 人：人工预算　　184
- 6.3 财：市场与差旅费用　　195
- 6.4 物：产品研发与生产　　205
- 6.5 时间：最宝贵的资源　　216

第7章 促行动
- 7.1 定义：行动为王，企业到底怎么动　　225
- 7.2 攻：降本增效，强化利润　　233
- 7.3 守：风险管理是创造大收益　　251

第8章 滚动预测
- 8.1 定义：什么是滚动预测　　260
- 8.2 迷思：初创业务要不要做预算　　270

第 9 章　战略规划

9.1　定义：什么是战略规划　　277

9.2　痛点：做预算没数据　　293

9.3　系统：好预算，要配好系统　　300

4　激励篇

第 10 章　奖金

10.1　定义：什么是绩效　　309

10.2　定义：什么是奖金　　314

10.3　本质：奖金要激发人性善　　326

10.4　实操：一起来做奖金设计　　332

第 11 章　股权激励

11.1　定义：什么是股权激励　　345

11.2　痛点：股权激励落地却引发公司动荡　　353

5　落地篇

第 12 章　组织转型

12.1　痛点：八成中国企业，尚未建成铁三角　　367

12.2　"土壤"：变革失败的根源　　370

12.3　组织：选对的人，10 年建成铁三角　　376

结语　管理，与人性为伴　　381

序

亲爱的读者，感恩相遇！我是悦财创始人：冯月思。

当您翻开这本书，我与您建立起了一层奇妙的关系。

在开始这段奇妙的旅程之前，我想以您朋友的身份，聊聊自己的人生经历。所谓先人后事，了解我个人，一方面，对您接下来批判性阅读给予一些参考，另一方面，仿佛是轻松品茗过程中认识一位新朋友，听听她的人生故事。

我是个一线财务工作者，在医药行业深耕。在世界500强外企，我从一位基层工作者，在10年间做到财务一号位，并辗转于上海、新加坡等地工作。这10年间，我深深扎根于世界500强外企的管理体系与管理实践，对这些体系有了深刻的认知。

2020年底，我开创了自己的财务媒体品牌"悦财"。当我开始在中国谈论"财务BP"（财务业务伙伴）这个概念时，几乎没有人了解这是什么。悦财从0开始，展开财务BP理论与实践的研究。2021年11月，我出版了第一本书《财务BP：500强高管的实践之道》，并获得了热烈的反响。悦财的工作经历，让我更深刻地认识了生意的本质，也重新认识了自己。悦财改变了我的人生使命和目标。慢慢地，我确定了未来10年的目标，我力争回答3个问题：

1. 财务BP是什么？
2. 财务BP在中国如何做成？
3. 财务BP如何做好？

我的第一本书初步回答了第一个问题：财务 BP 是什么。这本书，希望就第二个问题：财务 BP 在中国如何做成，进行有价值的探索。未来，我还会持续在这些问题上进行内容创作，陪伴中国企业走出有中国特色的财务管理之路。如果您是入门读者，欢迎您先阅读《财务 BP：500 强高管的实践之道》，对财务 BP 内容有初步了解，再进阶阅读本书。

2021 年，我躬身入局，回归企业。这一次，我没有再选择世界 500 强外企，而是加入一家颇具规模的内资药企，陪伴创始人展开企业第二曲线的探索之旅：厘清战略、有效投融资、实现管理转身。这次躬身入局对我意义非凡。我跳脱了一名财务工作者的角色，从一个企业高管、二次创业者的角度，从整个公司的战略、产品、机制、组织等维度，以未来 10—30 年的时间来平衡利弊、抉择道路。

日复一日在内资企业管理一线的工作，让我理解了我国企业在业务财务转型中真正的痛点，并在其中不断摸索解决之道。基于我国企业的一线问题，结合世界 500 强外企成熟的管理实践，我试图探寻其中可能的"捷径"与"扎根之法"。期间，我把真实的问题、解决方案记录下来，同时提炼深层次的管理理论与管理哲学，成就此书，并与广大读者分享，一同探讨企业业绩长青之道。

在这本书中我就几个关键问题进行展开：

1. 什么是业绩？什么是好的业绩？
2. 什么因子从根本上助推了好的业绩？
3. 为了实现好的业绩，管理者需要从哪里入手？
4. 预算、分析、激励怎么做才能真正提升企业业绩？

本书全景式地展示了世界 500 强企业从战略到激励的完整业绩管理流程，以及世界 500 强企业预算、分析的完整工作方法。同时，本书对世界 500 强企业最佳实践中国本土化进行了深入探讨，力求为我国广大一线人员开展预算、分析、激励工作提供有益指导。本书的内容创新主要包括：

1. **业绩模型**：开篇探究了"企业如何实现好的业绩"这一根本问题，从"道、法、术、器"四个层面给出了业绩模型。

2. **业绩铁三角**：首次将预算、分析、激励三项内容进行有机整合，形成"业绩铁三角"理论，并向读者展示从战略制定至激励的完整流程。

3. **三大预算**：本书并未从过往我国流行的全面预算角度出发，而是从世界500强企业经典实践"三大预算"（战略预算、年度预算、滚动预算）角度展开论述，将"三大预算"概念引入我国。

4. **预算三步法**：过去，预算著作对预算流程的总结通常是两步走，先定销售目标，再牵拉考核激励。本书首次在预算步骤上提出："定目标、配资源、促行动"三步法，大大强化了预算流程的完整性与实战性。

5. **分析"四轮八步法"**：在《财务BP：500强高管的实践之道》一书中，我初步介绍和分享了四轮八步法，得到读者广泛好评。本书在前书1万字内容的基础上，将分析内容增至4万字，详细剖析了四轮八步法的理论与应用。

您可以把本书当成故事集来读，通过参考真实的案例来构建自己的理论与模型。您也可以把本书当成一本教材，运用其中总结的模型与步骤，在自己的工作中践行预算、分析、激励的闭环方法。无论您是初学者，还是资深财务从业者，我都建议您可以配合本书提供的思维导图，进一步理解书中所分享的管理中的理论与哲学。希望每一位读者可以批判性地吸收本书中的体系，进而形成自己的知识体系，并游刃有余地将其应用在实际工作中。

在这场奇妙旅行开始之前，我想感谢多年来我工作中的导师们，感谢他们的倾囊相授，感谢悦财志愿者日复一日地审稿，感谢我的先生对我的鼓励与支持。我想特别感谢中信出版社的编辑老师们，感谢你们对本书如此倾情地付出，并把它从财务领域推广至大管理领域，让万千读者亲身体会财务管理的乐趣与魅力。谨以此书抛砖引玉,愿我国业务财务事业蓬勃发展,也愿读者有所收获,并对不足之处多加包涵与指导。

如您有任何问题,欢迎您通过微信(ruoshiqingtian666)与我联系。

冯月思

于上海家中

1

总论

第1章
业绩铁三角

1.1 定义：什么是好业绩

清晨，我打开手机，一组数字映入眼帘。

1. **四成企业亏损**：根据数据统计，2021年，A股市场4 803家上市企业中，1 851家公司业绩净亏损，占A股公司的38.5%。
2. **收入成长率逐渐下行**：回顾2017—2021年这5年，A股企业的收入成长率曲线从2017年高点的17.5%逐年降至2020年受疫情影响的2.8%。2021年触底反弹，为18.6%，创近10年来新高。
3. **净利润率8%**：多年来，A股公司的平均净利润率在7%—8%徘徊。

这些数字反映了目前我国企业的真实困境：许多企业并未真正找到赢利的法门，上市公司有四成未赢利，其他公司的情况未必会更乐观。许多公司进入历史发展的新时期，不复当年的成长率，找不到内生的新动力。

为什么我国部分企业会面临业绩之殇呢？这首先要从企业的历史阶段来看。我国企业在数十年发展过程中，普遍须经历三个重要阶段。

1. **产品山**：企业早期的成功，大部分是产品力的成功，或是核心竞争力的成功（如商业模式、营销模式等），这些第一曲线的成功带有一定的偶发性质。

2. **资本山**：紧接着，企业就谋求 IPO（首次公开募股）上市。企业第二阶段的成功是资本的成功，在更广的范围调动资源，形成规模。
3. **管理山**：当企业发展到一定的阶段，为了寻求中长期持续稳定的发展，第三阶段会寻求管理体系的构建，跨越人治到法治的阶梯，通过卓越运营实现基业长青。

这三个阶段的成功，仿佛一株小苗长成参天大树的过程。先是有一株苗破土而出（一个好的产品或一个独特的商业模式创意），然后不断施肥灌溉（资本注入），再扎根管理，形成参天大树的根系。然而，企业与自然界所有生命一样，终究都会归于尘土，没有一家企业会长生不老，最终都会走向消亡。

中国目前有多少企业基本翻越了管理山呢？2022年10月28日，我在悦财公众号上发布了企业业绩管理成熟度的问卷调查。问卷结果显示，目前中国内资公司有23%的企业表示已经成功构建了业绩管理体系，77%的企业表示仍在探索之中。

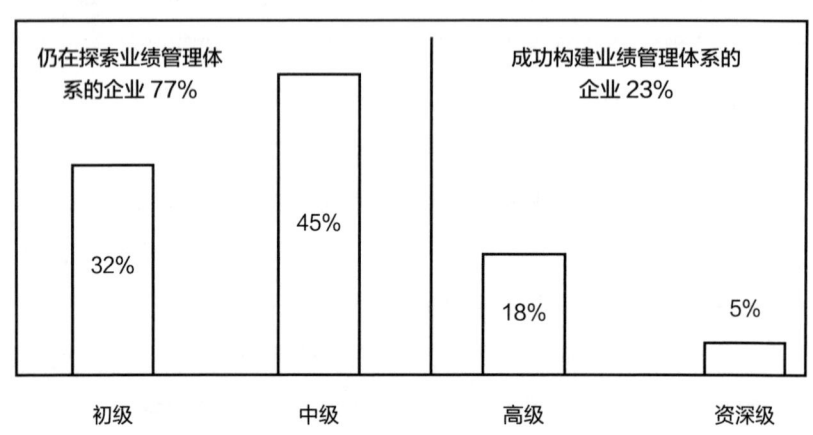

图 1-1 中国内资企业业绩管理体系成熟度分布

也就是说，目前中国近八成的企业，仍在苦苦探寻构建业绩管理体系之法，尚未弄清跨越管理山、实现基业长青的底层管理思路。

有人问，如果成功跨越管理山，会有什么好处？许多企业已经成为业内的隐形冠军，靠着创始人的人治方式做到了千亿市值。不跨越管理山又会有怎样的弊病？这些企业在取得短期成功的同时，可能面临以下中长期的困扰。

1. **收入**：企业管理混乱，遭遇收入增长瓶颈，无法做大做强。
2. **利润 / 市值**：企业大而不强，利润低，市值远低于对手。
3. **被并购**：企业管理不善，但拥有较强的产品或商业模式"护城河"，因存在管理套利空间而被并购。
4. **无法获得长期稳定的业绩**：成为隐形冠军不难，难的是成功以后长期保持行业冠军。仅仅数年的成功不可复制，企业缺乏有效管理支撑，业绩增长无法持续。

归根结底一句话：要实现长期稳定的业绩，要实现企业基业长青，必须跨越管理山。如果说许多企业没有做到系统化管理也成功了，那这个成功还未经受时间的检验。凡是基业长青的企业，无一例外地都跨越了管理山，形成了完备的管理体系，证明管理对于基业长青是不可或缺的因子之一。

既然管理山如此重要，且世界上有成熟的财务管理和业绩管理经验值得借鉴，为什么我国企业不去跨，或者跨不过去呢？主要原因如下。

1. **回报慢**：许多企业过往业务发展得好，一俊遮百丑，创始人没有认识到管理的重要性。从世界 500 强企业的管理实践来看，进行业绩管理体系搭建的工作，确实非常"慢"，普遍历经二三十年，需要一代人的艰苦奋斗。回报慢属于经典的"反人性"投资决策，企业难以在短期内取得显著成果，因此真正敢投、能投的人寥寥无几。
2. **个人强**：许多"创一代"习惯了以个人英雄主义治理企业，不想把自己的能力沉淀在组织上，形成公司管理体系。不愿企业从"没我不行"的英雄主义状态，转变为一个"离开我企业发展会更好"的

"强体系、自运转"状态。革自己的命,也是"反人性"的管理决策。

3. **"土壤"差**:进行业绩管理体系的搭建,需要众多底层"土壤"的支撑,包括:投资人、高管团队对管理的深度认知,一号位及高管团队懂管理,公司实行法治而非人治,公司政治环境不能过于复杂以致阻碍组织转型等。许多企业家下决心进行变革,但都倒在了"土壤"治理这一关。

4. **经验少**:坦率说,目前中国企业对业绩管理体系的搭建,财务管理能力的整体提升的认知、经验、专业人才储备,相较发达国家,仍有10—20年差距。这些差距若要弥补并非一日之功。我国在业绩管理和财务管理领域的专业人才偏少,成功经验有限,是阻碍企业变革的关键因素。但只要我们认识到它的必要性、紧迫性,以及对企业的真正意义,整个中国的企业共同探索,再前进10年或20年,必能产生积跬步以至千里的效果。

要谈业绩管理,我们需要在本章回答以下4个问题。

1. 什么是业绩?
2. 什么是好的业绩?好的业绩的标准是什么?
3. 什么因子,从根本上助推了好的业绩?
4. 构筑业绩管理体系,管理者需要从哪里入手,怎么做?

问题一:什么是业绩?

"业绩"一词指工作的成果、绩效。我们可以看出,业绩是结果,是产出。在企业中,企业的业绩主要反映在收入、利润、资产、现金流与市值等方面。

问题二:什么是好的业绩?好的业绩的标准是什么?

好的业绩是指企业可以获得的长期、稳定的高业绩。也就是说,长期、稳定、高,是好业绩的三大特征。

长期：评价一个公司业绩的重要标准，是看其是否能在 20—50 年的时间里，历经多个周期、多任 CEO（首席执行官）、创造出多个第 N 成长曲线后，仍能不断创新和进化，实现基业长青。

稳定：稳定性是评价业绩质量的重要标准。稳定的业绩可以帮助企业形成组织能力匹配。试想，一个公司第一年收入 5 亿元，第二年收入 2 亿元，公司会按几个亿来招聘员工和建设厂房？肯定是 2 亿元。为什么？按 5 亿元做，第二年收入变 2 亿元，那多的 3 个亿所对应的员工、厂房的成本会给企业带来大量亏损。总的来看，只有业绩长期稳定的公司，才拥有真正强大的内核，才掌握了业绩管理的秘籍。如果一家公司短期取得辉煌业绩又快速下滑，证明其业绩管理体系并未真正搭建成功。

高：公司为社会带来了巨大的价值，推动社会的发展，是行业中的翘楚，受人尊敬。公司的收入、利润、现金流、市值等达到并超越内外部预期，并能够在中长期竞争中跑赢对手、跑赢市场。没有这家公司，客户的生活会不一样。

写这本书的过程中，一个关键的问题一直萦绕着我。那就是：为什么企业需要预算和分析？我认为，离开预算、分析等业绩管理体系，企业或许也可以获得短期高业绩，但企业很难获得长期而稳定的业绩。

案例：没有管理体系，公司也成了独角兽

有一年我在常州，一位伙伴和我说他们公司是常州的明星企业，在老板的带领下做到业内全国第三。但是公司没有管理体系，预算基本形同虚设，所以他认为预算本质上无用。

这个时候我请教他："请问贵公司成为全国第三有多少年了？"他说："三年。"

我说："证明业绩的好，是在 20—50 年的历史周期中，超越行业、超越对手，而不仅仅是短期的高业绩。如果此刻贵公司没有管理体系也成功了，并不能就此得出管理体系不重要的结论。至少需要再过 10 年观察公司的业绩曲线后，方能有所论断。"

有人问：长期、稳定、高三个方面，哪个方面最重要呢？对于小企业来说，高更重要。但是对于具有一定规模的企业来说，长期和稳定更重要。10年内昙花一现的公司不需要管理体系，但若想基业长青，没有管理体系是万万不能的。

1.2 内涵：好业绩，由什么决定

业绩模型：道、法、术、器

问题三：什么因子，从根本上助推了好的业绩？

为了回答这个问题，我总结了业绩模型。

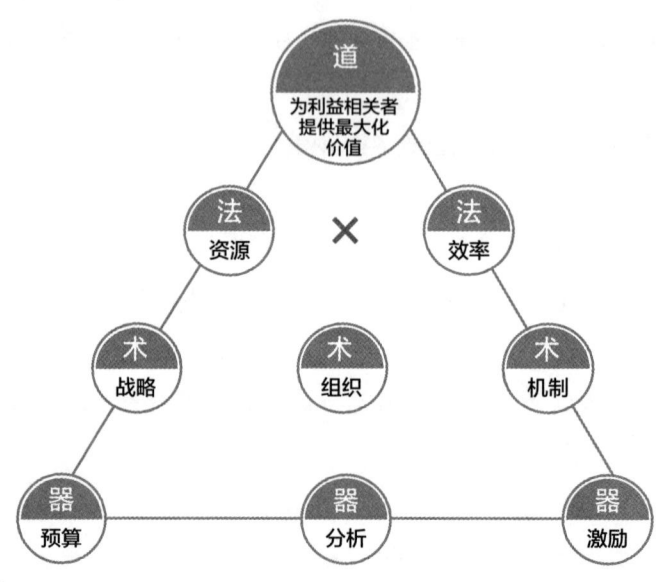

图 1-2 业绩模型

此模型分为道、法、术、器四个层次。

道：提升企业业绩的根本方法，是为利益相关者提供价值——长期的、疯狂的、最大化的价值。

法：业绩 = 资源 × 效率，企业业绩由资源和效率这两大关键因素决定。其中，资源是基础，效率是升华，两者相互依存，共同作用。

术：资源主要包括人、财、物、时间，效率主要由战略、组织、机制等决定。

器：企业业绩管理的关键工具包含预算、分析、激励等。形成业绩管理体系的目的，是帮助企业实现长期、稳定的业绩。

实际上，不仅企业有业绩，每个人也是有业绩的。个人业绩如何体现？工资就是很好的体现方式。既然业绩模型可以阐述企业业绩提升之道，那能不能帮个人回答如何涨工资的问题呢？我们一起试试看。

案例：运用业绩模型，为自己涨工资

我的朋友陆其，是一家有着 20 多年历史的江苏民企的元老，在公司里负责过许多不同的部门：研发、销售、人事、IT（信息技术）。最近老板给了他一个新任务，让他来负责财务部。他来财务部的第一天，财务部的同事欢欣鼓舞，激动地对他说："老板，您可来了。我们的活儿您不用担心，就是咱们部门的工资问题还需要您给解决。"陆其做过几年的人事负责人，深知各个部门同事的工资。陆其说，公司有个奇怪的现象，就是财务部的工资是所有支持部门里面最低的。招应届毕业的大学生，财务部的起薪也要比人事部门少 2 000 元。人事部前几年就设置了人事 BP 岗位，人事 BP 年薪可以达到约 40 万元，但是财务部的总账会计的年薪还是约 20 万元。去年，陆其主管 IT 时，把公司的数字化做了部分提升，财务部 5 位同事的工作被机器取代了，目前他把几位优秀的财务同事转岗到新成立的财务 BP 部，转岗的同事都暗示他工资要和人事BP看齐。那么，以什么理由去和老板沟通，要给团队大幅涨薪呢？

业绩模型之道：提升企业业绩的根本方法，是为利益相关者提供价值。

涨薪与否不是由老板决定的，而是由员工为公司创造了多少价值而决定。这就是业绩之道。企业的目标，是为利益相关者提供价值，长期的、疯狂的、最大化的价值。哪个人想获得更高的工资，就要为公司、为老板创造最大化的价值。相反，为什么会计同事工资不高，因为其提供的价值不够高。

举个例子，如果公司目前现金流短缺，你可以为老板提供维持未来1年的融资（假设为1亿元），那么你和老板说我想提成2%，老板是否会考虑？

业绩模型之法：业绩＝资源×效率，企业业绩由资源和效率这两大关键因素决定。其中，资源是基础，效率是升华，两者相互依存，共同作用。

以国内CFO（首席财务官）的薪资待遇为例，国内CFO的工作主要分为两种：一种是以资本运作为主，尤其以IPO等筹资活动为主；另一种是为企业经营服务的CFO。做管理的CFO年薪从几十万元到500万元不等，做IPO的CFO如果IPO成功，平均年薪可以从几百万元到数千万元不等。

为什么做IPO的CFO会比做日常经营的CFO薪酬高这么多呢？因为他为企业带来了资源。什么资源？财。尤其对于早期的公司，资金是企业的生命线，他为老板带来了本质的价值。做IPO的CFO提供资源，做管理的CFO提升企业效率。工作不同，价值不同，工资不同。为何提供资源的人往往更值钱？因为资源与效率相比，往往更稀缺。稀缺引发高定价，这是商业社会的法则。

业绩公式中，资源是基础，效率是升华。以烹饪为举例：一位大厨，要想做出一盘好吃的糖醋小排，他首先必须下料——小排、糖、醋、葱、姜、蒜等食材。但是，仅仅下料是远远不够的，他还需要用自己精湛的厨艺，将其转化为一盘糖醋小排。没有食材，巧妇难为无米之炊，但仅仅有食材，也无法做出一盘佳肴。

业绩模型之术：效率主要由战略、组织、机制等决定。

其实一个人的职业规划特别重要，这就类似业绩模型的战略。如果你选择一辈子做报销会计，或选择做财务BP，或选择做IPO，你的薪资天花板会有很大的不同。这就是战略方面的不同。人的选择源于认知，人永远无法赚到自己认知之外的钱，一个人如果不了解财务BP，不了解IPO，可能就永远无法朝着这个方向努力。能赚多少钱，选择比努力更重要，这选择就是战略。

由此，我们运用业绩模型的道、法、术三层次，剖析了一个普通人如何提升自己的业绩（工资）。接下来，我们展开来看业绩模型的细节。

业绩模型的细节

道：树立正确的目标。

企业的目标，是为利益相关者提供价值：长期的、疯狂的、最大化的价值。业绩是果，而创造价值是因。这里的利益相关者，包括内部员工、外部客户、供应商、我们的社区、政府等。这里的价值，既可以是商品所带来的直接价值（例如：药品可以减轻病痛），也可以是效率价值（减少交易成本，提升交易效率）等。

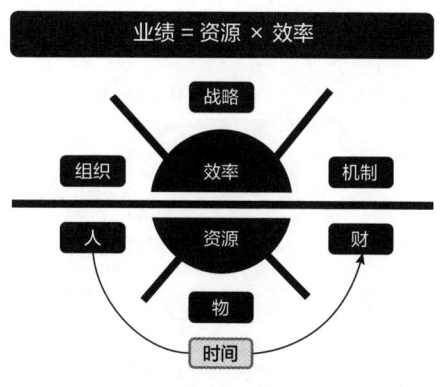

图 1-3　业绩公式

**法：一个企业业绩的好坏，取决于企业投入（或利用）的资源，及其运转效率。

首先,企业要合理地投入资源。哪些资源呢?人、财、物、时间。其次,这些资源不能无序运转,企业应该创造一个良好的经营环境,以及支持性制度,确保投入的要素可以有序运转,高效使用。如果一个公司,业绩不好,原因可能是其本末倒置地追逐目标;或者是其并未有效地投入和整合资源(资金有限、组织混乱等);抑或是其虽然投入了资源,但是并未有序运转、高效使用。

术:企业效率的提升,是因战略、组织、机制的有机结合而成。

战略是大脑,组织是器官,机制是血液。战略决定方向。首先,战略需要回答"想去哪儿"。目标是企业的使命、愿景、价值观,以及财务目标。路径有两条:一是企业所提供的产品和服务,二是企业的商业模式。其次,战略要审视"能去哪儿"。企业围绕目标不断构建核心竞争力,形成"护城河"。目标和能力本就是一体两面。离开自身能力空谈目标是不现实的。同时,能力往往是"事中练"出来的。企业如果仅仅打胜仗但是没有获得相应的能力,就等于打败仗。最后,战略执行是战略的关键组成部分。

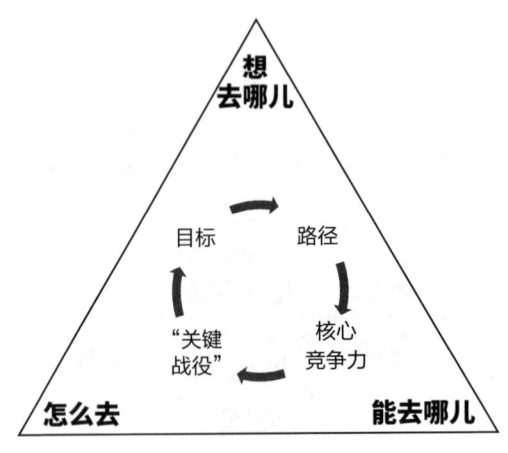

图 1-4 战略铁三角

战略方向一旦定了,人才就是决定因素。这里的"组织",是广义组织的概念,包含了组织设计、招聘保留、绩效管理、企业文化、人才培养、全面薪酬等方面。同时，它还包含了组织进化、变革等深层次话题。

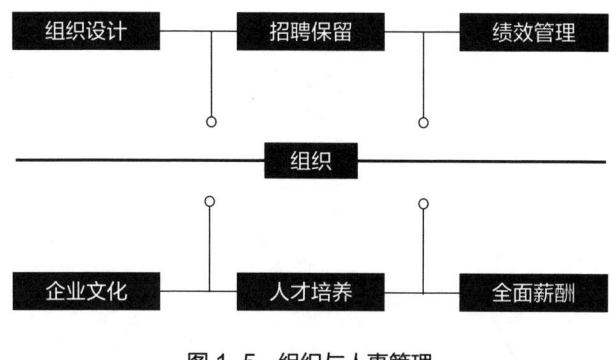

图1-5　组织与人事管理

机制是固化的规则与干法。它通过系统化地分配责权利，有效链接企业各要素，形成公司运转的底层逻辑与文化状态。机制包含了德治与法治两个层面。德治包含企业的底层哲学、文化等；法治包含了具体的制度、规则、系统等。

机制的作用主要能带来：稳定、长期、高效率。

企业主要有三大机制：用人机制、权力机制、分配机制。而这三者中，用人机制最为关键。权力机制中包含治理机制、分权机制、监督机制等。

从机制铁三角中我们可以看到，机制紧紧围绕着三件事展开：人、钱、权。

- 人：机制的执行靠人。人在机制外，却能左右机制的走向。
- 钱：经济基础决定上层建筑，权是由钱派生而来。经济的崩溃，会造成社会的崩溃，钱没了，权也没了。
- 权：一旦有了权，权还可以生钱。

那么，如何判定一项机制是好的呢？我认为有以下几点：第一，好的机制提升组织或社会的效率；第二，好的机制激发人性善，抑制人性恶，激发人性潜能；第三，好的机制是与时俱进的；第四，（历史上）好的机制可传用数千年，福泽万亿人；第五，好的机制指向明确，解决主要矛盾；第六，好的机制有效平衡权力。

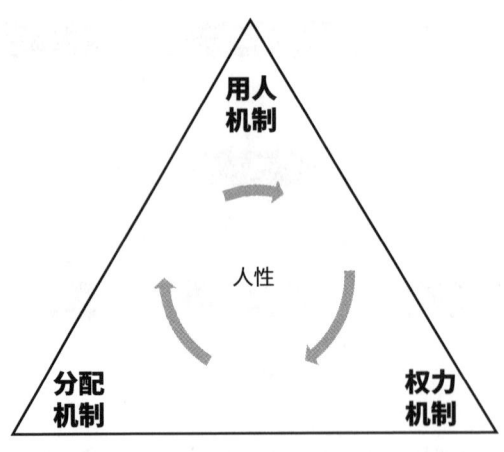

图 1-6 机制铁三角

战略、组织、机制与企业发展阶段紧密相连，三者随着企业发展阶段的提升而不断演化、进阶。

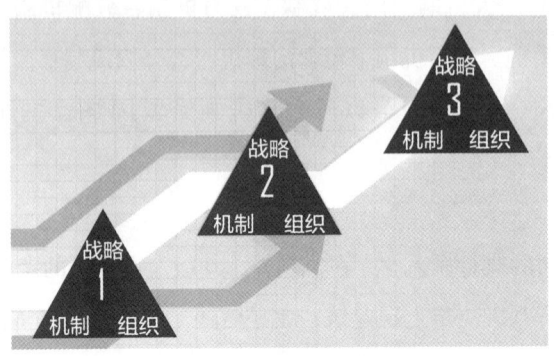

图 1-7 战略、组织、机制的演化进阶

战略、组织、机制的演化，主要有 3 个要点：第一，战略、组织、机制要与时俱进，随时间、环境的变化而变化；第二，在同一时间点，战略、组织、机制之间要相互匹配，当前的战略要匹配当前的组织能力；第三，战略、组织、机制的成功，要拉长时间线谋划布局，不求一时一地的得失，而求长远和全局的成功。

器：预算、分析、激励等工具，助力企业形成业绩管理体系。

为了完成战略、组织、机制的有机配合，我们需要一系列流程与工具，将企业的战略制定、目标设置、组织完善、业绩评估、奖励发放等方面串联，这当中的核心流程，就是预算、分析与激励。这些流程组合在一起，就形成了企业的业绩管理体系。

企业为何需要业绩管理体系呢？企业在发展的早期，主要由老板带着团队干，老板行"人治"效率最高。但是当企业规模不断扩大，人治效率不仅低下，且无法稳定输出，即无法形成长期、稳定的高业绩。这时候，就需要行法治，也就是需要业绩管理体系的支撑。业绩管理体系大大提高了（规模化）组织的运作效率，同时强化资源配置，有效提升企业业绩。因此，我们将预算、分析、激励有机组合，形成"业绩铁三角"模型。这本书通过预算的流程、步骤、业绩分析等工具，深入探究战略、组织、机制等的相互作用机制，助您真正掌握业绩提升的法门。

管理是科学与人性的结合。管理既是科学，又是艺术。什么艺术？人性的艺术。科学与艺术两者有如道家之阴阳，科学为阳，艺术为阴，两者相互平衡、融合、相互作用，形成了一个统一的生态。一个好的管理者，既需要熟练掌握管理的科学，又要深谙人性，方能成事。

人性的艺术包含哪些内容呢？发扬人性善，抑制人性恶，充分激发人的潜能。我把它总结成六个字：扬善、除恶、挖潜。

深谙人性的管理者可以通过激励等机制不断提升人的主观能动性，弘扬人性之善；同时不断与自私、贪婪、懒惰、短视等人性之恶博弈，让能力沉淀在流程组织系统之上，以平衡人性之恶。在发扬人性善，平衡人性恶，充分激发人的潜能的同时，我们还必须学习科学的管理方法和流程。尊重管理的科学性，是管理成功的关键因素。

这本书的明线是从管理的科学出发，暗线是通过人性来串联，更多的是在理论和实践的层面来分享业绩管理的方法与案例。

1.3 模型：业绩铁三角

业绩管理 5 步法

问题四：构筑业绩管理体系，管理者需要从哪里入手，怎么做？

如果只是想实现高业绩，未必需要构建业绩管理体系。但是如果想实现长期而稳定的业绩，则必须构建有效的业绩管理体系。那么，如何构建业绩管理体系呢？

业绩管理包含 5 个主要流程。

1. **厘战略**：清晰制定企业战略。
2. **定目标**：确定企业短期、中期、长期的业务目标与财务目标。
3. **拿结果（做分析）**：完善执行，并在执行过程中不断分析问题，解决问题。
4. **评业绩（论功）**：对业绩进行评价，为薪酬、升迁等提供评价依据。
5. **分利益（行赏）**：包括短期激励与长期激励，进行利益分配。

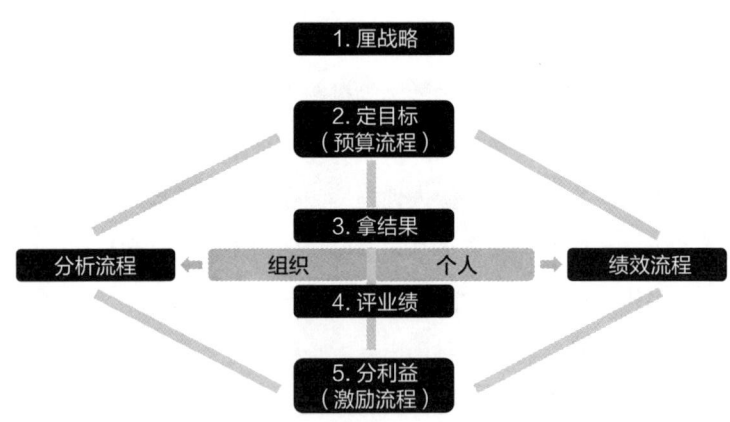

图 1-8　业绩管理 5 步法流程

业绩管理，包括战略制定、目标制定、资源配置、行动转化、分析跟进、绩效考核、激励，这是一个完整的管理体系与闭环。这里的闭环有两个层次的含义：一是预算要形成自己的完整闭环，也就是说要形成战略预算、年度预算、滚动预算三大预算的闭环。分析要完善从战略到数据，从数据到分析，从分析到行动，从行动重回战略的分析闭环。二是预算、分析、激励这三大工具要形成业绩铁三角闭环。这样，业绩管理体系就有了坚实的基础。

今天大部分企业在业绩管理过程中，都是多个部门参与工作：战略部门制定战略；业务和财务部门定目标，做分析；人事和运营部门评业绩，分利益。每个部门的同事各抱一条"象腿"，各自进行"盲人摸象"的工作：战略制定之后，无法衔接目标，更无法落地；目标的制定与激励不能有效联结；激励方案的制定与战略战术脱离，使得员工个人目标与组织目标相偏离。如此种种。而深究其背后的原因，是因为各个部门的同事割裂地理解和认知业绩管理，只见树木，不见森林。

要知道，业绩管理的5个流程并不是割裂的，它们是有机的整体。制定战略的时候，也要考虑其落地的可能性，制定预算目标，必须有效牵拉绩效目标，制订奖金计划的同事必须理解战略，让奖金反映战略意图，有效落地。只有形成有机的整体，业绩管理体系才能真正发挥其效力。

这就是我构建"业绩铁三角"模型的最根本的原因，我希望此模型可以有效地为大家描绘"整片森林"，让大家走出"不识庐山真面目，只缘身在此山中"的混沌状态，先从整体出发构建完整框架，再进入各自的领域工作，必将事半功倍。

业绩铁三角：预算、分析、激励

接下来，我们一起来看"业绩铁三角"模型。"业绩铁三角"模型有三项内容：预算、分析、激励。总体来说是：三个顶点、三条边、一个面，形成闭环使用，目的是提升企业业绩。

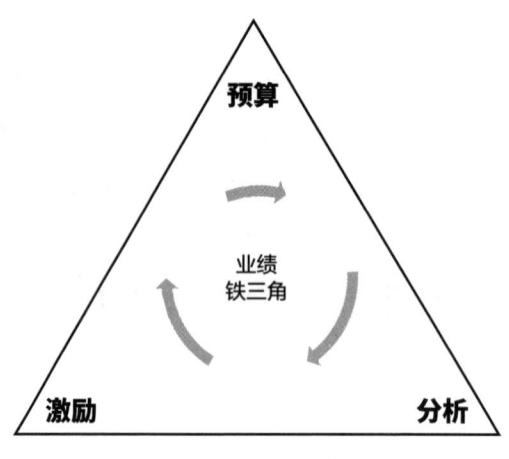

图 1-9 "业绩铁三角"模型

"业绩铁三角"模型的主要作用有以下几点：

1. 回答了构筑业绩管理体系应该从何处入手；
2. 细化了预算、分析、激励等工作完整的内容，形成各自闭环；
3. 强调在业绩管理过程中，预算、分析、激励三者须联合发力，并强化战略、组织、机制这一管理思想。

接下来，我们展开业绩铁三角的讲解：三个顶点、三条边、一个面。我们首先从三个顶点开始。

业绩铁三角：三个顶点

预算。业绩管理最重要、最根本的工具是预算。预算承载战略，为战略制定和落地而生，这决定了预算的龙头地位。预算通过长规划（3—5年）和短计划（1年），有效规划企业未来的方向与路径、制订经营计划、合理配置资源、牵引组织和"关键战役"，是企业未来发展规划的"大脑"。

预算的目的，并非仅仅为制定目标，预算的目标是通过有效的规划，牵引行为，切实提升企业短、中、长期的业绩。预算的步骤，主要分为：定目标、配资源、促行动。

在实际工作中，预算的实操痛点非常多，主要原因在于以下几条。

1. 预算是面向未来的，公司高层 70% 以上的时间都是在做面向未来的工作，而未来往往带有模糊性、难以预测性。
2. 预算是分析、激励、费用管理等诸多流程的前置流程，因此大家在讨论预算的过程中，自然混杂了大量流程，将预算的内涵与外延大幅放大。
3. 预算一般不直接推动业绩提升，需要通过战略、组织、机制来推动，一旦无法推动业绩，预算往往成为"背锅侠"，被指无用。

预算的理解与学习，可以遵循华为的先僵化、后优化、再固化的思路。一上手，先学习预算的整体流程：年度整体的规划日历是怎样的，每个月要做哪些事情。逐步学习战略预算、年度预算、滚动预算的细节。再进一步直指核心：厘清战略，强化组织，配套机制。

分析。一旦预算确立，我们就要按计划去实际运行。运行过程中，我们肯定会发现许多问题。这个时候，就需要持续分析、改进，分析也就应运而生。

业务分析，是在业务发生之后重新复盘财务和业务数据，找到其中问题并解决问题，以帮助企业更好地实现其经营目标。业务分析是企业内部与客户对话的关键过程，是提升企业外部适应的利器。

业务分析与预算的终极目的是一样的，都是带来行动改变，提升业绩。不同的是，预算是通过事先谋划和布局，以达到行动改变的目的，而分析是通过事后分析复盘，带来新一轮的行动改变。带来行动改变的方式，都是通过配资源（人、财、物、时间）以及提效率（战略、组织、机制的完善）来达成的。

分析总的来说分为 4 步：从战略到数据，从数据到分析，从分析到行动，从行动重回战略。

分析与预算相比相对简单，但是入门略难：大部分人缺少分析的方法，看到数字找不到问题和解决方案。一旦入门，就豁然开朗。但分析非常依赖公司的底层数据质量以及数字化系统等，对公司综合管理水平要求较高。在学习过程中，我们可以先理解"四轮八步法"，再长期坚持分析实践，以逐步提升。

激励。预算的关键工作是定目标，目标不是愿景，不是摆设，目标最重要的作用之一就是作为考核的依据，作为奖金发放的衡量依据。激励一般分为短期激励与长期激励。短期激励主要为奖金，长期激励主要为长期股权激励（如期权、限制性股票等）。

如果说预算、分析与企业利益或组织利益相关的话，那激励就与个人利益紧密相连，能够非常有效地激发人的主观能动性。激励也是属于入门简单，但精进难的工作。激励一半是技术，一半是艺术：想做好激励，除了深度理解战略、运营之外，还要对人性有较深的把握。

业绩铁三角：三条边

在了解了业绩铁三角的三个顶点（预算、分析、激励）之后，我们还必须理解它的三条边：

1. 预算与激励的串联；
2. 预算与分析的串联；
3. 分析与激励的串联。

预算与激励的串联。预算与激励最关键的串联，是二者目标的串联。当预算的目标与激励的目标统一起来，就有效统一了组织的目标与个人的目标，统一了公司资源的投放（例如人、市场费用等）方向与个人的努力方向。

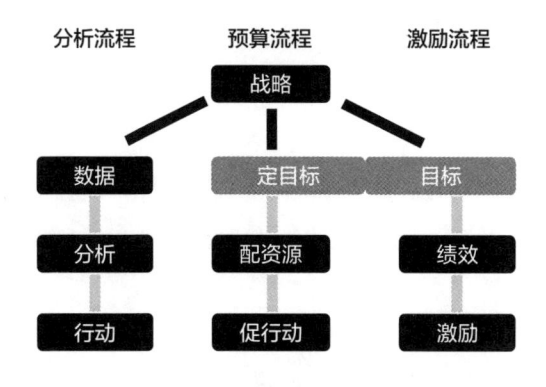

图 1-10　业绩铁三角流程

但在实操过程中预算的目标与激励的目标脱节是一个普遍存在的痛点，出现预算是预算，激励是激励，组织向东走，个人向西行的现象。因此预算与激励的有机组合是完善业绩铁三角的关键。

预算与分析的串联。分析与预算是"鸡生蛋、蛋生鸡"的关系。定目标之后，就是拿结果，在拿结果的过程中就要跟进分析，持续改进。得到了分析结果，又进一步指导了下一次定目标。因此，预算与分析互为前置流程和后置流程，形成完整闭环。

在分析过程中，我们经常做的一个分析就是预算达成率。例如，小张的收入预算目标是 1 个亿，他达成了 9 000 万元，他的达成率是 90%。通过这个达成率，我们要分析差距，制定行动方案。但是，我们会发现，许多企业的预算指标比较高，相对脱离实际，那么达成率就很低。有的时候达成率仅有 60%—70%，有的时候甚至只有 20%—30%。因为预算指标制定得不合理，会造成分析的失灵。

分析与激励的串联。分析出问题，我们必须还要解决问题，怎么解决呢？进行激励的调整就是一个很好的手段。这是从分析到激励的串联。同时，每个季度发放完奖金，我们也会对实际发放的奖金进行分析，看看激励政策是否有问题，是否需要调整改进，这是从激励到分析的串联。

业绩铁三角：一个面

当三个顶点、三条边组合好之后，就形成了一个三角形的面。这个面如何理解呢？首先，预算、分析、激励三者相互联结形成闭环。其次，预算、分析、激励通过提升企业战略、组织、机制而提升企业业绩。

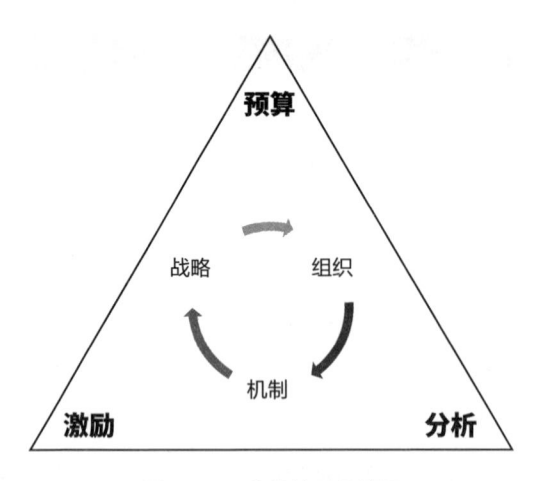

图 1-11　业绩铁三角的面

做预算的目的，不是做表、填表、用预算卡报销。做预算的目的，是通过预算流程，厘清战略方向，布局业务计划，匹配相应资源，提升企业业绩。也就是说，预算、分析、激励仅仅是工具，就像盛饭的饭碗，我们吃的是饭，不是饭碗。饭是什么？战略、组织、机制。企业战略清晰了，组织激活了，机制有效了，业绩才能提升。这是"业绩铁三角"理论的核心内容。

在了解了业绩铁三角之后，许多读者会问：如何实操落地呢？在实操落地铁三角的过程中，我们往往会先构建年度规划日历。那么，年度规划日历一般是如何安排的？我们来看最佳实践。

年度规划日历

一般公司会制作一份年度日历，将预算、分析、激励等工作节奏和工作

表 1-1　年度规划日历

年度规划日历							
项　目	1月 启航月	2月	3月	4月 战略规划 启动月	5月 产品月	6月 项目月
战略规划				战略规划启动，明确财务目标，战略分析等	研发、营销启动战略规划：产品矩阵、市场模型、商业模式、技术平台、BD（业务拓展）投资等	供应链、人事、财务等部门启动战略规划，所有部门自下而上提交战略规划审核，启动部门重点项目评审
业务计划	指标金额最后调整	成本中心预算				
滚动预测		一季度滚动预测	一季度滚动预测		二季度滚动预测	二季度滚动预测
关　账						半年关账结束
绩效激励	年度排名、绩效面谈、年终奖发放				长期激励讨论启动		长期激励确认
组织人才	权责手册、年度评优、组织架构调整				文化纲领		上半年晋升
预算顺序					营销—研发—供应链	

项　目	7月 战略规划 收官月	8月 业务计划 启动月	9月 资源月	10月 指标月	11月 绩效月	12月 业务计划 收官月
战略规划	公司战略规划确认、5年指标下达、重点项目确认（含组织、投资等）					
业务计划		公司业务计划启动：公司下一年度财经总体目标，战略初稿	各部门业务计划准备、利润表讨论、资源配置讨论	明年指标落实、市场会、销售会、预算会等，团队指标分配	团队指标落实、市场费用落实、客户明年合作谈判启动、经销商会	团队指标录入系统
滚动预测		三季度滚动预测	三季度滚动预测		四季度滚动预测	四季度滚动预测
关　账			做好三季度关账及全年预测，作为指标谈判重要依据，三季度关账结束			
绩效激励	半年绩效面谈、半年调薪	下一年度奖金计划讨论启动	绩效目标KPI（关键绩效指标）确定		奖金政策落实宣讲完毕	员工绩效合同签署完毕
组织人才	人才盘点，人才数据库、战略相关人才招聘启动	组织评价、流程评审启动		人才数量、结构规划、定编定岗讨论	明年新增关键人员招聘启动	下半年晋升
政策与机制		价格政策、经销商政策等讨论				
预算顺序			供应链—研发—营销			

产出事先合理安排，并下发至公司各部门。这样，员工都能更有效地进行预算、分析、激励等工作。同时，规划日历有效串联了三大流程，可以帮助我们厘清每一年什么时点做什么事情，相当于有了一张游览业绩铁三角乐园的地图。

除了全年日历之外，往往公司还会下发季度规划日历模板。在这份模板中，三大预算的时间线是下面这样的。

战略预算在 4—7 月。每年的预算并不是从 10 月才开启的，早在 4 月就开启了。

年度预算在 8—12 月。每年的预算在 12 月基本结束，1—2 月做修订，奖金计划 12 月前公布，不是到 3 月底要发一季度奖金了才通知大家奖金计划和一季度指标。

滚动预算在每季度第 2 个月和第 3 个月。滚动预算的日历有很多种，在第 8 章第 1 节中还会详细介绍。

每个公司的管理方法论都深深蕴藏在规划日历之中。如果您准备启动公司业绩铁三角的搭建，不妨先从准备一张规划日历开始。

业绩管理知识体系

在了解了规划日历之后，许多伙伴还希望了解一下预算、分析、激励的知识体系，再逐步学习。

表 1-2　业绩管理知识体系

业绩管理知识体系	
术	器
战略	预算：定目标
战略分析 历史复盘 使命、愿景、价值观 核心竞争力 战略制定 财务规划 战略解码"关键战役"，部署行动计划 战略组织搭建	规划日历与流程把控 搭建预算组织 KPI：从战略牵引 KPI 设计、四大 KPI 体系 金额：科学的指标制定 谈判：预算谈判 预算的主要会议 预算与激励的协同 战略预算、年度预算与滚动预算的实施 预算系统

(续表)

业绩管理知识体系	
术	器
组织	**预算：配资源、促行动**
一号位与（真）高管团队 组织设计 招聘保留 人才培养 绩效管理 全面薪酬 企业文化 组织激活、进化 组织变革	资源配置的原则与方法 人：战略人力资源规划与配置 财：市场、差旅等的资源配置 财：价格折让与折扣审批 物：产品研发与生产 时间：时间配置 企业"关键战役" 组合管理及评价体系的建立 风险管理
机制	**分析**
用人机制 权力机制（权责机制、治理机制、监督机制） 分配机制（绩效机制、激励机制） 人治与法治 政治生态 内控体系 "土壤"治理	业务分析的种类 组织业务分析的5个阶段 分析的步骤与方法 战略牵引的分析KPI设计 报表设计 如何从数据发现业务问题 业务分析会怎么开 促行动，重塑战略
产品与商业模式	**短期激励**
赛道选择 用户未满足需求分析、技术分析 对手分析 商业模式设计 构建动态"护城河" 产品研发、研发效率提升 产品上市、持续迭代 长期产品矩阵构建与管理 通过并购，丰富产品组合	薪酬的组成 短期激励的两种主要形式 销售奖金设计三要素 奖金设计八因子 不同情况下的奖金设计实践 奖金流程的最佳实践 奖金复盘的时机与技巧 奖金设计与人性博弈
资本运作	**长期股权激励**
筹资：股权筹资、IPO、再融资 并购 并购基金 投后管理 市值管理 股权与控制权设计 估值、尽职调查与风险管理 树立正确的投资观	股权与人性博弈 股权激励三要素 股权激励九定模型 不同激励工具 股权激励退出 股权激励KPI设计与战略牵引 股权激励废止及重新安排 激励流程的最佳实践 避免员工流失及波动

案例：民企CFO如何开启业绩管理之路

在一个CFO晚宴前的酒会上，我遇到了一位由外企转型民企成功的CFO李总。他不仅个人成功转型，还带领团队成功帮助公司的业务财务转型。他的转型之路，是当今中国难得一遇的业财转型的成功典范。

李总：来到民企，你会发现一切"地基"都是没有的。

比如，没有系统，没有数据，财务人员都是传统会计，连基本的会计准则也不懂。而老板的想法是，我已经花了一百多万请你来了，你必须"药到病除"。

这个时候，很多人一上来会犯一个根本性的错误，就是自下而上来打"地基"。比如，很多财务总监来了，先上系统。在上系统过程中，"阵亡"的财务总监非常多，几乎成了民企的一个重灾区。

在民企，自下而上死得快，自上而下活得长。来的第一年，只能做两件事。第一，要先搞定创始人。不断给他灌输财务的理念，财务牵引业务、牵引战略的法门，以及财务在企业中的核心作用。如果你不断向他灌输了3个月，他仍不以为然，你可以开始找新工作了，因为你基本上在这家公司很难生存下来。第二，就是做战略财务。在民企，即便你有50人或100人的财务团队，公司一开始真正的财务BP就只有一个人，那就是CFO。而且其他人的水平，可能和CFO相距甚远。

这个时候，要想真正反映出财务BP的价值，就要做消耗小、收益大的事。什么事收益最大呢？创始人关心的事。创始人关心什么呢？找人、找钱、找方向。也就是战略方向的事。什么事消耗小呢？做战略财务分析消耗最小，基本上一个人就可以搞定。两方面来看，都汇聚到了一个点上，就是做战略财务。

战略财务的抓手是什么？首先，还是预算，尤其是战略预算和年度预算的实施。其次，是投资回报分析，尤其是长期的研发项目、固定资产投资、重要市场投资的投资回报。最后，是收/并购过程中的投前、投后的财务支持。因为这些项目金额重大，不容有失。

月思：预算的实施可是一个大"雷"，您怎么操刀的？

李总：比如，在年度预算中，过去公司里是自下而上报数字。你报多少，就是多少，董事长也不会提出疑问。每个事业部来汇报，PPT（演示文稿）都有七八十页，各种混乱的数字、陈述和不同的体系让人眼花缭乱，完全无法审阅。后来公司自上而下做预算管理，公司规定每个事业部只能做15页PPT：看财务数据，看市场方向，看产品布局，看组织搭建，看风险举措。

如此一来，大家的行动和体系被统一起来，交上来的内容也相比之前更规范。

月思：一旦踏入民企，你不得不面对的，就是创始人底下各占"山头"的问题。作为一个没有背景的新人，又担任CFO，非常容易"踩雷"。比如，创始人的手下有三大"金刚"，即他的家人、他的大学同学、资方。这些人各占"山头"，财务想推行战略财务落地就非常困难。这个时候您如何下手？

李总：这又回到了最基本的问题，即是自下而上干，还是自上而下干。你如果不站在高处，而是下山在各个山头比拼厮杀，这些人就会把我们湮没。而且到处是地雷，很容易被误伤。这个时候，你要做的是站在山上，陪着创始人挥动旗帜，让各个山头的人跟着旗帜指挥的方向行动。

你先花一年时间和创始人建立信任，第二年你做的第一件事，就是改革考核制度。过去，大家不待见财务，是因为公司只考核收入，不考核利润，业务的数据、分析不经过财务。你把考核和利润挂钩之后，所有业务负责人就自动向你靠拢了。因为，各位业务负责人就算"占山为王"，现在有了利润的"紧箍咒"，各位业务负责人自己是算不出利润的，必须财务来赋能，这个时候，你不下山，业务负责人自然上山来拜你。

接下来，你先做绩效考核的体系，并请创始人发布。大家的奖金都和利润挂钩。结果，一下子各种挑战扑面而来。大家倒不是觉得考核和利润挂钩不合理，而是对利润到底是怎么算出来的发起了各种挑战。

第一波挑战来自业务部门。过去，销售都只看开票价、看回款，在他们的眼中，连什么是收入都不明白。

又比如，有的业务负责人说，既然他的奖金和利润挂钩，他想退掉50%的工位，让他的销售团队成员都回家办公，或者公司挤一挤，这样一年也能省下几十万给兄弟们分。

还有的人说，那他以后自己不招支持岗位的员工了，他就用公司的、用老板的。他自己不需要秘书，偶尔借一下老板的秘书帮他排几个大会就行了。林林总总，各种省钱的、分摊的、计算的事蜂拥而至。

第二波挑战来自财务团队内部。过去连利润表都没有计算过的财务部，一下子要核算各个部门的利润，进行利润分摊，甚至还要计算投资回报NPV（净现值）、IRR（内部收益率），这些词他们甚至从未听过，财务部的能力、时间、人员、组织都跟不上。

这个时候，一些大一点的事业部纷纷提出需要一对一的财务BP对他们进行支持，要把自己事业部的账算清楚，可以省钱的、赚钱的方向找出来，让大家的钱袋子鼓起来。过去，财务找业务，业务不搭理财务。现在业务追着财务，让财务给他们配财务BP。即使一个财务BP的人工成本几十万元他们也愿意出。几个亿的生意省一省，肯定不只几十万元，这个账，精明的业务负责人比我们会算。

李总的分享非常精彩，也很好地诠释了业绩铁三角的内涵。

首先，业绩铁三角实施的入手点，李总是从预算这个"顶点"入手的。尤其是战略预算和年度预算。李总领导战略预算，让预算成为生成战略的场域，战略清晰了，方向明确了，业务也理顺了。预算有效强化了企业战略。

其次，有"顶点"还不行，李总还实现了预算与激励的联动，就是找到业绩铁三角的"边"。通过激励改革，从收入考核到利润考核，KPI变了，管理更有效了。通过利润考核，还进一步促进了财务组织的转型，以及业务负责人的能力转型，实现了组织能力的升级。这就不仅实现了"边"的联动，还通过激励，强化了组织。

从此案例可以看出，仅仅从预算发力不行，仅仅从激励发力也不行，只有预算、分析、激励联合发力，并有效提升企业的战略、组织、机制，才能真正实现业绩的综合提升。这就是业绩铁三角理论的出发点和内涵。

接下来将逐一展开预算、分析、激励的细节，在开始之前，我再带领大家一同学习一项财务管理的宝藏工具：盈利预测。带上这件工具，我们就可以在业绩铁三角的世界里自由驰骋了。

1.4 基本功：盈利预测

可以说盈利预测贯穿了预算、分析的始终，是财务管理的利器。盈利预测简单来说，就是预测未来的利润表、现金流量表等。无论你是准备公司的预算，还是商业计划书，都离不开盈利预测。科学的预算绝不是"拍脑袋"，更不是语文题，它是一道精密的数学题。各部门同事紧密配合，有效预测未来的收入、费用、利润，并组合成利润表、现金流量表，这些构成了预算的关键内容。

因此，我们必须学会这道数学题的做法。实际上，财务 BP 的工作完全没有大家想象得那么神秘。如果说做财务 BP 只允许我带上一件工具的话，我只要盈利预测就已足够。无论是做项目预算、年度预算、战略预算，我只要做出相应的利润表、看到投资收益率，就可以有效配置资源和制定政策。

什么是盈利预测

盈利预测是在某指定期间内，预测未来的收入、费用、净利润等关键信息，帮助管理者、投资人有效评估未来指定期间的盈利状况，并做出合理的经济决策。

简言之，盈利预测是对未来关键财务信息（例如利润表）进行预测。

既然盈利预测主要针对利润表进行预测，那么我们就必须深刻了解利润表，它的项目有哪些？如何预测？它反映了企业哪些关键信息？如何使用？接下来，我们一起来看利润表的细节。

利润表概述

利润表是综合反映企业利润的财务报表，它是财务分析最重要的报表之一。

首先，我们来一起看一下利润表的核心要素。

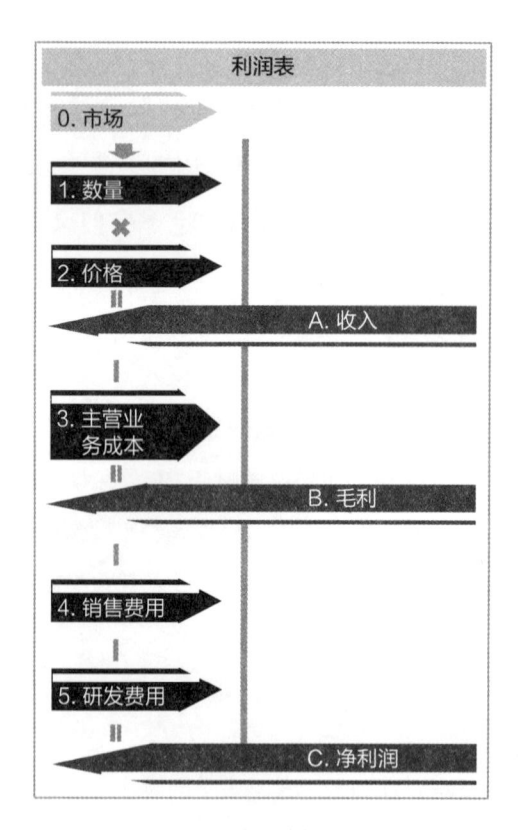

图 1-12　利润表核心要素

根据图 1-12 中要素所示，假如我们以一家奶茶店为例，如果一杯奶茶 15 元（价格），一年卖出 10 000 杯奶茶（数量），那么收入就是 15×10 000＝150 000 元。

如果奶茶是从奶茶代加工公司外购的，每一杯是 3 元，那么它的主营业务成本就是 3×10 000＝30 000 元。那么他们公司的毛利＝收入－主营业务成本＝120 000 元。

$$毛利率 = 毛利 \div 收入 = 120\,000 \div 150\,000 = 80\%$$

如果每年的租金、市场推广、店小二等费用是 60 000 元，那这些就是销售费用。

公司聘请一个专业的奶茶研发师来研发新口味，总计花费 20 000 元。

$$公司的净利润 = 毛利 - 销售费用 - 研发费用$$
$$= 120\ 000 - 60\ 000 - 20\ 000 = 40\ 000\ 元$$

（计算净利润的过程中还需要考虑其他费用及企业所得税等，这里暂忽略不计。）

$$净利率 = 净利润 \div 收入 = 40\ 000 \div 150\ 000 = 26.7\%$$

盈利预测的重点是对利润表项目（收入、成本、净利等）的管理。

全世界的管理者都在通过分析利润表了解损益情况。管理者不仅要了解利润表中每个项目背后的业务细节，还要使用各种手段提高利润。

利润管理是企业最关键的管理行为之一，需要前瞻性地预判未来损益，并提供相应的管理方案。

在理解、使用利润表的过程中，不仅要了解单个项目如收入、利润是多少，还要了解利润表的结构，例如：主营业务占比、毛利率、销售费用率、净利率等。利润表结构深刻反映了公司的商业模式、盈利能力，是公司最重要的顶层设计之一。

利润管理五要素

利润管理要从市场分析入手。利润分析就像航行，按地图前进，你会对业务有深入的了解。航行从了解你航行的水域开始。在利润表项目分析之前，我们通常先会进行市场分析。最常用的方法是构建市场模型。

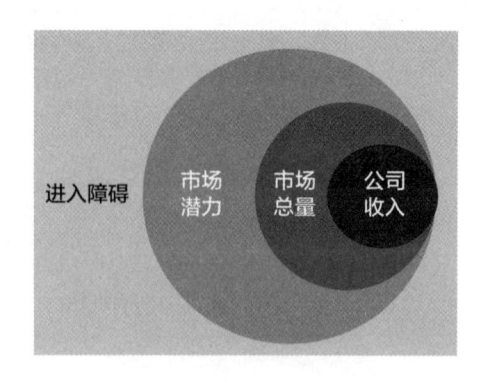

图 1-13 市场模型

市场模型中包含以下内容：

1. 公司收入：本公司的销售收入；
2. 市场总量（销售额）= 所有厂家销量之和 = 市场平均单价 × 市场总数量；
3. 市场潜力：有能力且符合购买条件的人全部购买商品的市场总潜力；
4. 进入障碍：阻碍销售最后达成的因素。

表 1-3 这份市场模型中，向我们分享了几项重要内容：

1. 客户细分（将整体市场分为 A、B、C 三个不同的细分市场）；
2. 不同市场的市场容量、市场增长率；
3. 不同市场的对手情况、竞争情况。

在了解了这些方向之后，我们可以快速了解公司所在的市场全貌，以及各个细分市场的情况和对手状况。

表 1-3 市场模型模板

市场	市场容量			市场增长率		本公司收入			本公司成长率		本公司市场份额		
	2019年	2020年	2021年	2020年	2021年	2019年	2020年	2021年	2020年	2021年	2019年	2020年	2021年
A													
B													
C													
总计													

	营业额			市场份额（营业额）			数量			市场份额（数量）		
	2019年	2020年	2021年	2019年	2020年	2021年	2019年	2020年	2021年	2019年	2020年	2021年
本公司												—
对手1												—
对手2												—
对手3												—
总计												—

要素1：数量。

数量的提升源于市场拓展与份额争夺。市场拓展过程中，我们可以抢占新客户，消除触达客户的实质性障碍，加大广告宣传的力度等。抢夺份额要和对手"拼刺刀"，从对手中抢客户、夺订单等。

要素2：价格。

定价是商业中最神秘且最重要的内容之一。定价不仅决定了企业的收入与利润，更深刻影响着企业的商业模式与市场格局。定价的内容并非由一条主线贯穿始终，相反是由一个个模块构筑起来的。定价最主要的12大内容领域包括基础内容和进阶内容。

基础内容包括：净价的由来、价格组成、3种主流定价方法、新品定价流程、价格歧视与促销。

进阶内容包括：价格在渠道中的流转、产品生命周期的价格演变、价格战、价格政策、价格数据库、价格分析与管理工具、定价沟通、零价格商品的商业模式与产品承接。

此外，我们要关注净价。净价（落袋价格）并不等于指导价格或者开票价格。它们之间有诸多滑落因子。在现实世界中，净价比指导价可能低25%。这些因子，包括折扣、促销、提前付款奖励、广告支持、运费等。

净销售额中的折扣项目在公司中经历了复杂的历史沉淀，有些项目很不透明，甚至公司内部人也摸不清其中的水有多深。

因此，公司需要建立一套机制，定期回顾、管控销售折扣，来保障公司的销售总额和销售利润的最大化。建立这套机制，可以先了解每个折扣的商业意义，并以尽量小的"代价"完成商业目标，关注那些创造商业价值的折扣并将折扣管理纳入公司管理体系。

要素3：主营业务成本。

任何时候，都不能放弃低价。一个公司最有效的战略之一，就是成本低。而成本低的背后，是深厚的管理功底与技术水平。主营业务成本主要包含料、工、费。

要素4：销售费用。

销售费用主要包含人工成本、市场营销费用、差旅费用等。销售费用管理的核心并不是省钱，而是通过有效的资源配置，形成收入利润的最大化，构建公司的核心竞争力。费用管理是公司有效配置资源并提高运营效率的重要环节。

要素5：研发费用。

许多公司的核心竞争力就藏在研发中，那研发费用到底如何配置就成了公司秘不外传的核心能力。第6章第4节中将展示研发资源配置的细节。

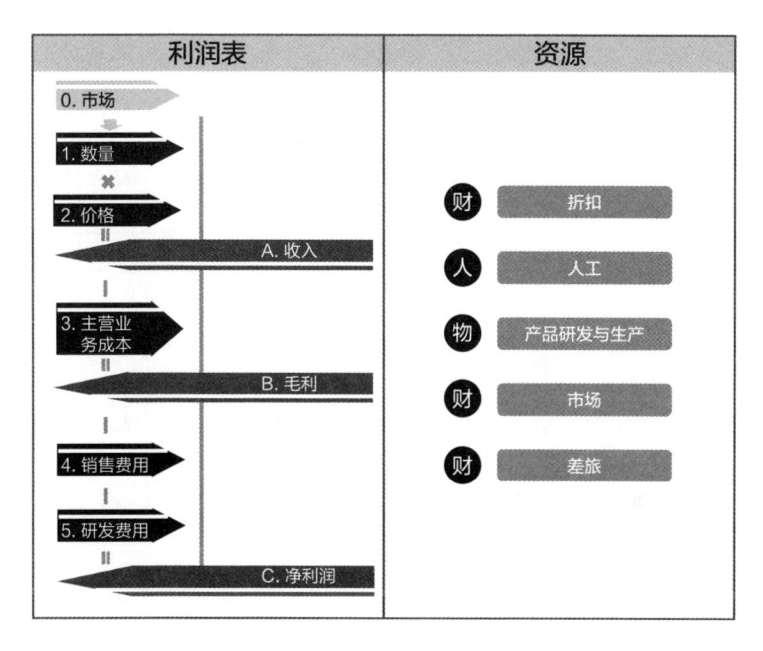

图 1-14　利润表与资源配置

盈利预测实例

在了解了利润表 5 个要素之后，我们一起来看一个案例：A 集团是一家美资医疗器械公司，准备在中国上市一款新产品。为了能够有效分析这款新产品的经济可行性，该团队进行了细致的分析。

第一步，分析市场与数量。

想制作利润表，肯定要预测未来的收入。未来收入如何预测呢？收入＝单价 × 数量。根据利润表 5 个要素，利润预测从市场分析入手，我们先通过市场分析来预测数量。

首先，可以通过自上而下的方法，构建市场模型，从而预测数量：该团队通过人口数量、患病率、就诊率、经济可负担性、单人使用个数等关键漏斗因子进行了市场数量预测。具体的预测方法是：中国总人口 × 患病率 × 就诊率＝就诊人口。就这样一步步相乘下来，就可以得到该市场的总使用数量，再乘以预计的公司市场份额，就等于预计的公司总销售数量。

表1-4　市场分析与数量预测

项目	第一年	第二年	第三年	第四年	第五年	第六年	第七年	第八年	第九年	第十年
中国总人口数（万人）										
该疾病患病率（%）										
就诊率（%）										
经济可负担率（%）										
患者总数（万人）										
单人使用个数（万个）										
总使用个数（万个）										
市场份额预计（%）										
销售个数（万个）										

仅仅通过自上而下的市场模型预测还不够，因为这样预测下来的数量往往过于乐观。这时候为了更准确地预估销售数量，该公司还运用了自下而上的预测进行校对核准。自下而上如何预测呢？主要通过关键客户预测。

表1-5　自下而上销量预测

医院	第一年	第二年	第三年	第四年	第五年	第六年	第七年	第八年	第九年	第十年
××医院-01										
××医院-02										
××医院-03										
××医院-04										
⋮										
××医院-10										
⋮										
××医院-30										
前10家总计										
前30家总计										

销售团队一对一地去分析全国前30家医院的客户数量、入院时间，并与客户进行接触后，预测了每一家的销售数量。根据公司历史经验，前10家医院占总销量的32%，前30家医院占总销量的64%，借此来预测总销量。

通过市场模型预测销售数量往往是团队可销售的最高上限，毕竟在真正进行新客户等合作的过程中，有诸多不确定因素。最后，团队计算下来，使用自下而上的方法预测出的数量要远小于自上而下的方法预测出的数量，因此，用自下而上方法的数量作为销售数量预测。

第二步，价格分析。

数量预测出来了，接下来为了计算收入，还要预测未来的价格。

医疗器械的价格会经历非常复杂的审批流程以及在生命周期内的价格滑落。同时，定价遵循价值定价法。价格预测需要政府事务、准入团队、销售团队、市场团队、财务团队等通力协作。

考虑到该部分讨论未进行到实质性阶段，在此次预测中，团队选用了33 000元的平均售价作为10年的价格预测，并暂时不考虑价格滑落的因素。

之后，根据收入＝数量 × 单价，得出对10年内的价格预测。

表1-6 收入预测

	第一年	第二年	第三年	第四年	第五年	第六年	第七年	第八年	第九年	第十年
数量（个）	—	20	35	50	70	100	120	140	165	195
单价（元）	33 000	33 000	33 000	33 000	33 000	33 000	33 000	33 000	33 000	33 000
收入（元）	—	660 000	1 155 000	1 650 000	2 310 000	3 300 000	3 960 000	4 620 000	5 445 000	6 435 000

第三步，主营业务成本测算。

仅仅预测未来的收入还不够，我们还要继续计算成本，并据此预测未来的利润。在计算成本的过程中，我们先考虑主营业务成本，即仅仅是"货"的成本。先用收入减去主营业务成本，得到毛利，并计算毛利率。

考虑到该产品从美国进口，财务团队与美国团队对接，拿到了其成本数据。同时，与供应链团队对接，进一步算出其运费等费用，确定了主营业务成本与其他业务成本为9 900元。

根据毛利＝收入－主营业务成本，这里毛利＝33 000－9 900＝23 100（元），因此，毛利率为：（33 000－9 900）÷ 33 000＝70%。

第四步，销售费用测算。

毛利计算出来之后，我们就要进入净利的计算过程。在净利的计算过程中，首先我们要预测一下销售费用。该公司的销售费用主要包含人员费用、差旅费用与市场费用等。

首先，进行人员费用计算。人员费用要先确定人数。这部分要业务、人事等部门进行初步探讨，确定人员的具体分布与需求，以及职级岗位等匹配相应的工资预算。

表 1-7　人员预测

	第一年	第二年	第三年	第四年	第五年	第六年	第七年	第八年	第九年	第十年
销售人数（人）		2	3	3	4	5	6	7	8	10
市场人数（人）	1	1	1	1	1	1	1	1	2	2
其他后台配比	0.15	0.25	0.25	0.25	0.25	0.25	0.25	0.25	0.25	0.25
总人数（人）	1.15	3.25	4.25	4.25	5.25	6.25	7.25	8.25	10.25	12.25
人效	—	203	272	388	440	528	546	560	531	525

其次，通过人数，财务同事匹配不同职级岗位薪资，并适度考虑年度调薪等，计算工资薪金费用。

接下来，是计算市场费用。市场费用的计算，仍然运用自下而上的方法，由市场部和销售同事进行测算，从费用类别、团队区域等，进行申报汇总。

表 1-8　市场费用汇总（千元）

	第一年	第二年	第三年	第四年	第五年	第六年	第七年	第八年	第九年	第十年
培训费	30	90	108	111	114	134	162	192	237	288
会议费	—	20	22	24	27	29	32	35	39	43
样品费	—	10	10	10	10	15	15	15	15	15
总市场费用	30	120	140	145	151	178	209	242	291	346
北区	—	53	62	64	66	79	92	107	128	152
中区	—	29	34	35	36	43	50	58	70	83
西区与南区	—	14	17	17	18	21	25	29	35	41
中央市场部	30	24	28	29	30	36	42	48	58	69

接下来，汇总销售与市场费用总表。

表 1-9 销售与市场费用一览（千元）

销售与市场费用项目	第一年	第二年	第三年	第四年	第五年	第六年	第七年	第八年	第九年	第十年
工资薪金	92	260	366	403	483	571	668	775	933	1 106
差旅	23	65	92	101	121	143	167	194	233	276
市场费用	30	120	140	145	151	178	209	242	291	346
注册费用	100	—	—	—	—	—	—	—	—	—
总计	245	445	598	648	754	892	1 044	1 211	1 457	1 728

第五步，研发费用测算。

因为该项目由美国总部研发，美国总部研发费用不需要中国团队分摊，因此此项目暂时不计研发费用。

经过上述测算，把上面各项目组合成利润表。

表 1-10 利润表

利润表项目	第一年	第二年	第三年	第四年	第五年	第六年	第七年	第八年	第九年	第十年
收入（千元）	—	660	1 155	1 650	2 310	3 300	3 960	4 620	5 445	6 435
成长率	—	0	75%	43%	40%	43%	20%	17%	18%	18%
主营业务成本（千元）	—	198	347	495	693	990	1 188	1 386	1 634	1 931
毛利（千元）	—	462	809	1 155	1 617	2 310	2 772	3 234	3 812	4 505
毛利率	70%	70%	70%	70%	70%	70%	70%	70%	70%	70%
销售费用（千元）	245	445	598	648	754	892	1 044	1 211	1 457	1 728
息税前利润（千元）	-245	17	211	507	863	1 418	1 728	2 023	2 354	2 777
利润率	0	3%	18%	31%	37%	43%	44%	44%	43%	43%

通过利润表，我们一起来看该产品为公司带来的收益情况。

从 10 年利润表看来，该业务的收入成长率相对较高，前 2—5 年不低于 40%，后 5 年在 20% 左右。然而，天花板也较为明显，10 年后收入仅约 640 万元。

从利润角度来看，第四年利润率可以达到 31%，第十年可以达到 43%，相对符合预期。

通过对这个案例做盈利预测，公司有效地预测了未来可能的销售数量，包括关键的前30家大客户的销量，及本公司的产出、产品成本、需要的销售人数、市场费用、研发费用等，并可以清晰地预测公司未来的利润情况和整体项目收益。这就是我们所说的"数学题"。这道数学题的每一步都经过了精密测算和用心计划，盈利预测的产生可以有效地帮助业务部门厘清脉络，安全落地。

当然，在许多情况下，盈利预测也会告诉我们坏消息。例如，盈利预测算下来，可能未来的收入、利润远远不及预期，或者盈利不可持续。这样就会否定一些项目的想法，或者否定整个项目。

在商业社会中，我们通常把盈利预测作为实现"沙盘模拟"生意的一种方法，全部算一遍，看看"纸上谈兵"能不能成功。如果纸上谈兵都无法成功，那就无须进入现实世界"踩雷"了。因此，每一位管理者都要学习如何做盈利预测，并通过盈利预测帮助企业有效做决策。

净现值与内部收益率

有的朋友可能会问，从10年的利润来看，第一年是负利润，第二年由负转正，利润慢慢才有增加。那么，从整个项目10年周期来看这个项目怎么样呢？

如果我有另一个项目，前期投入小，后期收益也不高，那么，哪个项目对我来说更划算呢？

这个时候，就要引入NPV（项目净现值）与IRR（内部收益率）的概念了。

NPV是指在项目计算期内，按行业基准折现率或其他设定的折现率计算的各年净现金流量现值的和。

IRR就是资金流入现值总额与资金流出现值总额相等、净现值等于零时的折现率。

如果没有学过货币的时间价值，您可能对这些概念比较陌生。这本书并不深入介绍货币时间价值的具体计算方法，简单来说，NPV 是综合计算项目"赚多少钱"的衡量指标，IRR 是综合评价项目的"收益率"的指标。

在财务测算的过程中，尤其对于时间较长的项目，通常我们都需要专业的财务团队帮忙构建财务模型，计算 10 年的利润、自由现金流，同时给出 NPV 与 IRR 等关键指标，进行综合评价。

至此我们将业绩铁三角的理论模型与基础工具介绍完毕。接下来，我们开始展开业绩铁三角之旅。

2

分析篇

第 2 章
四轮八步法

2.1　定义：什么是业务分析

与预算相比，分析是一项接地气、生活化的技术。分析不仅可以提升企业业绩，而且可以在生活中帮助每一个人提升业绩和表现。

案例：私人教练提供分析反馈，助我大幅提高健身效率

我的工作负荷很重，体力、心力要求都很高。于是我坚持锻炼，过去数年，每年健身打卡 100 天，但我的体能和体态始终一般。2023 年，我换了一家号称"魔都天花板"的健身中心，健身中心送了我一节私教课。那节课内容简单，主要是评估我的身体素质。上课时，教练让我做了十余个非常简单的动作，他再一一分析。例如，在做划船动作的时候，他指出我的动作会导致在中背部堆积脂肪。我恍然大悟，因为过去三年我练习了 100 小时的划船机，上背部薄了但中背部厚了。原来是我的动作错了，错误的动作导致了我出现更多体态问题。

我立即认识到，他是我的一面镜子。过往，我一直只关心自己的训练，却没有分析。一直用错误的动作练习，自然事倍功半。这就是我为什么练了 7—8 年，无论体能还是体态，都没有达到平均水平。我不是不努力，与许多人相比，我在健身上花费的时间很多，但是我的效率不佳。因为没有分析，我不知道自己错在哪里，无法改正和进阶，更无法升级到更高层次的训练。

分析就像为自己请了一位私人教练,提供即时反馈。作为业务团队,我们可能跑得久,但是未必跑得快。如果一直有专业同事提供分析,提供改进意见,那我们可以大幅提高自己的效率。这就是分析之美,通过分析改变过往低水平的行为,促成更高水平的行为并提升业绩。

那么,什么是业务分析?

业务分析,是指在业务发生之后重新复盘财务业务数据,找到并解决问题,以帮助企业更好地实现其经营目标。通过业务分析,可以为决策者提供更加透明的决策环境,并进一步配置资源,带来行动改变,以及重塑战略。

业务分析是企业内部与客户对话的关键过程,是提升企业外部适应的利器。

虽然预算是事前的,分析是事后的,但这二者的终极目标是一样的,都是控制行动,改变行动,提升业绩。

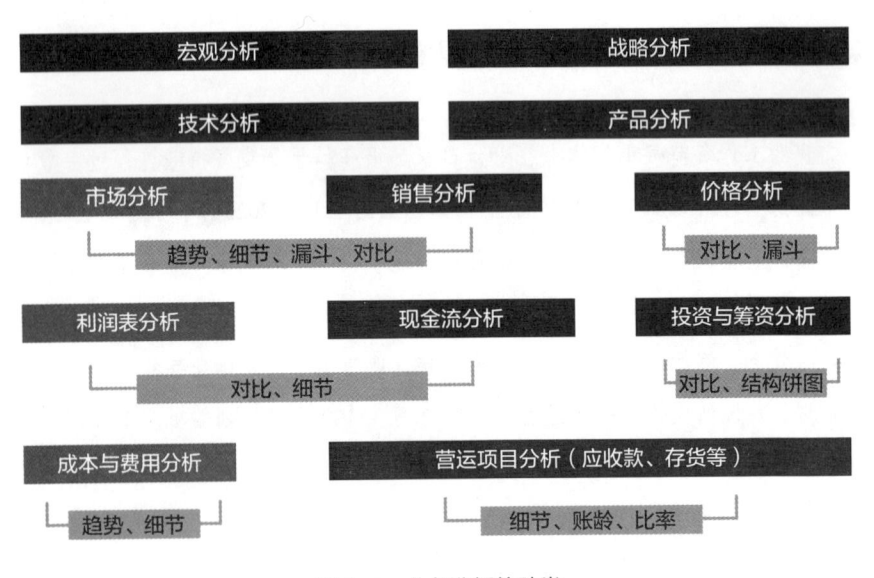

图 2-1 业务分析的种类

通常来说,分析也分为不同的阶段和"成熟度"。了解业务分析的阶段,可以有效帮助我们实现进阶。

第一阶段是描述性分析。分析从描述发生了什么问题开始，让我们对业务分析引起重视。

第二阶段是诊断性分析。在了解问题之后，我们往往要探索问题发生的根本原因，这是解决问题的关键。

第三阶段是预测性分析。接下来，我们就要实现一次飞跃，也就是从过往经验的学习中，预测未来将会发生什么。高金虎在其著作《军事情报学》中说，"一份情报文件，要描述已经发生的事实，分析正在发生的事态，并就事态的进一步发展趋势作出评估和预测"。军事情报的目的是最终打败对手，所有获得的信息、分析的结果，都要转化为预测对手行为，并进一步布局行动。

第四阶段是前瞻性布局。分析的目的是控制行动，如果不进行有效的行动布局，一切都化为泡影。

麦肯锡有一个非常著名的"云雨伞"模型，用来比喻分析阶段非常恰当。假如早上起来，我准备去上班，看到天空有乌云，这就属于描述性分析，即描述发生了什么。接下来，我分析可能会下雨，这就属于预测性分析，即预测今天可能会下雨。于是，我带上一把伞，这属于前瞻性布局。试想，如果我看到了云，没带伞，有用吗？如果我分析半小时后可能会下雨，但是我仍然不带伞，有用吗？那我岂不是浪费了半小时，倒不如不分析。

所以，分析如果没有带来行动转化（带伞），本质上都是无用的。

2.2　步骤：四轮八步法

财务分析的基本步骤为：从战略到数据，数据到分析，分析到行动，行动重回战略。我将财务分析的步骤总结为"四轮八步法"。

战略：战略是公司要去哪里，公司最重视的事情是什么，公司有哪些"关键战役"。战略从本质上指导了分析的方向，分析的KPI是由战略转化的。

战略指哪儿，分析就坚决打哪儿，保证在正确的方向上发现问题、解决问题。

数据：分析不能"拍脑袋"，要基于事实去分析，基于数据去分析。而数据质量也决定了分析的质量。

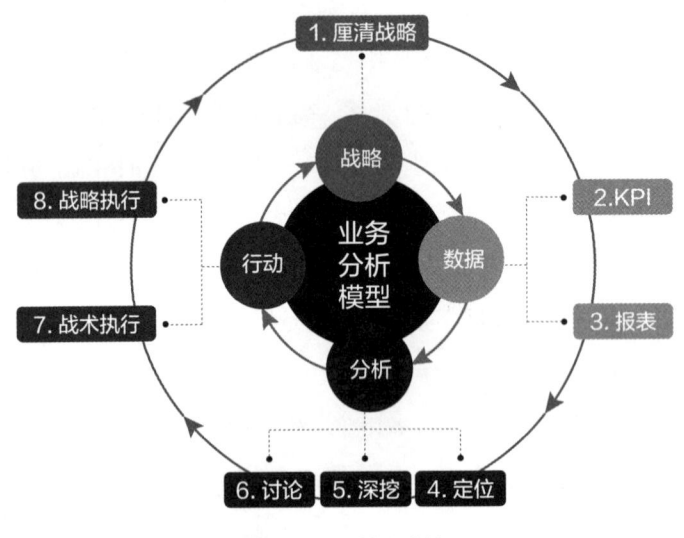

图 2-2　四轮八步法

分析：分析是在数据的基础上发现问题。先通过排序，聚焦关键问题（定位），再深挖原因以找到解决问题的入手点，同时通过业务分析会等场合充分讨论达成一致。

行动：行动是分析的关键步骤，其中分为战术执行和战略执行两个层面，管理者更专注在战略执行的层面进行定政策、调组织、配资源等工作。

重回战略：通过分析，重塑战略方向，在摸索中前行。

案例：我是如何利用四轮八步法帮助我女儿提分的

我的女儿读小学二年级的时候，刚开学她的语文周测成绩可以得到优，过了两周，成绩变成了良，又过了几周，成绩变成了合格。我想，这样下去，再过一阵，估计要变成不合格了。于是，我想分析一下她的语文情况，帮助她有针对性地提高。

总分

试卷	总分	等第	拼音	字词	仿写词语	生字组词	反义词	笔画	选词填空	句子	课文默写	句子顺序	标点	仿写句子	阅读理解	字词	句子	细节含义	中心思想	写作	章节
试卷一	39	合格	7	24	8	12			4	4				4	4	1		2		1	
试卷二	49	优		37	16	9	4		8	6			6		6			4	1		1
试卷三	56		9	36	22	10			4	2				2	9	4		4		1	
试卷四	38		6	23	3		16	16	4	3			3		6			3		2	1
试卷五	72		6	54		16			22	0					12	4		5			3
试卷六	69			48	6	12	3		27	13			9	4	8		4	4	1		
试卷七	70			40	10	18	4		8	6		6			24	11		12		1	3
总计	393		28	262	65	77	27	16	77	34		6	18	10	69	20	0	34	2	5	8

得分

试卷	总分	等第	拼音	字词	仿写词语	生字组词	反义词	笔画	选词填空	句子	课文默写	句子顺序	标点	仿写句子	阅读理解	字词	句子	细节含义	中心思想	写作	章节
试卷一	32		7	22	8	10			8	0			6	0	3	1		2		0	
试卷二	47			36	16	9	3		8	6					5			4	0		1
试卷三	50		9	33	21	8			4	0			3	0	8	3		4		1	
试卷四	33		6	19	3		12	15	4	3					5			2		2	1
试卷五	68		6	52		16			21	0					10	3		5			2
试卷六	49			37	5	11	2		19	9			9	4	3		3		1		
试卷七	59			35	7	12	2		14	2		2			22	9		12		1	2
总计	338		28	234	60	66	19	15	74	20		2	18	0	56	16	0	29	1	4	6

失分

试卷	总分	拼音	字词	仿写词语	生字组词	反义词	笔画	选词填空	句子	课文默写	句子顺序	标点	仿写句子	阅读理解	字词	句子	细节含义	中心思想	写作	章节
试卷一	7	0	2	0	2	0		0	4			0	4	1	0		0		1	0
试卷二	2		1	0	0	1		0	0			0	0	1			0	1		0
试卷三	6	0	3	1	2			0	0			0	2	1	1		0		1	0
试卷四	5	0	4	0		4	1	0	0			0	0	1		1	1		0	0
试卷五	4	0	2		0			1	0			0	0	2	1		0		0	1
试卷六	20	0	11	1	1	1		8	4			0	0	5	0	4	0	1		1
试卷七	11	0	5	3	1	2		-6	4			0	0	2	0		0		0	1
总计	55	0	28	5	11	8	1	3	14			0	10	13	4	5	1	1	2

图 2-3 语文提分简易报表图

第一步，战略：目标是帮她在学校语文考试中提分。

第二步，KPI：既然我要提分，我的KPI就是失分项，目标是减少失分项。

第三步，报表：接下来，我把她的7张语文卷子，做成了统计报表。

这张统计表统计了7张卷子中，她在4个大项15个小项里面的细节。这4个大项分别是：拼音、字词、句子和阅读理解。其中每一项又进一步细分。我详细统计了每一个项目的总分、她的得分以及失分。这样，根据KPI失分项，我已经完成了统计报表。

我并非只是笼统地统计每张卷子扣了多少分。为什么呢？因为如果我仅仅统计"大数"，不够详细的话，没办法具体分析她的薄弱项。

此刻我心里有行动的方向了吗？还没有，因为我只有一份统计报表。

第四步，定位：在看完统计报表后，首先我要帮她找到关键问题。

帮助她找到关键问题的第一步，是细化。也就是说，报表要拥有足够多的细节，比如，我的这张报表里包含了4个大项15个小项的失分记录。接下来排序。我将这15个小项的失分数从大到小排序，看看哪些项目失分最多。

奇妙的事情发生了，通过分析，我发现她的主要错题类型有三个：句子仿写、生字组词以及反义词。这3个项目占到总错题的53%。做到这一步，我有了拨云见日的感觉，从过去只了解她语文不好这一笼统的判断中，我已经很清楚她的弱点在这3个方面了。

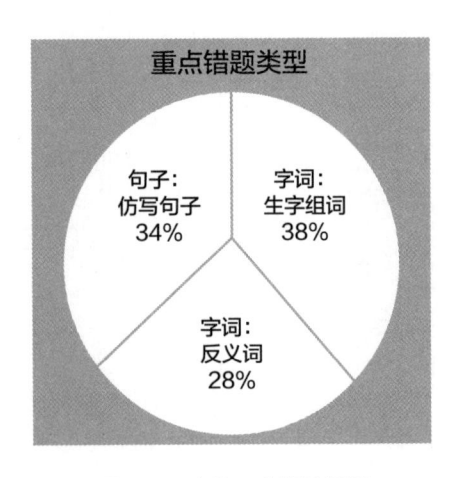

图2-4 定位三大关键问题

大家看，走到这一步之后，我们对如何行动是不是心中有谱多了？

第五步，深挖：我们又深入研究了三个重点问题和其他问题，看看是否容易解决。仿写句子有比较清晰的"套路"，是容易快速突击的。反义词相对复杂，需要大量学习。生字组词主要是要把课文词语默写搞定，范围清晰，也比较容易解决。

第六步，讨论：当天晚上，我们一家三口开了一个分析会。我公布了我的分析结果，女儿很积极地参与其中，我们制定了如下行动方案。

针对反义词：我给她买了反义词训练大全，每天晚上睡觉前训练15分钟，女儿自己学习。

针对句子仿写：我给她买了句子训练练习册，在接下来的两个周末，我当老师，利用两个半天时间帮助她全部掌握。

针对生字组词：女儿把所有生字表默背3遍，保证基本全对，每个星期日晚上默写30分钟，老师是我先生。

按照这一方案执行之后，她很快地提高了成绩。之后的周测卷，她开始得良，逐步提高。那年语文期末考试，女儿得了优。

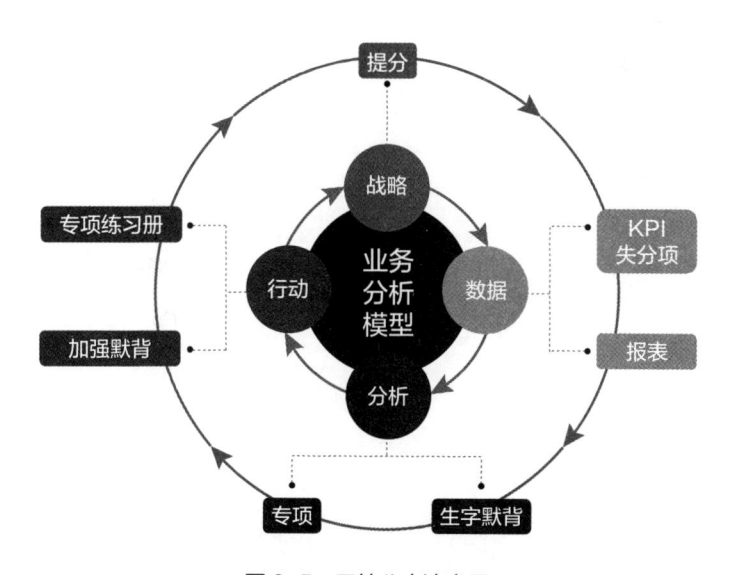

图2-5 四轮八步法应用

那么，四轮中哪一轮最重要呢？通过我女儿语文提分的故事可以看到：如果最初，我们的目标不是提分，而是提高我女儿的语文素养或写作能力的话，我们的行动方案很可能不会把重点定在反义词上。所以，战略指哪儿，我们打哪儿。战略，是分析的指挥棒。

接下来，我们就从战略出发，开启四轮八步法的逐步解析。

第 3 章
从战略到数据

3.1 KPI：战略牵引 KPI

四轮八步法的第一步：厘清战略，是在战略规划流程（见第 9 章）中进行的。在厘清战略之后，我们就要从战略牵引 KPI。那么，KPI 到底是什么呢？

什么是 KPI

KPI 是英文 Key Performance Indicator（关键绩效指标）的缩写。它是具体量化的指标，组织借此完成战略解码、落地、实施与监测。根据战略目标，KPI 有不同的体现。

举个例子，某公司的战略目标是市场份额超过 30%，其量化的 KPI 可能是：市场份额、销售收入、销售数量等。某公司的战略目标是市值进入中国某行业前 10 名。那它的量化 KPI 可能是：市值、研发投入、新产品上市收入、核心人才数量等。

可以说，KPI 贯穿了预算、分析、激励的始终。比如，我们在决定给销售部门定考核指标的时候，我们首先要决定考什么。考收入？考利润？考毛利？这个"考什么"，就是 KPI。

那么，KPI 是怎么来的呢？战略牵引 KPI。

案例：战略牵引 KPI 三步走

有一年，公司派我去 A 事业部做财务 BP。当时 A 事业部所在行业的市场上包括 A 事业部在内一共有三家领头企业，几乎均分市场。A 事业部稍领先一点，是第一名，但增长乏力，总部下达的指标比较高，完成指标有不小的压力。

通过业务分析，我发现我们的业务增量主要是由产品升级、单价提升所带来的。但是，我们的销售数量在不断下降，这也就意味着我们的市场份额在下跌。接手后，我开始着手改进分析工作。改进的第一步，是重新研判 KPI。

第一步，确定业务战略。当年我们最新的战略目标是将市场份额提升 5%。

第二步，列举可能的候选 KPI。我们过去的 KPI 是收入，收入肯定是一个候选 KPI。我们的战略是市场份额，那市场份额理论上也应该是一个候选 KPI。但是，我总感觉这两个 KPI 都不够好。

我想到了销售数量，因为市场份额的公式如下：

$$市场份额 = \frac{本公司销售数据}{市场销售总数据}$$

哪个 KPI 更合适呢？

第三步，通过 SMART 原则筛选 KPI。接下来我通过 SMART 原则来筛选、比较 KPI。什么是 SMART 原则呢？SMART 原则分享了好目标的 5 个原则：

- S（specific），表示目标要具体，让人知道应该怎么做。
- M（measurable），指目标能够测量。例如，费用率、媒体曝光次数等，就是非常好的可测量的 KPI。但是提升组织活力、文化等方面就相对难测量。

- A（achievable），指目标不能定太高，最好是努力一下能够达到的。
- R（relevant），指目标是要符合相关性的。假如给公司前台定业务部门的业绩指标，这明显和她的工作不够相关。
- T（time bound），也就是时效。

接下来，我用 SMART 原则来对比这 3 个候选 KPI。

收入：这一 KPI 可以很好地综合反映销售收入，但是它同时掩盖了收入增长是因单价高，而销售数量实际在减少、市场份额下降的问题。收入与市场份额提升这一战略的关联性并不是特别高。也就是说，收入这一 KPI 不太符合 SMART 原则里的 R：相关性。

市场份额：这一 KPI 最能直接反映战略，但是市场份额的测量非常困难。自家公司所销售的数量是清晰的，但是对手每个月、每个季度卖的数量很难准确统计，如果用市场份额来作为团队考核等指标，会出现非常多的争议。也就是说，市场份额这一 KPI 不太符合 SMART 原则里的 M：可测量的。

销售数量：这一 KPI 解决了收集对手数据的问题，但不能完全准确反映市场份额的变化。

表 3-1　候选 KPI 列表

KPI	优势	劣势	SMART
收入	综合反映销售收入	综合了数量与价格提升两种因素，会掩盖这一问题：收入增长是因单价高，销售数量实际在减少	关联性不高
市场份额	直接反映战略	需要收集市场销售数量总量，且可能不够准确	不可测量
销售数量	可测量、关联性高	不能完全反映市场份额变化	

开会讨论的时候，事业部负责人说："管理是有灰度的，没有完美的 KPI。目前市场处于稳定增长的状态，市场成长率约为 8%。我们至少要保证自己的销售数量增长要高于 8%。"大家最终决定将新的 KPI 确定为销售数量。事业部负责人把"数量"两个字写到了他办公室的黑板上。

两年过去了，销售数量成长从过去的 5% 提升到 12%，收入成长从过去的 12% 提升到 23%。

仅仅是 KPI 的转换，收入有效增长超 10%。业务负责人后来感慨地说："自从换了 KPI，每一次业务分析会，我不仅看团队销售收入是否达成，还要看销售数量增长。即使你的销售收入达成率是 110%，收入增长 20%，但是你的销售数量成长只有 2%，我还是要求分析、解释对手最新的动态。KPI 重塑了团队的管理方向和管理重心，对业绩的提升起到了举足轻重的作用。"

通过以上案例，我们理解了 KPI 对业绩的关键作用。总结下来，KPI 设计有 3 个关键点：

1. KPI 必须坚持战略牵引：战略指哪儿，KPI 打哪儿。
2. KPI 设计遵循 SMART 原则：反复对比候选 KPI，用 SMART 原则筛选最合适的 KPI。
3. KPI 与组织的发展阶段、成熟度相匹配原则。

企业 KPI 库示例

KPI 的种类繁多，不同行业、不同阶段、不同部门的 KPI 都不尽相同。在此，我选取了现实中不同行业、不同部门的典型 KPI，形成 KPI 库，以提供参考。

表 3-2 企业 KPI 库

	高管	研发	采购	生产质量	销售市场	战略与投资	财务	人事
KPI库	主营业务收入	研发预算达成率	采购计划达成率	生产计划达成率	收入	市值	结账时间与准确度	招聘完成率与效率
	降本	新品上市收入利润	完成采购订单时长	标准成本降低率	息税前利润	3-5年收入成长率	现金收支准确度	培训计划完成率
	融资额	市值增幅与当年投入比	供应计划达成率	主营业务成本比率	回款	战略规划与预算	重大审计问题	绩效考核申诉
	市值	项目进度达成率	物料需求满足率	公司利润率	销售费用	BD与并购个数	预算达成率	新资错误率与及时性
	新用户数	项目顺利推进下一阶段	库存周转率	劳动生产效率	合同签约金额	BD与并购带来的销售与利润	现金流保有量	员工流失率
	净资产回报率	专利个数	成本降低	交期达成率	销售增长率	投资项目回报率	融资金额	人工成本率
	企业IPO	重点期刊文章	订货差错数	产品合格率	利润率	投资项目退出	资金预测准确度	长期激励解锁与否
	关键产品上市	研发效率	采购资金占用	安全事故次数	市场推广计划完成率	产业基金	内部控制风险	员工满意度
	全球业务收入占比	研发标准工时降低率	采购原质量合格率	生产设备利用率	市场份额	融资额度	费用率	企业文化
	新产品收入占比	客户转介绍率	新供应商开发	废品率	销售数量	公司IPO进程	利润率	目标与绩效使用
	市场成本率	降价迭代方案次数	战略供应商合作协议	工艺改进成本降低率	客户满意率	分拆上市	项目投资收益率	组织变革
	客户投诉	客户满意度	供应商履约率	厂房投资效益率	客户投诉	人才引进	投资数量	公司员工对人事部满意度
	安全	关键研发人员数量	员工流失率	生产计划排程准确率	新开客户数与总客户数	项目线索	税务合规	人事内部流程效率
	员工流失率	技术优化	供应商满意度	库存周转率	员工流失率	公司关键项目完成度	综合税负	人事共享中心项目
	核心岗位招募	优化敏捷研发流程	内部员工流程效率	质量审计	坏账率	重大风险预警	财务内部流程效率	有战略连接性的HR政策
	企业文化	改善数据安全	运维安全	员工流失率	新产品收入		财务部人效	提升组织活力
	公司关键项目完成度	最佳工作环境	运输成本率	退货率	媒体曝光次数		财务共享中心项目	深化干部授权
		员工投被度	公司利润率	质量投诉率	老推新转化率		数字化建设	员工敬业度
		延长产品生命周期	合规	不良反馈率	客单价		员工对财务部满意度	内部选拔人数
		实现更好的内部合作	采购系统	偏差批次发生率	客户使用时长		授信政策与坏账率	人效
		实验优化	采购付款及时率	新品生产完成	品牌价值		重大财务风险预警	内部晋升率
		技术培训次数	流程优化	质量体系搭建	数字化系统上线		战略财务规划	
		实验人数	长尾物料占比		品牌兼营度			
		研发人效	采购人效		销售线索个数			
					经销商进货量			
					经销商库存			

案例：某医药企业战略变了，KPI 要变吗

表 3-3 某医药公司股权激励方案演变（摘录）

年份	人数	解锁条件
2010	58	三年净利润不低于：7 亿元、8.5 亿元、10.3 亿元
2014	118	三年净利润不低于：13.5 亿元、15.1 亿元、17.4 亿元 营收不低于：70.7 亿元、80.7 亿元、92.2 亿元
2017	573	以 2016 年为基数，后三年净利润增长率不低于：20%、42%、67%，即净利润不低于：31 亿元、37 亿元、43 亿元
2020	1302	以 2019 年为基数，后三年净利润增长率不低于：20%、42%、67%，即净利润不低于：64 亿元、76 亿元、89 亿元
2022	<1158	100% 解锁条件： 创新药收入：85 亿元、190 亿元、320 亿元；IND[①] 获批数量：10、21、33；NDA 申请数量：6、13、21

从上面某家医药公司的这份股权激励的解锁条件来看，2010—2020 年的 10 年间，该公司共有 4 次股权激励。KPI 分别是什么呢？

- 2010 年：净利润
- 2014 年：净利润、营收
- 2017 年：净利润
- 2020 年：净利润

可以说这 4 次股权激励的解锁 KPI 都围绕收入和利润展开。而 2022 年这一次，它的股权激励解锁条件完全与收入和利润不挂钩了，全部是与研发结果产出（IND 获批数量与 NDA 获批数量，均为衡量研发产出的 KPI）结果挂钩。

我们团队曾详细分析了该医药企业最近的战略重心：研发与国际化。可以说，这次股权激励解锁条件的改革，既是在某种程度上规避利润波动为解锁带来的不确定性，又是明确追随其大搞研发这一战略重心转移的关键举措。

---

① IND（Investigational New Drug）与 NDA（New Drug Application），是指美国食品药品监督管理局新药研发上市的不同阶段。新药的产生需要进行两次行政审批，一是在临床研究阶段（IND 申报），二是临床研究完成注册上市阶段（NDA 申报）。——编者注

过了几日，我作为分享嘉宾应邀出席一个 CFO 午餐会，午餐会的主题是"讨论公司 KPI 设计"。在午餐会上，我提出了一个颇具争议性的问题：如果您是上面那家企业的财务分析负责人，您会修改给董事长的报表吗？换句话说，战略变了，KPI 要不要变？

这个问题一抛出来，就引发了激烈讨论。一部分财务同行认为不应该修改，主要的理由是公司利润是公司生存的根基，汇报利润肯定是不会错的；另一部分财务同行认为应该修改，因为公司的战略已经不是关注利润的野蛮生长了，当下也不是仿制药销售为王的年代了，而是自主研发的新时代。试问，一家生物创新药公司（通常只有研发部门）的董事长，会特别关注利润吗？战略牵引 KPI，该医药企业从一个仿制药厂商在逐步成长为一个创新药厂商，从销售驱动转为研发驱动，那么，其分析的 KPI 就应该随之而变。

我倾向于修改 KPI。为什么呢？从某种意义上来看，公司的战略是由战略小组以及核心高管制定的，反映了公司改革与发展的关键方向。那么，既然战略已定，作为财务分析部门，我们要做的首先是坚决执行战略的落地。战略指哪儿，我们打哪儿。我相信董事长在制定这一战略的时候，就已经考虑到了利润的波动、BD 投资对利润的影响，但是为了公司未来的发展，他决定进行战略转型。如此一来，公司的 KPI 就应该首先关注研发的关键进展。当然，这不意味着我们要完全放弃利润分析，但董事长首要看的分析报告，应该是研发进展、研发效率、研发效果方面的报告。

有一次，我和一位初创企业财务 BP 一起吃饭，她所在的企业开发了一种创新药。那天她给我看了她们的业务分析会的报告，其中第一页用醒目的字体写着：目前现金储备还有 ×× 亿元，可以维持 ×× 个月。

坦率说，看到这一页的时候，我受到很大冲击。因为我常年在大企业工作，不会把现金流分析放到如此重要的位置。但是，转念一想，我拍手称赞。因为对于初创企业，尤其是没有任何收入、仅靠融资输血的企业来说，现金就是生命线。这样的分析，重点突出，直击要害。

因此，每一家公司的报表，都可能和自己的对手、和其他公司的报告有所不同。因为大家所处的阶段不同，所面临的挑战不同，所要解决的问题不同，因此要分析的内容也完全不同。

3.2 报表：我的报表为何没人看

学习了战略牵引 KPI 的法门之后，接下来我们就进入四轮八步法的第三步：报表。

案例：精心设计的报表，为何没人看

徐刚 20 多岁刚从瑞士工作归来，加入了一家内资公司，担任财务 BP 副经理。他们公司销售部门过去有一套销售分析的报表，但大老板不满意，要求制定一套新的。于是他用 Power BI（商业分析工具）制作，耗费了半年，现在遇到了问题。

最开始，财务分析总监要求这个看板能覆盖销售各个层级的需求，他们按照这个方向工作了 3 个月，结果营销副总裁觉得报表指向不清晰，建议把报表使用者范围缩小至他和他的直线下属等 9 位领导，为他们量身定制报表。

于是，徐刚又开始了第二轮探索。这一轮，他几乎全部推翻重来，做了 9 套报表，现在已经上线了。

上线后发现各位销售领导都不太满意这个报表，他硬推行也推不下去，只能把各个领导系统权限都打开。但从后台记录来看，没有一位领导登录看过。

徐刚流露出一丝沮丧，甚至有几分绝望。

我问了徐刚几个问题：

- 领导们为什么不看这个报表呢？
- 最初，是谁要做这个报表的？
- 本来准备在什么样的场合使用？
- 这个新报表和旧报表之间是怎样的关系？

徐刚说，最初好像不是营销部门要做的，是总部想做。但是具体是怎么触发的，他也不清楚。他毕竟是一个基层工作者，对高层的决策缘由也并未深究。这个工作一层一层指派下来，就到了他手里。

他印象比较深的一次，是财务总监组织了一次报表业务需求收集会。那次会议请来了营销副总裁以及各个业务部门的负责人。当时有一位负责人详细地讲述了他对报表的需求。但是，徐刚记得很清楚，财务总监说："财务不可能开发这些内容，财务有财务的看法与规则。"

再开第二次需求征集会的时候，各个业务负责人都请假了，让各自手下负责数据的下属来应付一下，就算过了。

"那你们准备在什么情境下使用这个报表呢？"

"本来是想在业务分析会上用的。"

"现在使用了吗？"

"没使用。"徐刚答道，"公司业务分析会基本上不涉及实质内容，老板们也是晚上吃吃饭，喝喝酒，和和气气回家。营销副总裁在公司13年了，基本上晚上6点准时回家吃饭。很多营销同事都跟这位老板很多年了，工作风格也大体接近。所以说，其实营销副总裁自己并不想开发一套报表，而是总部要求他这样做。但是总部也没有规定完成时间，也没有在总部层面使用，全凭营销副总裁自觉。结果，大家也就没打算真的用了。"

我能感觉到，各个业务部门的负责人是不太想管得很细的，而且大家也说不清楚要管哪些内容。

我和徐刚分享道："前几天，有一位华为的高管和我聊天。他说，他觉得一切都是'术'。他理解的管理的'道'，就是管理者自己想干、想干好。他觉得这是一切的底层哲学。"

"咱们叫不醒一个装睡的人。理论上，在这个时点，不能强推一个报表形象工程，要耐心辅导业务负责人以提升他们对管理的兴趣、对管理方法的认知，能够'够到'管理阶段性的小成功，再走向下一个小成功。也就是说，这个时候，要做一个耐心的教练，而不是自己下场快速建个牌坊。

"我有一个朋友，他们公司推广报表系统就很成功。他们先给COO（首席运营官）一个人设计，COO的考核述职全部用这个报表，然后再开放给COO的下一层N-1，然后再N-2……手下的人很快适应了报表系统的使用。

"从你刚才的描述来看，整个业务分析体系重塑的工作，组织搭建不是特别合理。

"早年，我进行分析体系搭建的时候，最早的需求源自业务负责人感受到业绩快速下行的趋势，他非常重视提振业绩，因此要求重塑报表。

"后来，他亲自带队，把业务需求重新梳理。我也根据他的需求，并从战略分解KPI的过程，锁定KPI群。这个体系一旦搭建，是许多工作的基础，所以主要的设计工作是我主持的。也就是整个体系的完成，是一把手与二把手通力合作，然后销售负责人、市场负责人等一同参与完善的。并非层层指派，交到一个基层同事手里，这样的组织和负责人注定了项目的结果。

"但是，当时我们是在外企，底层数据做得非常好，公司系统也很完善，我们在战略分解KPI、快速形成报表后，主要着重在分析问题、解决问题，再重塑战略的过程中。但是，民企的干法是不一样的。"

"民企的干法是怎样的？"徐刚问。

"一般来说，民企底层数据质量不高，系统不支撑。我遇到过一位很厉害的民企财务总监。为了治理数据，重新招了10多个人，一点一点干，花了1年时间，把很多数据都梳理了一遍。尽管他在这个过程中也遇到了许多阻力，无数次去要人，自己还被降级了一次，但他专注于目标达成，还是成功了。

"所以，民企要从底层数据质量、搭建团队、培训各个体系同事入手。毕竟组织所处的阶段不同，需要搭建的能力不同，需要的机制支撑不同。"

徐刚表示同意。他说："他们做完了就感觉数字都不对，业务负责人在上线会上就说这报表没法看，就不欢而散了。"

"其实整个过程，报表设计者要用产品经理的思维去考虑问题。明确目标，定位客户，进行客户访谈，深入明确客户需求，然后再确定KPI。"我说。

徐刚表示同意。他说："在报表的设计过程中，我感觉业务负责人的需求和财务领导能够提供的支持南辕北辙。"

我接着对徐刚说："财务所提供的服务，必须从客户的体验和需求出发。财务不能自说自话、强买强卖，而是要明白客户为什么要提这个需求，这个需求能为客户带来什么，然后切实满足客户。

"业务分析在大业务流程中，属于战略落地，进而重塑战略的环节。业务分析最重要的是发现问题、解决问题、重塑方向。

"如果只呈现数据，就好像你不停地和我说我超重了，我胖了，这只能加重我的焦虑情绪。如果你给我一些解决方案，比如，以后晚饭控制在400千卡，并且不加餐，这样明确的建议我肯定会认真考虑执行。

"也就是说，用户不需要数据，用户需要的是解决方案。分析报表的设计，如果不偏离这个根本点，就能产生真正的生产力。"

针对报表无用的问题，有以下几个关键项：

1. 报表的用户是谁？用户是否需要报表？用户的管理能力和管理意愿是否足够？
2. 产品思维很重要。分析是为了解决实际问题，所以设计报表之前先想清楚自己的报表能解决什么问题，要学会提炼卖点。
3. 分析是一把手工程，自上而下干，让用户来做设计师，报表的使用率就大大提高了。

我在悦财做过一次读者调研，问题是：作为财务，你的报表被业务认可并反复使用吗？98%的读者选择了"否"。对于这个结果，我很震惊。那么，如何做出能真正服务于业务，并能被反复使用的报表呢？

我采访了王源，请他分享他的最佳实践案例。

案例：大型报表设计最佳实践案例

王源在一家世界500强外资公司的大连财务共享中心工作，负责整个亚太区的总账及报表工作。该财务共享中心成立不到5年时间，承担了报销、应收、应付、总账以及部分财务分析的工作。在财务分析模块，他们主要为各国的会计经理及财务BP提供差旅报销分析表、应收账款分析表、存货分析表和利润表与资产负债表等。

整套报表的设计共花费了一年半的时间，项目小组为6人（含IT团队2人）。那么，他们是怎么做的呢？

第一步，定义报表的用户。

王源说了一句话让我印象深刻。他说："有时候我们以为我们了解用户，至少知道用户是谁，但实际上并非如此。"他的差旅费用报表的用户有市场销售同事、业务线总监、总经理、财务总监、财务分析同事和合规内审同事。

定义好用户之后，他针对每一类用户进行了用户访谈。他的访谈内容涉及：

- 和每一类报表使用者了解他们对这类报表的需求；
- 了解他们目前使用怎样的报表；
- 他们的主要KPI是什么；
- 他们希望这个报表给他们的决策提供哪些信息；
- 他们对报表使用频次及推送平台的偏好。

在访谈过程中，让王源最有感触的是，团队去采访了一位区域销售经理，请他谈谈他是怎样使用费用报销报表的。这位销售经理说："我有一个小秘诀，我会看吃饭在出差总费用的占比，如果吃饭费用占比超过50%，那就有理由怀疑这位销售同事并没有真正请客户吃饭，而是用发票'套现'。"王源听了暗暗赞许，他没想到可以通过"吃饭占比"这一方法来发现出差经费"套现"问题。

王源说，其实用户访谈这个环节特别重要，如果真的等到报表一年后上线，用户来反馈要看"吃饭占比"，那整个数据源、报表设计都需要做修改。所以，前置用户访谈这一流程可以事半功倍。

第二步，就是进行报表设计了。

王源的应收款分析报表，过去数据源非常庞大，达到100MB（兆），而且数据源来自多个系统。每次团队做12个国家的应收款报表，需要80个小时。要知道，在结账期间每个小时都价值不菲。这个时候项目组就在思考如何让报表"瘦身"，让编制时间大幅缩短。

在与IT团队的讨论中，项目组决定构建一个"数据仓库"，先将不同系统之间的数据源整合到"数据仓库"之中。

什么是"数据仓库"呢？就是抽取和清洗相关需要的数据，进行建仓，形成一个统一的数据仓库。我举个简单的例子，我们去菜场买菜，一个区域是卖菜的，里面有黄瓜、土豆、番茄。另一区域是卖蛋的，里面有鸡蛋、鸭蛋、松花蛋。我们其实只是想做番茄炒蛋。那么，我们就构建一个小的区域：只卖鸡蛋和番茄。这样，我们所需要的面积大大减少了，菜也集中了，也符合产出的要求了，效率也大幅提升了。

也就是说，数据仓库的作用，是先抽取有用的数据、合适层级的数据，再清洗数据使得数据可以被使用。通过建仓这一动作，使得整个报表的地基扎实而精炼。

王源所在的项目组详细分析了数据源为何这么大，结果发现数据源最底层的数据颗粒度太细，但是真正的分析产出的颗粒度不需要那么细。要知道，一条粗颗粒度的数据可能等于上千条底层细颗粒度的数据。项目组决定，给数据源做减法，颗粒度变粗与报告产出一致。这样一来，数据源从100MB减小至6MB。改造之后每个月的制表时间从80小时缩短至4小时。

王源的数据仓库工作总结下来：他先抽取合适的层级，并把不同系统的数据源进行整合，大大提高了数据的便利性、可用性，减少了数据冗余，提高了效率。

报表设计的最后一个关键环节，就是推送平台。

王源分享说，最开始他们准备在传统平台进行推送，包括用户可以自行打开公司内部的 BI 软件查看，以及将报表的关键部分以 Excel（电子表格软件）的形式推送给部分业务高层。但是他们发现效果不佳。为什么呢？负责一国业务的总经理一天会收到超过 1 000 封邮件，如果仅仅是发送一份费用报告邮件，真的很难"脱颖而出"，被总经理看见。

"那你们怎么办呢？"我问。王源笑着说："我们小组曾经搞了一次头脑风暴，'00'后同事建议通过抖音和小红书推送给老板。""哇，这个想法好疯狂。"我惊叹道。

我和王源分享，我公司的人事同事每到要交员工考评的那几天，就在朋友圈刷屏。坦率说，我邮件也很多，很少看人事的通知邮件。但是，当我看到许多人事同事在朋友圈刷屏让大家提交员工考评，我就马上安排次日来提交考评。人事同事都能在朋友圈推送了，财务怎么就不能抖音推送呢？

实际上，给老板推送报表的时候，最重要的是告诉他分析的结论和行动的方案。我和王源分享我的"小诀窍"。差旅费用分析，只要发微信给老板，告诉他最近哪两个团队超标了，请他处理一下，这比几十张排位表还要更有用。

王源深表赞同，他和我说，他们团队同事后来在邮件标题里直接写结论："××团队差旅费用超标请关注"，一下就引起了老板的关注。

在报表开发之后，进入报表验收环节，这也是非常考验项目组的一关。关于用户培训，我问王源是怎么做的。

他说，他们的客户培训是分层来做的，不同用户组群需求不同，他们就分开培训。另外，他们单独给事业部负责人的秘书们搞了一场报表培训，要知道秘书是帮老板们看报表的人，而且他们更懂事业部的具体情况，能给出一些更接地气的分析与建议。因此，他们也充分利用不同人群，来提升报表的使用频次。

王源分享了他的报表设计流程总结。

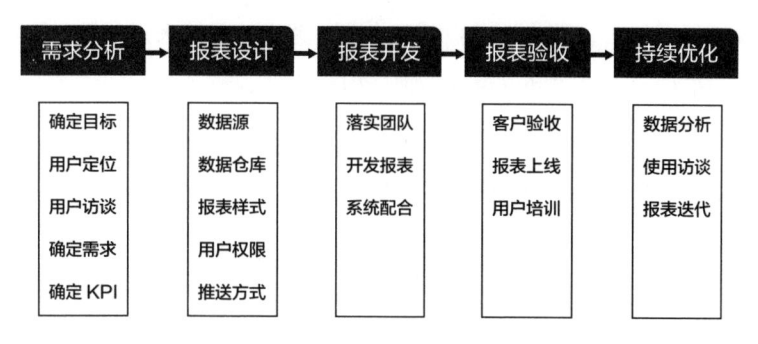

```
需求分析 → 报表设计 → 报表开发 → 报表验收 → 持续优化

确定目标    数据源      落实团队    客户验收    数据分析
用户定位    数据仓库    开发报表    报表上线    使用访谈
用户访谈    报表样式    系统配合    用户培训    报表迭代
确定需求    用户权限
确定KPI     推送方式
```

图 3-1 报表设计流程

王源说:"从需求分析到持续优化,报表成功的关键是有人用,反复用。我也记得我的老板曾和我说,如果你的报表发出去没有反馈,请你停止发送3个月。如果仍然没有反馈,你就再也不用发送了。"

最后,王源和我分享了他们报表项目申请亚太奖项时候的 PPT,里面有四句话值得强调:

- 以终为始寻找数据源。
- 去粗取精形成数据仓库。
- 产品思维进行报表设计。
- 分享分析行动,达成精准推送。

要成就爆款报表,还有四个方面要注意。

首先,运用匠人精神。沉下心,反复打磨细节,深入用户,了解他们的需求,形成一用就是十余年的报表。

其次,精选选题:做业务关心的内容。对公司最关键的几个报表,例如销售日报、月度分析会报告等老板最关注的选题要下苦功夫,形成爆款报表。

再次,通俗易懂:说业务听得懂的语言。不花哨,不大而全,而是数据准确,一针见血地指出问题,设计规范符合业务的阅读习惯。

最后,行得通:指出业务行动的方向。一份再高级的差旅费用分析报表,可能都抵不上秘书直接告诉老板哪三个业务超支的下属来得关键。因为老板要知道的是行动,是要和谁说才能把费用降下来。

案例:某世界 500 强公司的爆款销售日报案例

再次见到王源,我想请他分享他们公司的爆款报表。他拿出了销售日报。公司的全球销售团队都会使用这样一份标准销售日报。

表 3-4　销售日报

某国	昨日销量	月度			
某事业部	实际达成	月度达成	同比	指标比率	去年同期达成率

季度								
季度达成	同比	指标比率	去年同期达成率	季度指标	同比增长	季度仍需达成	同比	日关账额

年度			
年度达成	同比	达成率	年度日均达成

需要注意的是:

1. 数据源自 ERP(企业资源计划)系统。
2. 每天早上 7 点通过邮件推送。因为一般情况下员工 9 点上班会查看邮件,部分领导邮件较多,晚发可能会被昨晚的众多邮件湮没,因此早上发邮件更容易被看见。
3. 推送标题是:本季度时间已过 ×,销售达成 ×。这个标题非常醒目,每位同事都可以看到自己团队的销售进度,并据此推进行动。
4. 送达人是公司全体销售,以及销售相关的支持部门关键岗位同事。每个销售同事可查看自己的销售情况以及自己所在团队的销售情况。

5. 报表颗粒度会按产品分，也会按国家和区域来分，提供多视角的销售报告。

表中不仅会显示昨日销量，月度、季度、年度达成情况，以及同比增长等常规指标，还有一个关键内容是"日关账额"。什么是日关账额呢？举个例子，本季度销售指标100万元，目前还有最后10个工作日季度就结束了，目前已达成80万元。那么，还剩下20万元的"总关账额"，再除以10个工作日，每个工作日需要关账的额度即为2万元。这个指标非常有指向性，销售一看就能明白自己每天努力的方向。

这个报表在公司里被广泛使用，尤其到季度末，几乎每天早上都会有许多销售领导给自己的团队转发此邮件，来询问关账进度、关键客户情况等，以助推销量达成。

这个表格非常朴素，并没有太多花哨的地方，但是因其"选材"为销售最关心的日报内容，设计也符合公司同事的需求，数字又精准，而备受大家的青睐，成为公司的爆款报表。

爆款报表的唯一衡量指标就是使用量，越多同事阅读，越多同事通过其进行分析、促进行动，就越是好报表。在做报表这件事上，我们只要做出2—3个爆款报表就足矣。

3.3 痛点：数据源错了，分析能对吗

至此，我们分享了四轮八步法的前面两轮：从战略到数据。在数据讨论的最后，我想将目前我国财务管理转型过程中最大的痛点之一——数据源治理问题，与大家做深入探讨。

有一次，大家在讨论业绩铁三角（预算、分析、激励）在企业中的真正落地，一般是从哪个顶点开始的。原则上，从分析开始是比较恰当的。首先看数据，了解现状和问题，再一步一步解决，比较符合普遍的认知规律。但实际上呢？如果我们真的在一些基础较为薄弱的公司实操业绩铁三角的时候就会发现，走分析这条路很可能走不通。原因是底层数据质量太差，无法产出有质量的报表，很难真正发现其中的问题。因此，部分公司实操过程中往往从预算开始，因为预算即使没有过去的数字，也能"预测"出一些未来的数字。可以说，数据质量问题，是企业业绩管理体系构建过程中的一道鸿沟。而这个问题的背后，又串联着业务流程、信息系统、组织能力等多方面问题。

目前我国企业在底层数据上有3个主要的问题。

问题一：账目不准

第一个问题就是账目不准。有的公司目前的收入确认更多的是以"开票"甚至"收款"来确认会计收入，同时公司习惯用含税价作为收入。费用确认也存在同样的问题，费用无法区分不同成本中心，无法看到各事业部各产品线的成本细节。

部分公司月度结账该计提的收入不计提、该计提的费用不计提、该资本化的不进行资本化等。我也曾听说，某建筑企业沈阳分公司固定资产一次性进费用，导致利润为负。这些实操痛点不得不引发我们的深思。

另外，目前我国部分企业结账效率不高，甚至需要超过10天才能结账，导致数据及时性差，业务无法及时获取数据，也就无法根据数据做决策。所以，财务工作的基础是把账做准、做及时。这是保证底层数据准确性的关键。

问题二：财务业务数据不一致

第二个问题是数据来自不同系统，且各个系统不串联，数据互相对不上，导致没有人真正知道哪个系统的数据才是正确的。

部分公司的数据分散在不同系统中，销售的数据在销售系统里，财务的数据在 ERP 系统里，每一次上会汇报，销售老总与财务老总的数字都无法保持一致，只能互相校验。

许多企业在管理过程中，往往不重视数字化投入，不舍得投资系统，或者即使花重金买了系统，却没有明白人把系统用起来。我曾听说，某公司花 1 亿元上了 SAP（企业管理解决方案软件）系统，耗时一年半，但是上了 SAP 后基本无法正常使用，甚至还在并行金蝶系统使用。后来公司又花了 200 万元购置了一个预算系统，购置后也没有构建相应的分析、预算表单，预算系统成了存储预算数据的一个大"Excel"，造成了极大的浪费。

企业数字化是一项系统工程，需要明白人进行顶层设计，并以 10 年为单位进行系统的实施与构建。如果企业不舍得投资底层的数据化系统，却只是"沙上建塔"追求漂亮的报表，那必定是本末倒置。

问题三：数据权归属不清

各职能部门使用各自的系统，表面上是数字化系统不集成的问题，实际暗含数据权这一关键权力的争夺战。

有些公司组建了好几个不同的团队来"管理"数据。有财务部、运营部、销售数字化部、IT 部、研发算法部等。这些部门虽然表面上名字各异，但实际上都在开发和管理数字系统，运营各种报表。同时，这些部门的领导者也在暗暗争夺数据权。各个部门暗暗较劲，不把真实数据对其他部门公开，让这些信息仅为自己所用，或利用这些数据圈地为王。

数据权到底应该花落谁家？考虑到不少数据相当敏感，应不应该加强管控权限？这是很严肃的问题。原则上，信息系统应为 IT 部门统筹，财务部门统一调度数据会比较合理。

总的来看，数据源治理有不小的成本的。那么，数据源治理值得投入吗？答案是：值得的。

有朋友与我分享，最近他们公司请了一位不错的财务经理进来治理数据源，他做了一段时间，需要加两个人来清理旧账，以及准备未来的报表。他感觉比较犹豫，毕竟两个编制对于财务部而言，也是一笔新增的预算费用。

同时，要真的想把会计收入做准确，流程上不仅仅是打补丁的问题，甚至可能要重塑流程。拿销售收入预提来说，每个月的最后一天，销售会发货到半夜，如果都做预提的话，那财务部整体的结账时间就要延后1—2天，甚至每个月末都要加班到后半夜。销售工作量大了，财务工作量大了，工资又没涨，谁愿意变呢？

工厂里的成本结转也是同样的情况，过去是只卡进和出，成本虽然不太准确，但是无须很多人来盘点计数。如果100多道工序都要算得很精确的话，至少要加20个编制。这些编制的增加，与降本增效的理念之间，不是背道而驰了吗？

这些问题非常真实，也很棘手。如果没有数据，我们就永远只能模糊决策，而有了精准数据，短期成本会上涨。到底如何抉择呢？这个时候，我脑子里又闪现出这个问题：长期与短期，局部与全局，我们到底该如何抉择？

如果治理成本的短期上升，从长期来看是会带来成本的持续下降，那这个钱就是值得投资的。如果100多道工序混作一团，那我们永远不知道降本增效该从哪里入手，哪里工艺改进帮助最大，哪里浪费最严重，是否真的需要增加20个编制，是否有数字化的替代方案可以优化成本。

如果我们不能展示真正的销量，最后两天的销量没有计入，就有可能会对当月的实际销量有错判。业务的主管们就错失了看到整盘生意真实面貌的机会。也许最后一周销量已经在快速起量了，但并没有反映在收入上，导致公司没有及时跟进，却被对手捷足先登。

我们的决策，不应该只看短期利益，更应该看到数据治理之后，我们会对整个业务的全貌与细节了解得更清晰，可以做更为精准的决策，甚至有更好的治理体系。这样的投入不是成本，而是一种投资。数据治理的投资，是可以带来高额回报的。

管理者树立规范意识相当重要。如果我们的底层数据不规范，那么，数字化转型、分析、预算等管理工具几乎都没有了施展的根基，企业只能在低水平循环，中长期的利润、市值都会受到极大的影响。

我们要认识到数据质量的重要性，认识到规范的重要性，这是管理的基础。古人云：不积跬步，无以至千里。这跬步，必须是规范的跬步，才有累积的可能。在数据的质量上有效投资是必要的。重要的投资，管理者必须有长远的大局观。

许多企业在早期阶段主要处于"活下来"和"流水账"的阶段，这个阶段企业的唯一任务就是验证产品，能够获得客户，这个时候企业不需要花太多时间在底层数据上。

当企业逐渐获得市场认可，产品市场匹配之后，企业逐渐开始规范起来。这个过程里，我建议大家在底层数据层面早规范、早受益。最开始时，仅仅是找一个外部的财务，花两天时间把底层的收集数据的表格进行规范和搭建，大家按照这样的底层表格进行日常工作，就为企业积攒下了数据资产。

这些资产马上就可以运用到日常的客户分析、回款分析等方面，可以为企业带来经济效益。当企业越来越大，可以考虑构建相应的财务组织，进一步规范数据，形成更有效的报表。

在企业每一个历史发展阶段，投入相应的资金和资源，均能从数据里挖到"金矿"。数据的地基有了，投资也有了回报，企业也得到了每一阶段相匹配的数据能力，才能长期稳定地发展。

至此，我们将四轮八步法的前两轮：从战略到数据，分享完毕。接下来，我们要进入真正的技术：从分析到行动。

第 4 章
从分析到行动

4.1 定位：先细化，后排序

没有人想一辈子做"表哥""表姐"，大家都希望自己可以做那个从数据中发现问题、通过数据创造利润的人。然而，这个梦想却常常显得遥不可及。从数据中发现问题真的那么难吗？其实并不是。只要理解四轮八步法的第三轮：分析，就可以解锁这一"梦想"。而分析的过程中，一共有三个环节：定位、深挖、讨论。

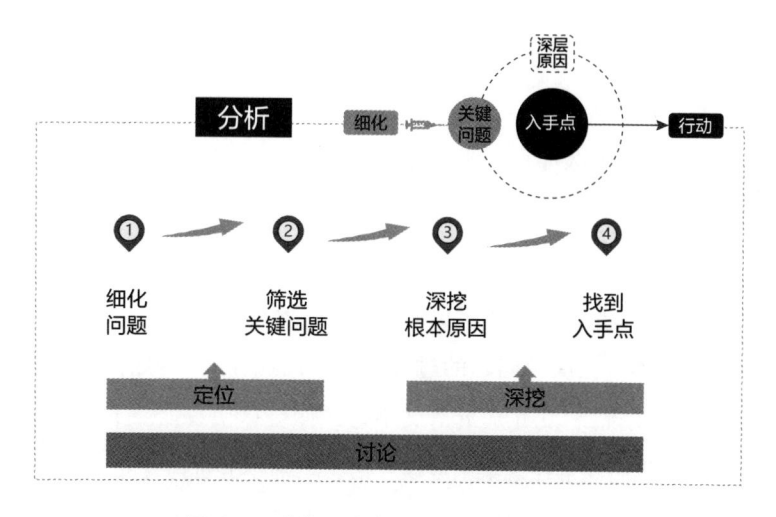

图 4-1 分析三步走：定位、深挖、讨论

定位，是找到关键问题的过程。主要通过细化＋排序。

深挖，是由表及里，探究深层次原因，再找到下手点的过程。这是分析中最考验管理功力的一步。

讨论，是业务分析会，是一个场域，也是一个关键会议。在这个会议上，我们发现问题、解决问题、重塑战略。

如何来理解定位和深挖呢？我用医生看病来打个比方。请问，这世界上哪两种病最难治？一种是诊断不出患者得了什么病，另一种是患者得了不治之症。前者是在纷繁复杂的问题中，无法有效断症，既然不知道得了什么病就更加无法下手；而后者是很快知道了病症，却缺乏有效的治疗方法。这两种问题，对应的就是我们的定位与深挖两种技术。

许多同事做了多年的"表哥""表姐"，虽会做表，但很难从报表中发现问题。这就需要强化对定位技术的理解。部分同事，即使从报表中发现了一些关键问题，却仍然无法触及行动转化。这个时候，就要再强化深挖技术。

我自己在学习分析的过程中，也经历了4—5年的时间。这期间，我一直不能有效发现问题和解决问题，我的分析没有形成突破。我反复问自己，是什么阻碍了我有效分析？我总结了4点原因：

1. 问题不具体；
2. 抓不到关键问题；
3. 找不到问题发生的根本原因；
4. 部分问题解决难度大。

这里我们先对前两个关于定位的问题进行分析。

问题不具体。在谈论问题的过程中，我们往往笼统地描述问题。例如，我先生常常和我说："女儿最近语文不好，你要尽快去抓一下。"顺着他的"问题发现"，我们经常在饭桌上漫议：语文老师不够资深，女儿学习习惯不好等。实际上，这样的漫议不仅浪费时间，而且解决不了问题。应该真正抓到核心的几项问题，如：仿写句子、生字组词、反义词没做好等。这么具体的方向一确定，我们就可以马上展开行动了。

抓不到关键问题。每个星期一，我的公司都会开数个小时的战略周会。原则上，这个会议应该讨论公司最关键的问题。但是，在这个会议上我不时听到额度只有几万元的汇报，或者遇到两个小团队互掐，请老板"主持公道"的事。这些问题，是不是应该在公司最高层的会议上讨论呢？显然不应该。那为什么还反复讨论呢？因为公司并没有一个组织来统筹公司的大事，并对这些大事的重要程度进行排序。如果让各个事业部、各个职能部门自己上报，那么，很大可能他们上报的事并不是公司层面的大事。

二八法则非常重要：20%的关键问题应投入80%的精力去发现和解决。在发现问题的过程中，排序是关键技术。站在大局角度寻找目前最关键的问题，并保证有足够的精力解决关键问题。我将找到关键问题的过程称为定位，也就是解决"无法断症"的问题。

定位通常需要两个步骤，先细化，后排序。

许多人定位不到关键问题，并不是没有进行排序，而是没有将数据细化到足够合理的颗粒度，大颗粒度的数据即使排序，也排不出问题来。只有问题细化到一定程度，再排序，方能发现关键问题。

案例：一维定位

有一天，在业务分析会上，财务BP同事分享了这样一张报表（见表4-1），这张报表汇总了六大区域的收入情况。根据这张报表，大家开始定位问题，并讨论可能的解决方案。

在定位问题的过程中，有的同事认为，有问题的区域是F，因为其成长金额和成长率均为负。也有人认为有问题的区域是E，因为其达成率最低。但有的同事不同意，认为其成长率最高。也有人认为应该看看区域B和C，其成长率仅为个位数，但是为什么达成率却那么高呢？就这样，对着这张报表，同事们争论了15分钟，却未有突破。

这个时候，老板发话了："这么讨论意义不大，我要继续看细节，财务

表 4-1　一维定位初始报表

区域	2020年					
^	实际达成（万元）	指标（万元）	差额（万元）	达成率	去年同期	成长金额（万元）	成长率
A	7 375	8 000	-625	92.2%	6 307	1 068	16.9%
B	9 190	9 300	-110	98.8%	8 583	607	7.1%
C	10 516	10 300	216	102.1%	9 859	657	6.7%
D	7 197	6 600	597	109.0%	6 049	1 148	19.0%
E	5 915	7 400	-1 485	79.9%	4 418	1 498	33.9%
F	9 463	11 100	-1 637	85.2%	10 100	-638	-6.3%
总计	49 656	52 700	-3 044	94.2%	45 316	4 341	9.6%

同事帮忙把报表细化到产品+区域的维度，大家再一起看。"财务同事马上又做了如表 4-2 的报表，展示在了屏幕上（仅截取部分报表）。

表 4-2　一维定位细化报表

区域	产品	2019年收入（万元）	2020年收入（万元）	收入成长额（万元）	成长率
A	1	1 139	1 230	91	8.0%
A	2	1 426	1 224	（202）	-14.2%
C	1	486	390	（96）	-19.8%
D	2	425	335	（90）	-21.2%
E	2	597	432	（165）	-27.6%
E	3	369	625	256	69.4%
F	1	379	577	198	52.2%
F	2	561	572	11	2.0%
A	3	528	556	28	5.3%

老板细看了看，说："很好，内容细致了不少。"这个时候你排序试试，"把产品+区域收入成长下降严重的，以及成长率低于 5% 的项目拉出来。"

财务同事马上进行了排序和筛选，发现了 4 个关键区域的问题。其中最大的问题是 A 区域的 2 号产品，收入下降 202 万元。大家可以看到，在财务同事准备的原始报表中，A 区域并不显山露水，成长金额和成长率似乎都没什么问题。但实际上，A 区域在 2 号产品上有明显的下降。这个关键问题是在细化后发现的。

表 4-3 定位关键问题

区域	产品	2019年收入（万元）	2020年收入（万元）	收入成长额（万元）	成长率	问题	行动方案
A	2	1 426	1 224	（202）	-14.2%		
E	2	597	432	（165）	-27.6%		
C	1	486	390	（96）	-19.8%		
D	2	425	335	（90）	-21.2%		

紧接着，财务继续指出问题：E区域的2号产品，收入下降165万元。E区域的成长率是最高的，但是达成率低。如果仅仅看原始报表，不知道哪里出了什么具体问题。现在了解到是2号产品的问题。老板马上叫来了当地的销售地区经理和市场部2号产品的产品经理，一起讨论。

这个案例很好地诠释了细化+排序的定位分析方法。我们再来回顾一下。

财务同事分享了一张相对"宏观"的分析表。这样的表格几乎我们每天都在反复展示，我们常常感觉自己无法在表格中看出真正的业务问题，这是因为我们不懂业务。其实，看这样"宏观"的表格，即使是最懂业务的老板，可能也很难看出问题。为什么？因为表格信息经过多次汇总，颗粒度太粗，混杂了大量的因子，我们很难在大颗粒度中真正发现问题。

那怎么办呢？细化。大家有时候会说，你把问题的颗粒度变细了，那反映的问题不就小了许多吗？没错，这正是分析的精髓。分析不追求大而全，而是要抓"典型"，抓那些能够反映具体细节的问题，再着手解决。我们不是要谈论"女儿语文不好"，而是要谈论"反义词"这一项能力掌握得不好。这正是细化的魅力。

如何有效细化呢？从哪些角度细化呢？我总结了细化7问。

1. 问细节：收入的明细是什么？
2. 问进度：研发项目的进度如何？
3. 问趋势：为什么成长率逐步下滑？未来趋势如何？

4. 问达成：与预算相比，达成率如何？实际与预算的差异是多少？
5. 问钩稽：为什么收入增长而现金流不增长？
6. 问漏斗：为何入店人数多而购买人数却寥寥无几？
7. 问比率：为何投资收益率低？利润率低？

通过这样的分析角度，可以有效将数据细化。

仅仅细化够不够？远远不够。6个区域，搭配8种产品，就有48个细化的问题。我们要一个个解决吗？当然不。这时候就引入我们下一个关键工序：排序。经过两个筛选排序标准"收入成长下降前5名的，以及成长率低于5%的项目"进行排序后，只剩下4行，从48行到4行，大大地缩小了进一步调研的范围，将问题进行了充分聚焦。

这个过程是一个扩大后又缩小的过程。先细化，再排序，这个时候在混杂着众多问题的"鸡蛋篮子"里，我们选出了这几个最重要的"鸡蛋"。这有点类似于化学中的提纯，反复筛选和排序后，我们选出了"纯度"最高的几个项目，再进行细致排查。

通过这样一个细化+排序的定位技术，我们不仅把问题打透，还筛选关键问题，而且定位技术基本不需要"懂业务"，只要懂得如何细化、如何排序即可。一旦我们发现了关键问题，就会拨云见日，走出关键的一步。因此，这个技术大家一定要熟练掌握。

定位可以是一维的，也可以是二维的。我们再来看一个二维定位的案例。

案例：二维定位

2022年某公司有多个投资并购候选项目，公司管理层花了大量时间来讨论每一个项目，却收效甚微。这个时候，老板有点不耐烦了，他要求业务负责人和财务一起把项目梳理一下，排个序。

经过讨论，大家感觉只用一维的排序不能满足需求，因为假若按销售

表 4-4　二维排序项目清单

项目基本信息							收入（亿元）				
项目名称	项目状态	起始年份	峰值（亿元）	NPV	项目风险	科室	2022年	2023年	2024年	2025年	2026年	2027年
肿瘤 PD-1	未签订 TS（投资意向书）	2026	30			肿瘤					2	10
自免 002 项目	未签订 TS	2025	10			自免				1	3	9
AAV 眼科	签订 TS	2031	7		高风险	眼科						
mRNA 项目	未签订 TS	2024	9			—			2	4	5	9
医美 001 项目	未签订 TS	2023	2			医美		0.1	0.5	1	1.5	1.9
肿瘤 CART 项目	未签订 TS	2025	10			肿瘤				3	6	9
医美商业化项目	签订 TS	2022	4			医美	3	3	3	3	3	4
齿科 001 项目	签订 TS	2035	6			齿科						
眼科 002 项目	未签订 TS	2028	7			眼科						

峰值排序，虽然能找到最大的项目，但是有些大项目产生销售收入要 10 年，所谓远水解不了近渴，这些项目很难弥补近 5 年公司的收入压力。

于是，财务 BP 准备了二维排序表，按回报周期+销售峰值排序九宫格。

表 4-5　二维排序九宫格

销售预估峰值	时间		
	短期（1—3 年）	中期（3—6 年）	长期（6—9 年）
>10 亿元		肿瘤 PD-1，30 亿元 肿瘤 CART 项目，10 亿元 自免 002 项目，10 亿元	
5 亿—10 亿元	mRNA 项目，9 亿元	眼科 002 项目，7 亿元	AAV 眼科，7 亿元 齿科 001 项目，6 亿元
<5 亿元	医美 001 项目，2 亿元 医美商业化项目，4 亿元		

通过二维排序，公司很快发现了问题。首先，公司最需要的项目：峰值大于 10 亿元，目前没有 1—3 年内可以上市的项目。这无疑证明公司项目搜寻工作仍然不聚焦，应该进一步聚焦在近期可上市的大项目上。公司目前调研的项目中，大部分是时间过长或者金额较小。最终，灰色区域的 4 个项目进入管理层视野，公司希望只对这 4 个项目进行进一步的调研。

二维排序有效地筛选出同时满足周期短和峰值高的项目（用灰色区域表示）。相比一维排序而言，多了一层筛选标准。实际工作中，大家可以用四宫格、九宫格等方式来绘制相关图表。

4.2　深挖：找到"真问题"解决它

了解了定位后，我们已经知道问题是什么了，大家都跃跃欲试，准备大干一场了。别急，现在还不行。仅知道问题并不代表能给出解决方案，或者有时根本就不敢解决。为什么？因为我们往往并不了解问题背后的真实原因，或是问题牵扯面太广，组织能力无法匹配，又或是该问题是公司"不可讨论之事"，一时之间无法解决。

我们再来看一个我女儿学习中的实际案例，看看她遇到了什么问题。

案例：女儿的作文，得了0分

四年级上学期的一天，女儿放学回家就哭了。她说："妈妈，我语文考试考了班里最后两名。"她拿出一张语文卷子，卷子最后的作文题，她几乎一个字都没有写。我没有怪她，而是坐在她身边耐心地问她："你为什么没写作文呢？"她说："这篇作文我不知道写什么，一点儿也想不出来。"这个时候我意识到，女儿的作文能力出现了很大的问题。我希望帮助她，提升她的作文水平。

坦率说，发现问题的过程非常简单，就是作文不行，需要改善。我已经抓到了关键问题，但是现在从哪里开始改善呢？许多人会说，这还不简单吗？作文不行就反复写，写上一百篇，作文成绩自然就上来了。这样还真不行。如果是数学计算题，我们这样练习问题不大，通过海量的计算，她的成绩会显著提升，但是作文就不能用这种方法了。

实际上，作文不行的背后，有着非常深层次的原因，而想要抓到这个原因，真的不容易。

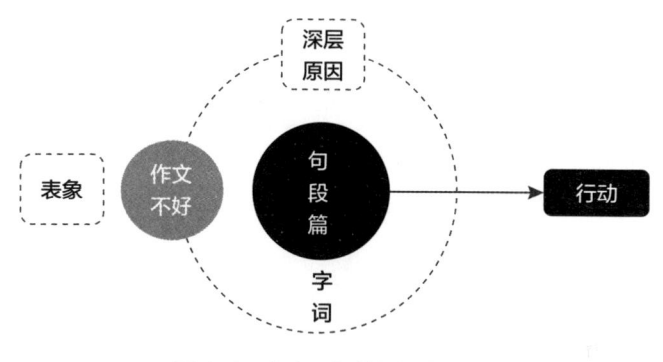

图 4-2　作文不好的深层次原因

我发现了关键问题，但实际上它只是一个表象，紧接着我们要在一个更大的范围、一个黑匣子里去探寻深层次原因。这个黑匣子，它隐藏得比较深，但却在背后主宰了表象的发生。

问题 1：找不到问题发生的根本原因

通过仔细分析和陪伴女儿写作文的过程，我发现了她的作文不行的几个重要原因：字、词、句、段、篇。

首先，篇的层面，女儿不懂如何选取文章的素材及内容，不懂"总—分—总"等篇章结构，也不懂如何升华和提炼主题。女儿每一次选取的内容过于宏大。比如，"记 4 天 3 夜的武汉之行"这样的主题，用 400 字写出来，即使是成熟的作家也颇有难度。我告诉她："如果有人给你这样的题目，你就仅仅选取一个细节。比如，在武大看樱花，在江畔放风筝即可。你写得越细致，就越有真情实感，你也越容易把握。"

其次，句的层面，句子太短，太粗糙。女儿写了一篇作文，描写小木槿花，她是这样描写的："我妈妈买了一盆花"。我和她讨论："这么短的句子，要凑够 400 字实属不易，你可以尝试写一些长句，也就是我们说的扩写句子。如何扩写呢？比如，清晨，妈妈骑车去附近的花鸟市场里买了一盆小木槿,这盆小木槿长得仿佛一粒棒棒糖,绿绿的叶子,粉红的花朵,显得格外鲜艳。"听了扩写句子的方法后,女儿一下子开了窍,我们就用一本句子扩写的练习册开始操练起来,把每一个句子写长,通过听、视、嗅、触、味等五感法来扩写句子,女儿一下子掌握了写长句子、长文章的秘诀。

你看,表面上是女儿作文不行,但是当我们去探寻更深层次的原因,其实是她在谋篇布局、写句子上的能力有欠缺。这些问题隐藏得很深,如果没有深度的陪伴和研究,是很难说清楚这些深层次原因的。

问题2:部分问题解决难度大

就这样,我女儿经过大约6—7篇文章的练习后,作文水平有了不小的提升,但是词的层面,仍旧词汇贫乏,文章干瘪。

她的一篇原文是这样写的:这朵花不是一般的美丽,不是一般的漂亮。看完这句话,我扑哧一声笑了,女儿问:"怎么了?这句话有什么问题吗?"我说:"你描写一朵花,能不能用些更有意境、更鲜活的词汇?比如,含苞待放、婀娜多姿、绿肥红瘦、鸟语花香。"女儿想了想说:"妈妈,这些词我不会,更不可能写在作文里。"

我听了以后感觉有点不可思议:"你已经四年级了,这些词语你都不会吗?"我们拿了一本成语书,对了一遍,发现果然她的成语词汇量要比我想象的少许多。我想,这应该不难,让女儿每天学上10个不就行了吗?后来,我们尝试了一段时间发现,她一天也就能学2—3个成语,要掌握上千个成语至少要2—3年的时间,这不是短时间内能"突击"成功的。也就是说,句、段、篇等内容短期内可以快速提升,但是字、词等内容反而是水磨的慢功夫。怎么办呢?我短期放弃了教她成语的办法。相反,我教了她一个更符合她目前能力的办法。

我告诉她:"女儿,首先你写文字的过程中,千万不要写空话、套话,一定要写真情实感,写最简单、最接地气的内容。同时,你在写句子的过程中,即使你不使用四字成语,你也一定要把句子写具体、写详细。比如,描写放风筝——'我看着妈妈手中的风筝,心里一直祈祷风筝不要掉落,但是咔嚓一声风筝还是摔在了地上。'这句话，虽然没有任何四字成语，但由于加上了心理描写和声音描写，内容也具体和生动了不少。你把着手点放在写'真诚的''细节的''心理描写''声音描写'等方向，就可以暂时避免背诵许多高阶词汇。先静下心来写有内容的文章，再慢慢经过2—3年的时间，将有内容的文章提升为文辞优美的有内容的文章。这样的着手点和行动方案，能更快解决目前的问题，让自己先往前走一步，即使不是完全解决问题，也能比以前有进步。"

就这样她练习了大半年，写了近20篇作文后，她的作文得了班级第二名。我能明显感觉到，她在谋篇布局、选取素材、主旨升华方面有了质的提高，但是在遣词造句方面还有不小的差距，目前仅仅是用真诚打败华丽辞藻，但她的路还很长。

这个案例分享完了，我们来复盘一下。一开始，我就定位到了问题：女儿作文不好。这个时候，如何进一步分析，帮她解决作文不好的问题呢？

第一，找出女儿作文不好的深层次原因：字、词、句、段、篇。

第二，针对句、段、篇三个可以快速改进的方向，进行有针对的指导，快速提升。

第三，针对不容易改进的方向词（尤其是成语），先用替代方法走一步，再逐步解决。

回顾深挖的案例，我们可以看到深挖是最需要技术含量的工作，需要经验丰富的管理者，预判解决方案，给出解决思路。不仅要懂业务，还要有很强的解决问题的能力。大家有没有想过，为什么我可以帮女儿快速提升作文，但未必每一个父母都可以呢？因为在解决女儿作文这一问题上，不得不说我是很有发言权的。我是一名成熟的写作者，近年来每年写作量在10万字以上。我用自己深厚的写作功底，陪伴女儿写作，帮助她寻找问题，反复修改习作，快速提高。

我坚信，一个缺乏写作经验的父母，即使其读了非常多的作文书，也很难快速教给孩子写作的秘诀。为什么呢？因为他没有高水平的写作经验，没有真知传授。这就是有经验的管理者和没干过的人之间的区别。因此，深挖的过程中，有经验的管理者特别重要。他们是明白人，见过体系，建过体系，吃过亏后知道如何避坑，可以更好地指出问题的解决之道。

深挖是在定位到具体的、关键的问题后，深度探寻问题原因，找到问题入手点。原则上，深挖技术远比定位技术难得多。深挖技术，需要深厚的管理功底，规划解决方案。而当我们真正理解了问题的原因，并规划好解决方案之后，行动就变得轻松起来。

4.3 讨论：业务分析会怎么开

至此，我们已经将分析三步走中的定位、深挖进行了讲解。最后来到讨论，也就是业务分析会的部分。在实际工作中，业务分析会是大家最有共鸣的痛点。大家总觉得业务分析会开得不疼不痒，每天开会累得不行。那么，怎么开好业务分析会呢？我们一起来看一看。

业务分析会内容

首先，业务分析会，虽然它名字叫分析会，但是它的实质是分析＋滚动预测的总和。其中，滚动预测是三大预算之一。

业务分析会 ＝ 分析 ＋ 滚动预测

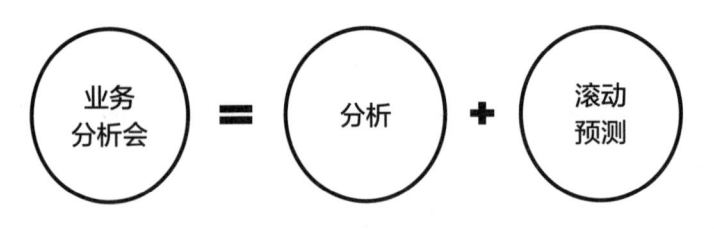

图 4-3 业务分析会的组成

预算和分析最大的区别是，分析是面向过去的，而预算是面向未来的。

那么，在业务分析会这个场景之下，我们既要讨论面向过去的问题，又要让计划赶得上变化，对未来一段时间做预测更新。

表4-6 预算与分析流程的关键会议一览表

类别	业务流程	财务流程	会议
预算	战略规划	战略预算	战略规划会
预算	业务计划	年度预算	年度预算会
预算	滚动预测	滚动预算	业务分析会
分析	业务分析		业务分析会

有的朋友对滚动预算的概念还略感陌生，想进一步了解具体如何做、有何作用。我们来看个具体的例子：东区销售经理小张年度预算指标为1.2亿元，每个月指标为1 000万元。前3个月，小张每个月都完成了1 300万元的业绩。假如现在是4月7日，业务分析会上，我们要对小张第二季度的销量进行滚动预测。

表4-7 滚动预测指标

月份	项目	指标
4月	年度预算	1 000万元
4月	奖金考核指标	1 000万元
4月	滚动预算	1 300万元

我们一项一项来看：首先，小张的年度预算会不会变？因为年度预算是刚性的，原则上它一旦确定了，全年就不会变了，所以小张的年度预算是1 000万元。那么，小张的奖金考核指标是多少呢？应该是1 000万元还是1 300万元？

有的人说，应该是1 300万元。因为肯定不止取得1 000万元的销量，我们再给他设置1 000万元的奖金考核指标就太低了。试问，如果小张发现自己做得越多，奖金指标就会不断调高，小张还会做1 300万的销量吗？不会。他会一直"贴地飞行"，按1 000万元来做。那么，最后损失的还是老板。所以，奖金指标原则上，也是刚性的。如果奖金指标是柔性的，就缺乏了严肃性，就从法治变成了人治。

那么，有人会问："小张4月的销量指标怎么办？就只是1 000万元吗？那我们岂不是会白白损失300万元的销量？"这个时候就引入了滚动预算的概念。4月7日，业务分析会上，我们会根据小张的最新业务情况，和小张达成一致，形成一个滚动预测的指标。可能是1 300万元，也可能是1 350万元。

这个滚动预测是做什么用的？一是我们对小张的业绩要求是1 300万元，你要按照这个目标去努力。二是我们给小张的资源配置（如：员工编制、市场费用等）也要匹配1 300万元，现在就把这个资源投进来。

也就是说，资源配置更偏柔性。滚动预算也是为了预算柔性而生。

那么，如果小张做到1 300万元，他可以拿多少奖金呢？他可以按照130%达成来拿奖金。例如，小张目标奖金10万元，公司规定130%达成可以支付300%的目标奖金，也就是说小张可以拿到30万元的奖金。

这样，我们在目标、资源、奖金三者之间取得了非常好的平衡。

通过滚动预算目标，来实现了目标的柔性，最大限度提升了企业的业绩，让计划跟上变化。

资源跟着最新的滚动预算跑，能够最大化支撑业绩的实现。而奖金跟着年度预算目标实现刚性，奖金目标严肃认真，员工有奔头，多劳多得。

业务分析会现状

现状1：谈功绩、避问题，缺少一针见血指出问题的能力和勇气。

许多业务分析会主持者会把会议时间分给各个区域（例如：东、南、西、北大区），各区域各自准备汇报材料。各区域把业务分析会当成了每月一次的"晒功绩会"，甚至是"PPT比拼大会"。有的团队甚至专门请了"运营"团队来负责月度业务分析会的PPT制作，力求最大化陈述业绩达成中遇到的困难，以及表现本团队的业绩。会议被精心包装后，失去了谈真实问题的宝贵机会。

这就好比划龙舟，如果每个划船的队员都努力按自己的桨频、力道、方向而使劲，但如果缺乏全盘规划的舵手，那这艘船很难行稳致远。

在业务分析会中，我们更建议由中央统筹会议模板和数据，甚至是统一分享数据和关键问题。这样，大家的基调就不是"邀功会"，而是"问题解决会"。

业务分析会中，财务必须站出来，切实拿出分析的数据和结论。这些结论必须一针见血，指出业务中存在的现实问题，各团队直面问题分析原因。财务如果拿不出数据，或者无法提供分析，业务一号位就应该深度考虑提升财务组织的能力。

现状2：避重就轻，化主观原因为客观原因。

各个区域自己准备业务分析会资料的过程中，一定会发生避重就轻的现象。我曾见过在主管数十亿元收入的业务负责人面前汇报5 000元预算的情况，抑或讨论2万元的折扣是不是应该给。

有的研发月会上，各路大佬讨论着极高深的技术问题，在座的20位领导几乎没有一个人可以听懂发言人所谈的技术问题，却可以漫议一整日。

一般来说，一个月业务分析会时间仅有1—2天，却要覆盖业绩回顾、问题发现、行动部署、销售预测、关键项目、人事讨论等多项议题，时间非常紧张。在问题发现的环节，必须有人从中央的角度来排序关键问题，在会议上合理分配时间，把目前最关键、最棘手、最需要被解决的问题，拿出专门的时间，充分讨论，形成解决方案。

现状3：只分析、不预测，更不敢压指标。

几乎有一半以上的业务分析会是只分析、不预测的。业务分析会虽然名字是"分析"，但实质是业务分析+滚动预测的有机结合体。

有的业务分析会只谈过去，不谈未来一个月、一个季度，这绝不行。我们不是要复盘过去，反省自己，我们是要持续打胜仗，完成或超额达成业绩，拿到奖金。

预测的主战场，是谈风险与机遇，是敢于压指标，给团队一定的压力，但同时给到资源与支持，助力团队超额达成业绩。

业务分析会的第一使命是死磕达成，保证月度、季度销量（或关键目标）的达成。销量就是这样，每个月咬住，每个季度咬住，我们就上了一个新台阶，我们就和对手拉开了距离。

业务分析会是提升组织能力与文化建设的重要练兵场。我们是不是脚踏实地地谈问题、谈解决办法；是不是一方有难八方支援，东区有困难西区可以上；这考验了我们的激励机制、领导力等多方面的底层能力，也是企业能否长期发展的关键所在。

现状4：无部署、不行动、漫谈期望理想。

今天许多业务分析会是这样的：东、南、西、北四个大区花了8小时来谈自己的业绩和自己的困难。老板再花1个小时来谈公司的业绩和公司的困难。老板慷慨激昂，谈期望，谈理想，谈这个月必须超额完成。但是，没有真正的部署与资源支持，这一切都成了空谈。

业务分析会中及会后应该有大量时间来部署资源调配、政策调整、组织调整、项目跟进等关键问题。

要知道，无行动跟进的会，等于没有开过会。

总结：业务分析会浮于表面，是管理问题的集中体现。

如果一家企业业务分析会浮于表面，官僚气严重，是一面非常好的镜子，折射了管理的能力问题、意愿问题、组织问题、文化问题。

管理就是一次人性博弈的旅程，在这趟旅途中，每一位管理者都经历了无数的磨炼。直面问题，我们会离客户近一点，也就能离成功近一点。

业务分析会核心目标

业务分析会有三大核心目标：死磕达成、解决问题、重塑战略。

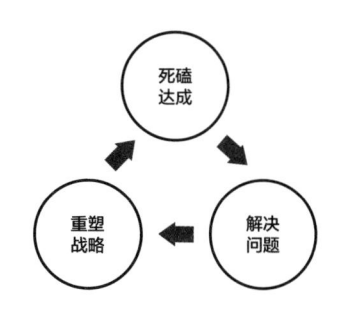

图 4-4　业务分析会三大核心目标

首先，业务分析会不是战略规划会，谈使命、愿景、价值观。业务分析会开会的第一要务，是保证我们活下来，保证我们这个季度、这个月完成指标，团队有钱花，不被对手打得落花流水。因此，我们应该充分把握业务分析会的机会，谈论生存问题，谈论一线最新的战况，集思广益，把生意保质保量地做成。

其次，业务分析会的"外衣"是分析，"里子"是发现问题和解决问题。如果我们只是冲着分析去，我们会花许多时间来描述发生了什么，出现了什么现象。其实这些应该是在会前准备好的，大家心里有数的。但是，如果我们冲着解决问题去，我们就需要花大量时间讨论表象背后的本质原因，以及积极定政策、调组织、配资源。

最后，战略需要在实践摸索中不断修正，并在一线实践中形成。每一个敢直面客户反馈并痛下决心修正的人，都是英雄。因为这真的太难了，你要否定自己过去的一切，重新再来。但是，发现问题，解决问题，调整之后你会发现这是一个全新的战略。这可能是一个更接地气、更能被客户接受的战略。

业务分析会就是这样一个在公司内部，深度与客户对话的过程。我们讨论一线的反馈，直面最艰难的问题，否定自己，怀疑组织，再鼓起勇气重新出发。每一次这样的旅程，都是一次蜕变、一次新的起点。也正是这样的累积，让我们成为一个真正为社会提供最大化价值的公司。

这恰恰映照了业绩铁三角之道：好的业绩，源自为利益相关者提供最大化的价值。

为什么不敢直面问题

许多人认为自己的业务分析会开了也没有效果。究其原因，是发现问题之后，没有真正解决问题。

但我们有没有想过，为何许多管理者发现了问题却不去解决呢？如果这是一个普遍的现象，那其中一定暗含着某种原因，牵制着我们不能去解决问题。

从发现问题到解决问题，并不是一个连续的过程。这中间还有一个"黑匣子"，这个"黑匣子"叫作"承认问题"，在这个"黑匣子"中，我们要经历一次人性的考验。

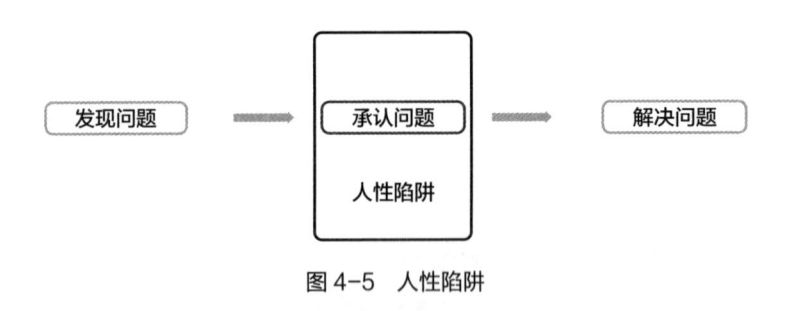

发现问题 ➡ 承认问题／人性陷阱 ➡ 解决问题

图 4-5　人性陷阱

也就是说，业务分析成功的过程，不是发现问题—解决问题，而是发现问题—承认问题—解决问题。想解决问题，先要承认自己有问题。

那么，承认问题难吗？难！以我自己为例。我的第一本书《财务 BP：500 强高管的实践之道》算是业内畅销书，但是大家知道我最怕什么吗？我最怕去当当、京东、豆瓣看读者的评论。为什么呢？因为里面有许多负面评价，虽然很多是中肯的、有建设性的评价，但是可能它评价的方式比较直接，我很难一下子接受。我怕反复被否定，我一直觉得只要我不去看那些评论，我就可以避免对自己失望。

试问，如果我不敢看评论，不敢承认自己的问题，我是否可能解决问题？不可能。那为什么明明是好的建议，我只要采纳了，我的内容就会更好，我却偏偏对它视而不见？

这与人性有关：人都会趋利避害，绝大部分人都害怕被指责、被否定。

因为指责很容易令人自我怀疑，使人自卑。真正敢于直面问题的人，必须有极大的自信，这样的人凤毛麟角。

同时，我们不得不承认，许多管理者除了缺乏承认问题的勇气之外，还缺乏解决问题的能力与魄力。这一点上，我们不能对管理者苛求过多。我们不能要求管理者每一次克服自己的人性，去直面公司全部的、深层次的问题，这不现实。

管理者是凡人不是圣人，更不是神。不苛求人性完美，是对人性基本规律的尊重。尊重老板是个凡人，对其有凡人期待，预期会更合理。那我们就眼睁睁看着自己被人性陷阱所吞噬吗？我们如何躲过这一陷阱呢？答案是：用机制平衡人性。

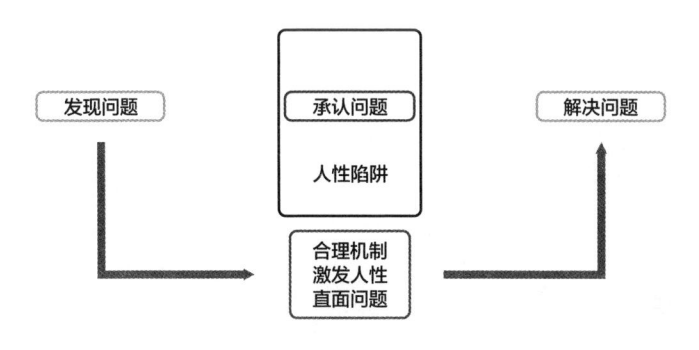

图 4-6　机制平衡人性陷阱

我们可以构建合理的分析机制，让问题有秩序地暴露给各个层次的管理者，并在不同的层次予以解决。试想，如果老板听到一箩筐的问题，再强大的人也可能会崩溃。如果每个下属都带着解决方案来讨论问题和解决方案，老板也会平心静气地帮助下属分析和解决问题。因此，在业务分析会中，我们不建议把会场变成激发人性恶的场域，变成自我怀疑的会场，而恰恰相反，业务分析会应该成为激发人的主观能动性并带动问题解决的场域。这就是朴素的管理哲学：管理一直与人性为伴，管理应该激发人性善，激发人的主观能动性。

至此，我们将四轮八步法中的第三轮——分析，讲解完毕了。在发现问题并找到了解决方案之后，我们还要推动行动，真正把问题解决。

4.4 行动：定政策、调组织、配资源

在行动中，如何定政策、调组织、配资源，我们可以借助一个案例说明。

案例：王娟的业务分析会

4月7日，王娟所在的部门展开了4月的业务分析会。王娟作为事业部的财务BP，带着最新的分析模板，积极参与其中。这次会议的参与人主要是班子成员，同时邀请了部分业务人员旁听。

```
第一部分：业务分析              第二部分：滚动预测
  1.1 销售分析                    2.1 销量预测（大区，自下而上）
  1.2 市场分析                    2.2 销量预测（全国，自上而下）
  1.3 产品分析                    2.3 关键挑战及投资计划
  1.4 费用分析                    2.4 关键机遇及投资计划
  1.5 利润表与现金流分析

第三部分：人事与重点项目        第四部分：行动转化
  3.1 选：关键岗位招聘回顾        4.1 核心班子三件事
  3.2 用：关键人员、组织讨论      4.2 公司级重点项目布局
  3.3 育：本季度培训计划
  3.4 留：关键指标回顾
  3.5 重点项目讨论评审
```

图 4-7　业务分析会议程

在整套分析报告中，王娟紧紧围绕着以下4个大项16个具体KPI展开，4个大项分别是：销售、经销商、市场、人事。

过去，该事业部召开的业务分析会主要是由销售经理自己准备汇报PPT，销售经理花了大量时间准备数字、美化数字、掩盖问题。现在事业部统一由王娟的团队来准备PPT，并事先定位问题，在业务分析会上大家就事业部最关键的问题具体深挖和讨论，最终形成解决方案。

在每个部分，都有财务人员先分享关键事业部的总体数据。例如，在医

KPI

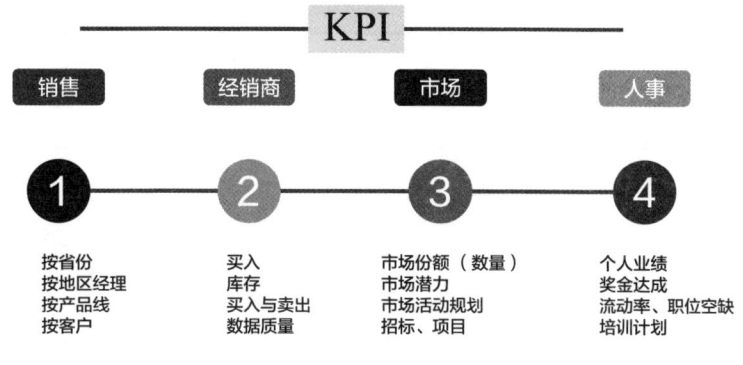

销售	经销商	市场	人事
1	**2**	**3**	**4**
按省份 按地区经理 按产品线 按客户	买入 库存 买入与卖出 数据质量	市场份额（数量） 市场潜力 市场活动规划 招标、项目	个人业绩 奖金达成 流动率、职位空缺 培训计划

图 4-8　KPI 群

院销量分析的过程中，王娟会分享上个季度、上个月整体的销量、指标达成率、成长率等。

×%	×%	×%
数量成长率	产品升级	收入成长率
+××%	×%	××%
客户数量 ×× 与 ×× QTD （季度销售总额）	客户单产 × 与 × QTD	达成率

区域负责人	本月收入	与预算差	达成率	成长率	销售数量	数量成长	数量成长率
张三							
李四							
王五							

省份	本月收入	与预算差	达成率	成长率	销售额	成长率	销售数量	数量成长	数量成长率
北京									
上海									
江苏									
浙江									
四川									
云南									
⋮									
全国									

图 4-9　医院销量一览

接下来，王娟会把公司最关键的 7 个省份，以及 4 个被筛选出来的省份列成省份深挖表进行深入讨论。这 4 个省份达成率均低于 95%，且金额与数量出现负增长。

表 4-8　省份深挖表

省份	本月收入	与预算差	达成率	成长额	成长率	销售数量	数量成长	数量成长率	市场潜力	潜力金额	市场份额	具体问题	行动方案

东、南、西、北销售大区在会前3天已经收到这份报告，如果他们所负责的省份被重点关注了，他们会提前和自己的团队讨论该省份下降的具体原因，以及关键客户的解决方案。

这样，业务分析会从过去销售讲"他想说的"，变成了讲老板"他想听的"，讨论集中到关键问题上。同时，把大量讲数据的时间节约下来，转化成了讲问题，共同讨论解决方案。

在分析过程中，王娟提出了一个问题：目前销售收入成长率14%，但是销售数量成长率仅为5%，市场份额不断下降。她又定位了其原因：某低价产品数量下降非常快，尤其在A产品上（充分竞争产品），在上海、云南、山东快速下降。

销售经理认为："公司常年在策略上只重视高端产品，没有重视低端产品，没有资源投入。另外，由于该产品是老产品，对手竞品价格较低，本公司产品没有竞争力。"事业部负责人听了，眉头紧锁。

中午吃饭的时候，他和大家一起商量A产品的问题。市场总监对事业部负责人说："A产品虽然在我们公司盘子里所占比重不大，但是它在同品类中的市场占有率有70%。以往，因为A产品的所在品类竞争较为激烈，且我们的价格与对手的价格相比较高，因此我们从未关注过其销量。我们是否要关注这个市场是个问题。"

销售总监说："我觉得肯定要关注，我们不能只关注高端产品，低端产品销售量大，是基本面产品。"

市场部负责人说:"那我提一个建议,在我们市场部加一个负责A产品广阔市场的产品经理。这个人的人力成本可以不必太高,如果我们在销售增加人,一下子最少要增加5—6个,我们先加一个产品经理,让他跑跑市场,把市场的情况摸清,我们再决定要不要扩招。"大家都表示赞同。

销售总监说:"这次销售经理提出的,A产品在云南、山东竟然比竞品价格高50%的情况,我们要重视起来。销售经理能力再强,也不可能卖出一个比竞品价格高这么多的产品。这个问题不能在区域解决,必须拉到事业部层面解决。"

王娟说:"我同意,虽然大幅降价会影响我们的利润,但是我们也要充分考虑销量的提升,以及可能的市场份额的争夺。我来做价格分析与财务建模。"

事业部负责人让销售总监、市场总监和王娟一起组成工作组。并把这项工作作为明年的三大战略项目之一,名为:广阔市场掘金战。此项目的主要关注点在价格政策的制定和市场份额的争夺。所以说,真正的战略不来源于老板"拍脑袋",而来源于一线的反馈。这就是四轮八步法中行动重塑战略的过程。

在这次行动方案的讨论过程中,事业部做了如下行动方案:

1. **定政策**:由销售总监和王娟带领价格调整的项目,重调价格,并有效保证其对事业部利润的正贡献。
2. **调组织**:前期增加一名市场经理,覆盖广阔市场的策略制定。后期根据具体的业务计划书进行销售相关的组织搭建。
3. **配资源**:在未来三个关键的市场活动中,调拨30%的市场费用,来进行A产品的重点宣传,并收集客户反馈。下一步联动研发部门,对A产品考虑降本与升级,务必形成价格优势。

在接下来每个月的业务分析会的项目回顾环节,都专门针对广阔市场项目进行专项推进。该项目运行1年之后,公司在广阔市场的市场份额从5%

提升至25%，其利润不降反升，薄利多销。同时，进一步带动了其品牌在高、中、低端产品的全覆盖。

王娟的案例，非常好地对行动中的定政策、调组织、配资源进行了展示。房晟陶先生说，企业最关键的是外部适应。我同意。而外部适应最关键的流程之一，就非分析莫属了。只有我们真正了解客户的需求，我们才能为其创造价值，才能让客户放心地选择我们。

而要有效提升利润，盈亏平衡分析及之后的行动很重要。我的朋友毕瑶是苏州某工厂的财务总监，我和她假设了一个花店的例子，深入讨论了盈亏平衡分析的奥妙。

盈亏平衡分析的基础知识

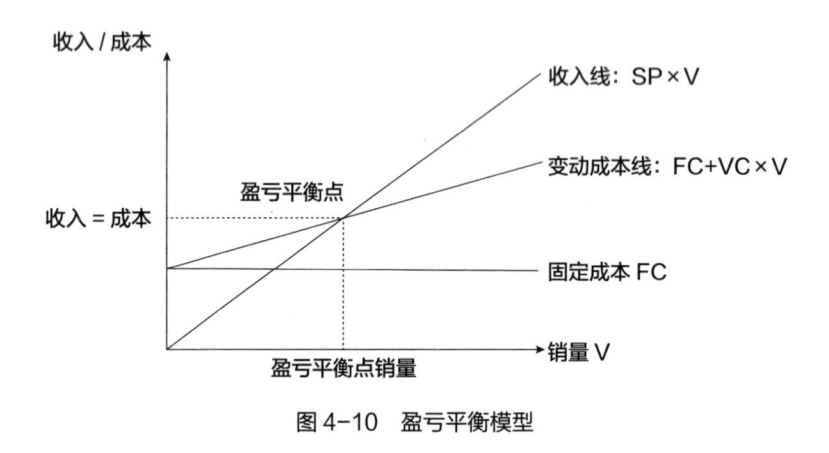

图4-10 盈亏平衡模型

收入线和变动成本线的交点就是盈亏平衡点，也就是保本点。在这一点上，收入＝成本。企业达到了保本点的销量，收支实现平衡。

为了找到这个保本点的销量V，我们需要这些因素：产品价格（SP）、固定成本（FC）、单位变动成本（VC）。有了这些信息后，盈亏平衡模型可以帮助我们做到以下两件事。

1. 测算保本销量，或保本需要的价格、固定成本和单位变动成本。

假设你想开一家花店，每月的租金、水电费（FC）是5000元，一枝花的平均售价（SP）是5元，单位变动成本（VC）是3元，请问：每个月需要销售多少枝花（V）才能保本呢？

保本点意味着收入 = 成本，也就是 SP×V=FC+VC×V。如果将公式变形为（SP–VC）×V=FC，我们也可以把保本点理解为：当达到这个保本点后，销售带来的贡献毛利（销售收入 – 变动成本）能够补偿固定成本的支出。因此保本点销量就是固定成本除以贡献毛利，即 V=FC÷（SP–VC）。FC=5 000，SP=5，VC=3，花店的盈亏平衡销量 V=5 000÷（5–3）=2 500（枝）。

这个公式 [V=FC÷（SP–VC）] 可以变形，只要已知其中任意3个因素，即可计算出要保本点对应的那个剩余因素。比如，花店每月的租金、水电费是5 000元，每月可以销售2 500枝，单位变动成本是3元，请问：要保本的话该给每朵花定价多少呢？根据 V=FC÷（SP–VC），我们可以将公式变形为 SP=FC÷V+VC。花店的盈亏平衡价格 SP=5000÷2500+3=5（元）。

2. 测算目标利润对应的销量、价格、固定成本和单位变动成本。

以上目标销量、价格和成本是在考虑盈亏平衡（收入 = 成本，贡献毛利 = 固定成本）的前提下得出的。现实生活中，我们营业肯定是希望获利的。如果我想要一定的目标利润，该如何测算相应的销量、价格或成本呢？

盈亏平衡时，贡献毛利 [（SP–VC）×V]= 固定成本（FC）；如果有目标利润（TP），那么贡献毛利 [（SP–VC）×V]= 固定成本（FC）+ 目标利润（TP），即销售带来的贡献毛利除了补偿固定成本之外，还能带来目标利润。

比如，上例中，如果我想每月都要盈利8 000元，则目标销量 =（5 000+8 000）÷（5–2）=6 500（枝）。计算目标价格和成本也用这个公式相应变形就可以了。

盈亏平衡分析的实际应用：实现目标利润

通过花店的例子，我们回顾了盈亏平衡模型的基本原理。通过这个模型，我们不仅能算出保本时需要的销量、价格和成本，也能算出要达到一定利润时的这些目标值。

现在让我们再回到现实场景中。经营会议上，总经理问："现有利润率是10%，如果要实现目标利润率（η）15%，销量该长多少？或成本该降多少？"

怎么好像还是回答不了这个问题呢？别急，虽然盈亏平衡模型告诉了我们解决问题的思路，但在实际工作中，我们还是会遇到一些应用的问题。

实际上，公司不是只有一种产品，而且这些产品之间成本和价格差异很大；公司的成本性态不好划分固定成本还是变动成本。比如电费，其中既有基础的照明用电，是基本固定的；也有机器用电，随开机率变化而变化；实际应用中往往需要计算目标利润率，而不是目标利润额。

所以，基于这些原因，实际工作中往往不计算变动成本的数值，而是通过计算变动成本比率，即变动成本占销售金额的百分比来应用盈亏平衡模型。

回到花店的例子，单位变动成本（VC）是3元，产品价格（SP）是5元，所以变动成本率（VCR）=3÷5=60%。盈亏平衡销量 V=FC÷（SP–VC），如果等式两边都乘以价格SP，则盈亏平衡销售额 V×SP=FC÷（1–VC÷SP）=FC÷（1–VCR）。

因此花店的盈亏平衡时的销售额=5 000÷（1–60%）=12 500元，和一开始我们用变动成本绝对值计算出来的结论是一致的[12 500÷5=2 500（枝）]。

现在，关键问题来了，如何计算企业的变动成本比率呢？

对于花店这样简单的案例只需一步，用变动成本除以售价即可，但在现实工作中，因为有不同的产品组合，为了计算变动成本比率，我们需要以下四个步骤。

第一，我们需要拿出一张明细利润表，包含销售收入、材料成本以及各项费用。这张表可以是上一年的实际数据，也可以是今年的预算数据。只要产品、费用结构和想要做经营决策的那个年度的实际情况比较接近就可以了。

表 4-9　明细利润表

盈亏平衡计算			
	价格	数量	预算金额（千元）
销售收入			42 500
材料成本			22 000
运营费用			16 250
工资费用			4 500
折旧费用			5 000
水电费			3 000
维修费用			2 000
其他费用			1 750
息税前利润			4 250
息税前利润率			10.00%

第二，将销售收入和材料成本按照产品类别列出明细，并分别列出单位价格、单位成本和数量。这样相当于把不同成本的产品，按照加权平均的方式，最终计算一个变动成本比率。

表 4-10　计算变动成本

	价格（千元）	数量	预算金额（千元）	变动比率	变动成本	固定成本
销售收入			42 500			
产品 A	5	2 500	12 500			
产品 B	10	1 500	15 000			
产品 C	15	1 000	15 000			

（续表）

	价格（千元）	数量	预算金额（千元）	变动比率	变动成本	固定成本
材料成本			22 000		22 000	0
产品A	3	2 500	7 500	100%	7 500	0
产品B	5	1 500	7 500	100%	7 500	0
产品C	7	1 000	7 000	100%	7 000	0

第三，将每项成本和费用划分为固定成本和变动成本，可以对这些项目都定义一个变动比率。如果材料成本完全随着销量（产量）的变动而变动，其变动比率就是100%。对于一些成本性态不好划分固定成本或变动成本的费用，我们可以根据企业的情况设置成0—100%区间中的某一个值。

比如，某企业每年300万元的电费里，有大概60万元是固定照明费用，不受销量（产量）影响，我们就可以将电费的变动比率设置为80%（1−30÷150）。

表4-11　费用细节表

	价格（千元）	数量	预算金额（千元）	变动比率	变动成本	固定成本
总销售额			42 500			
产品A	5	2 500	12 500			
产品B	10	1 500	15 000			
产品C	15	1 000	15 000			
材料成本			22 000		22 000	0
产品A	3	2 500	7 500	100%	7 500	0
产品B	5	1 500	7 500	100%	7 500	0
产品C	7	1 000	7 000	100%	7 000	0
运营费用			16 250		5 025	11 225
工资费用			4 500	5%	225	4 275
折旧费用			5 000	0	0	5 000
水电费			3 000	80%	2 400	600
维修费用			2 000	50%	1 000	1 000
其他费用			1 750	80%	1 400	350

（续表）

	价格（千元）	数量	预算金额（千元）	变动比率	变动成本	固定成本
合计					27 025	11 225
息税前利润			4 250			
息税前利润率			10.00%			

第四，我们通过以上步骤，已经知道了企业的总固定成本、总变动成本以及总销售额，将总变动成本除以总销售额，得到了企业的变动成本比率是63.6%。

有了变动成本比率，我们可以计算出盈亏平衡销售额=FC÷（1–VCR）=11 225÷（1–63.6%）≈30 828。

表4-12　计算盈亏平衡销售额

总固定成本FC（千元）	11 225
总变动成本VC（千元）	27 025
总销售额V×SP（千元）	42 500
变动成本比率[VC÷（V×SP）]	63.6%
盈亏平衡销售额[FC÷（1–VCR）]（千元）	30 828

现在，我们已经通过计算出企业的总固定成本和变动成本率，知道了盈亏平衡销售额，那现在企业的利润率是10%（4 250÷42 500），如果要实现目标利润率15%，销量该增长多少？或成本该降低多少？

这时，像我们在盈亏平衡模型基础讲到的，把成本加上目标利润作为贡献毛利的补偿对象，可以计算出目标利润对应的销售量。

同样，我们将变动成本比率加上目标利润率就可以计算出相应的销售额。

$$V \times SP = FC \div (1 - VCR - \eta) = 11\ 225 \div (1 - 63.6\% - 15\%) \approx 52\ 453$$

$$52\ 453 \div 42\ 500 - 1 \approx 23.4\%$$

从以上的计算结果我们得知，在现有的产品结构下，其他因素不变，企业的销量至少需要增长 23.4%，利润率才能从 10% 上涨到 15%。到这一步，我们终于回答了总经理的问题。

如果总经理问："销售增长乏力，只能降成本，要降多少？"同样，像我们前文讲到的，计算销售额的公式可以变形，只要知道销量（V）、价格（SP）、固定成本（FC）、变动成本（VC）这 4 个因素中的任意 3 个，即可计算出要目标利润下对应的那个剩余因素。比如，目标利润率下，固定成本为下：

$$FC = V \times SP \times (1 - VCR - \eta) = 42\,500 \times (1 - 63.6\% - 15\%) = 9\,095$$
$$1 - 9\,095 \div 11\,225 \approx 19\%$$

也就是说，其他因素不变的情况下，固定成本至少需要下降 19%。

$$VCR = 1 - FC \div (V \times SP) - \eta = 1 - 11\,225 \div 42\,500 - 15\% \approx 58.6\%$$
$$1 - 58.6\% \div 63.6\% \approx 8\%$$

所以，其他因素不变，变动成本至少需要下降 8%。

从前文的计算中，我们可以得出结论：如果我们要把利润率从 10% 提高至 15%，需要至少增加 23.4% 的销售额，或至少降低 19% 的固定成本，或至少降低 8% 的变动成本。

盈亏平衡分析的实际应用：优化成本结构

你有没有发现，同样是将利润率提高 5%，我们在销售额、固定成本和变动成本之间所需要的增长或降低幅度是不一样的？这就是我们可以从盈亏平衡模型中获得的另一个启发：如何优化成本结构。如果企业要开展降本项目，该从什么成本项目降起呢？

假设销售增长或者成本降低同样的幅度，所需要的努力是相近的，那么，在这个例子中，我们应该先从变动成本入手。比如，寻找方法降低采购价格、降低材料用量等。因为变动成本只要降低8%就可以将利润率提高5%，比固定成本和销售额需要变动的比例低很多。但优化成本结构一定是这样做吗？

要回答这个问题，我们首先要知道什么是成本结构。盈亏平衡模型最重要的就是将企业的成本按性态分成固定成本和变动成本。而固定成本和变动成本比例关系就是成本结构。

回到之前花店的例子，一枝花的售价（SP）是5元，变动成本（VC）是3元，变动成本比率是60%。花店的成本结构，即固定成本和变动成本的比例关系是4∶6。假如我不想每个月都有固定的租金支出，也可以选择每天在路边卖花。这时固定成本和变动成本的比例关系是0∶10。

开店卖花和在路边卖花，两种经营方式的成本结构不一样，对我有什么影响呢？

在路边卖花，卖一枝就赚2元，卖3 000枝，可以赚6 000元；而开花店，因为有房租这项固定成本，卖到第2 500枝（盈亏平衡点）前都是亏的，卖3 000枝，则可以赚1 000元。看上去好像在路边卖花赚的钱更多。但是当卖花的数量急剧增大呢？

当卖10 000枝时，花店可以赚15 000元。这时，路边卖花呢？因为没有场地放置存货以及销售能力受限，可能一个月卖3 000枝就到顶了，赚6 000元就是最大利润了。

所以，成本结构反映了企业成本的消耗模式，也体现出企业的经营杠杆。当企业有了固定成本，就有了经营杠杆。经营杠杆，是指利润的变动幅度大于销量的变动幅度。当在路边卖花时，多卖多赚，少卖少赚，这个比值是1，也就是没有经营杠杆。

但开花店就不一样了，因为有房租的固定支出，带来了规模效应。销量越高，单位固定成本越低。当销量达到一个突破点（盈亏平衡点），补偿了固定成本，利润会增长得更快。这时利润变动与销量变动幅度的比值大于1，就有了经营杠杆。

那是不是说明成本结构中，固定成本的比例越高越好，也就是经营杠杆系数越大越好？

我们想象这个花店从50平方米扩大至200平方米，能卖更多的花，带来更大的规模效应，赚到更多的利润，但是房租也会相应增加，比如5 000—20 000元。如果哪个月销售业绩不佳，房租还是要定期支付的，且金额更高，也就更容易发生亏损了。

因此经营杠杆系数越大，利润变动越激烈。利润可以变好也可以变差，这时经营风险就变大了。

所以我们可以得出结论：有了固定成本的支出，出现经营杠杆，可以带来规模效应，但同时也会带来经营风险，这是一把双刃剑。所以如何优化成本结构，这是一个效益与风险的权衡问题，要根据经营情况的变化来合理安排。

比如，当市场向好时，可以提前布局，买机器、招员工、扩大生产规模，获得更大的规模效应。但若企业未来面对很大的不确定性或者发生经营困难，则需要控制固定成本的支出，如减少投资、以租代买等。

我们在新闻中看到有些企业裁员、关闭工厂，这些都是在降低固定成本，是企业在困难的环境下优化成本结构的措施。

回到企业最关心的问题，现在要降本，该从哪里降起？如果企业面临的外部环境没有太大变化，可以从投入少、成效大的（如我们例子中的）变动成本入手；如果企业面临着很大变化的外部环境和预期，相信在分析了企业的成本结构后，你能做出自己的判断。

分析中的行动，与预算的行动如出一辙，在本书第7章中，我们详细拆解了行动的细节。至此，我们讲完了四轮八步法的完整流程。

四轮八步法中，一共有四轮：从战略到数据，从数据到分析，从分析到行动，从行动重回战略。其间我们要特别关注：从战略牵引KPI设计，以及定位、深挖、讨论的方法。分析是基本功，没有日复一日地看数据，了解一线发生的问题，任何战略制定、资源配置都会脱离实际业务。

总的来说，分析是让企业最有效地进行外部适应，了解客户反馈、对手动态、让产品接受市场检验的过程。在分析中，我们要克服人性的弱点，直面问题，不求大而全，但求发现关键问题并逐个击破，以此磨炼心性，了解客户，才能不断打胜仗。

了解完分析之后，我们要进入业绩铁三角的关键部分——预算篇。

3

预算篇

第 5 章
定目标

5.1 定义：预算的六重境界

今天，当我们谈到企业预算的概念时，不同人对它的理解是不同的：

A 认为，预算是明年部门可以花销的费用总额。

B 认为，预算是模拟计算明年一年的收入、利润等。

C 认为，预算是战略预算 + 年度预算 + 滚动预算。

D 认为，预算是战略规划 + 业务计划 + 滚动预测。

您是怎样理解预算的呢？也许有的读者选择 B，有的读者选择 C。我们先不忙着揭晓答案，看看我的朋友蒋总对预算的理解吧。

案例：一家企业 30 年的预算变迁

蒋总是一家上市公司的创始人，他的企业从小作坊到上市公司，预算经历了六重境界。

第一重：不做预算（公司基本不做预算）。

第二重：费用预算（公司仅做初步的费用预算）。

第三重：收入预算（公司开展收入、利润等预算，但与奖金不挂钩）。

第四重：绩效预算（公司预算与奖金开始挂钩）。

第五重：战略预算（公司开启战略预算，预算完成从支撑经营到支撑战略的转变）。

第六重：行动预算（公司预算能有效触发"关键战役"的行动转化）。

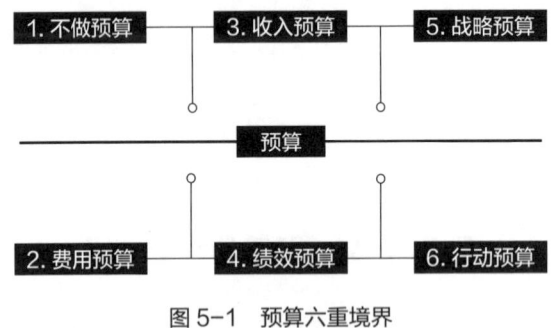

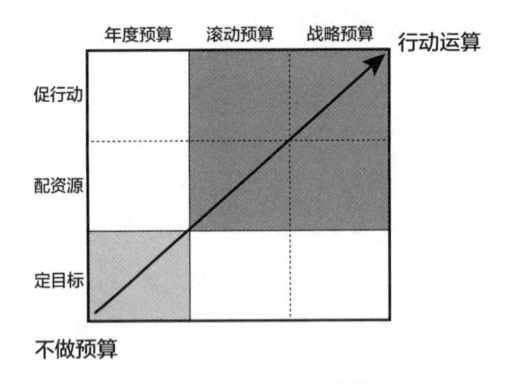

图 5-1　预算六重境界

图 5-2　预算演化进阶

第一重：不做预算

蒋总说，企业刚开始起步，完全不做预算。那个时候他们不需要融资，每天一睁眼想的就是企业要做哪些产品，如何盈利。

他说，也许很多人觉得这很荒唐，一家企业成立了，难道不知道自己要做哪些产品吗？不知道自己的赢利模式吗？他说，那个时候真的不知道，摸索了3年。这3年里，每天想的就一件事：如何活下来。但凡有行业的会，有同行的分享他都抢着去听，听完了回来再挤破脑袋想自己创业应该怎么干。

他的一句话让我印象特别深，他说："现在有些经理告诉我，他自己一个人干2个工种，而那个时候我一个人干了8个工种。"就这样，过了3年，失败过100次的他才慢慢找到赢利模式。

谈到预算时他说，最开始的时候用不到预算这么高级的工具。因为他一门心思考虑的都是产品的问题、获客的问题、生存的问题。

第二重：费用预算

后来，他开始做费用预算了。为什么呢？因为企业一直没有赢利，钱就越来越紧张。

他说，最惨的一次是现金流眼看就断了，他卖房子、找哥们儿帮忙，他的白头发就是那个时候开始出现的。好不容易把钱借来了，把"命"续上，他就真正学会了精打细算。蒋总说："账这个东西你越算就越会算，你还越算越想算。因为算费用账可以有效地控制费用，通过制定费用目标，达到量入为出的目的。"他不希望自己卖房子、找哥们儿帮忙的事情再发生一次了。

在这个阶段里，预算更像是费用规划、量入为出、费用管控、精打细算的代名词。

第三重：收入预算

蒋总继续回忆道："企业第5年，收入终于慢慢有了一些起色，收入的可预测性也逐渐增加。这个时候我开始考虑做收入预算。"

"为什么呢？因为人是一种目标感的动物。"他说，"毁掉一个人的最好办法，就是让其失去目标。人一旦有了目标，就有了努力的方向、有了奔头、有了意义感。我认为追逐目标，也是一种人性。尤其对于销售团队更是这样，更需要目标。那几年每年年底做预算，总会制定一些非常有挑战的目标，大家都感觉非常难，最后就是在一起唱歌。唱什么呢？唱《真心英雄》《红日》《相亲相爱一家人》，然后大家睡一觉继续干。"

这个时候的收入预算往往起到一个引领愿景的作用，大家奔着收入翻一番去努力，努力到了也好，努力不到也好，都不要紧，最关键的是人心齐聚，有奔头、有目标。

这个时候，企业的收入预算目标和绩效奖金完全是不相关的。为什么？因为收入目标很高，每个人心里都没谱，如果拿这样一个高指标去做绩效考核，很可能每个人都拿不到奖金，人就都走光了。

那奖金怎么办呢？他回忆说，那个时候他们就没有奖金。不像现在有的公司搞"两层皮"：奖金一个指标、预算一个指标，这还算是比较"高级"的。他们那个时候没奖金，也搞不出奖金方案。

但这也不能否定收入预算在那个阶段对企业的重大意义：其作为引领的"大旗""方向"，为团队领航的同时，也给团队压力和挑战。

但是蒋总也客观地分析说，那个阶段做预算给他留下了一个"恶习"，就是相信：人有多大胆、地有多大产。目标容易偏离实际，总想着目标高一点儿，团队达成也能高一点儿。这给后来企业的后期管理留下了不少隐患。

但是没办法，一个时期就谈一个时期的事，企业快速成长期如果不能占据市场，不能在激烈的竞争中活下来，就别提管理。生存问题不解决，何谈发展呢？

第四重：绩效预算

真正开始搞预算、搞绩效的时候，是他们第一次跨越了10亿元的收入线。那个时候，随着企业的进一步发展，企业的规范性逐渐增加，组织逐渐完善。他们对更科学、更合理的目标有了迫切的追求。同时，随着人员的增加，奖金的问题也突显出来。他们开始进入真正的"预算阶段"。

他说，那一年，他们真正开始科学地组织各个体系做预算。主要做了两件事：一件是研、产、销的串联，同时销售预测也更加科学和准确；另一件是企业开始将预算与奖金成功联结，一套目标"一层皮"。

蒋总的预算从这一阶段开始，已经从杂牌军向正规军进化。如果企业的预算与激励不能有效串联，原则上，企业的预算并未真正发挥应有的作用。而一旦预算与激励成功串联，这不仅是目标体系一的一次飞跃，而且是预算组织的一次成功整合，还标志着公司在更广泛的规模上调配组织与资源能力的一次升级。

预算与激励的串联，也是业绩铁三角这一模型的关键点：预算、分析、激励，三者之间绝不孤立，而是相互联系、相互依存的关系，只有铁三角形成了，预算才算真正开始了。

第五重：战略预算

经历了第一段企业管理的突破之后，公司进入了50亿元规模的发展阶段。来到历史发展新时期，蒋总并没有显得激动，反而心情沉重，他谈了自己的困境。当企业逐步发展，业绩相对稳定之后就遭遇了新的瓶颈：如何突破原有的产品、流程，寻找新的机遇点，寻找公司的"第二曲线"成了他的心头之患。

蒋总说，那几年他特别焦虑，在50亿元规模的门口徘徊了5年，就是过不去。仿佛有什么"魔咒"禁锢了企业的业绩，公司不死也不活，不温也不火。内部管理问题很多，方向不清晰、产品老化、团队老化，他心里其实是很焦虑的。

在寻找企业"第二曲线"的过程中，他请了咨询公司帮他咨询，他学到了两个关键词：一个是"战略"，一个是"管理"（尤其是管理体系的搭建）。

咨询师告诉蒋总，仅有科学的目标，能够有效地制定奖金指标是远远不够的。因为要在复杂的竞争环境中立足，产生企业的核心竞争力是需要企业能独具慧眼，找到一个又一个的"风口"，并不断成为"风口上的猪"。

这个时候，蒋总回忆咨询师向他反复宣讲了财务管理的重要性，尤其是预算的使用。咨询师说，企业对预算的要求，不能仅满足于经营管理体系上的支撑，更需要它在战略上能够领航。为什么呢？因为战略的重要组成部分就是说清楚"去哪儿"，这个"去哪儿"不仅包含产品、商业模式，还包含财务目标，这恰恰是"预算"擅长的领域。因此，预算在这一需求上勇挑大梁，发展了战略规划这一关键的流程。

战略规划这一流程，本质就是生成企业战略的流程。它为企业战略的研讨提供了组织和场域。而一旦战略规划真正地运转起来之后，就成为企业最关键的流程与组织之一，来系统地支撑企业的战略分析、战略制定与战略落地。

蒋总做了一个非常生动的比喻，他说，战略规划仿佛是一个老大哥，虽然姗姗来迟，但是"出道即巅峰"。为何是巅峰呢？因为它一旦确立下来之后，就成了预算的"领头羊"。现在每年4月开始，他们公司最先做的就是战略规划（包含战略预算），制定出战略之后再运用到年度的业务计划之中。

战略规划一旦运用起来，公司会明显感觉到威力。公司有战略研讨了，开始做"减法"了。以前自己什么都想做，有很多无谓的"多余动作"，后来公司经历了两年的研判，砍掉了几个方向，聚焦一个未来的关键领域，形成了有效突破。那几年公司搞了四大能力建设。他还开始出去在各个行业会上讲自己的管理心得。他回忆说，那几年自己有了新的成长，徘徊5年后，他仅用4年时间，规模就做到了80亿元。

战略规划"出道即巅峰"这一说法给我留下了深刻的印象。坦率说，据我的观察，真正能够有效组织战略规划的企业并不多，即使许多公司有了相应的流程和组织，但往往也流于形式。因为一家企业如果真正能做好战略规划流程，一直成为"风口上的猪"，那它又怎能不基业长青呢？

我问蒋总，到了这个阶段，企业预算体系是怎样的？他说，企业形成了三种预算的串联：战略预算、年度预算和滚动预算。预算部门从过去一个执行者的身份转变为指挥官的身份，形成预算的一次重磅升级。

战略和财务管理是企业"第二曲线"发展过程中的关键破局点。

第六重：行动预算

我以为蒋总精彩的分享到此结束了，没想到，蒋总又讲了预算的第六重境界。蒋总说许多企业即使完成了战略预算，却仍然不能有效落地，让预算发挥其真正的作用。

在他看来，预算的终极作用，是通过促行动来提升企业短、中、长期的业绩。这就要求预算在行动转化方面有很强的落地性。现在，在一些交流中，他发现一些企业把预算看作一个制定目标的工具，却忽视了其在引领行动（尤其是定政策、调组织、配资源、降成本）等方面的积极作用。

真正懂如何做预算的人，往往最关注的并不是目标定多少。而是在预算过程中有效地配置资源（包含人、财、物、时间），以及制定企业的关键项目（例如新品上市、产品研发、商业模式重塑、降本增效、数字化、组织变革等），并通过持续的项目管理带领企业打赢"关键战役"，取得阶段性的胜利和组织能力的升级。

蒋总说，如果我们不能有效地完成几个"关键战役"，真正进入实战，并且打赢，那么预算最多只是一个"吉祥物"，更像是一个愿景、目标、口号。从 50 亿元到 80 亿元那几年，他每年打 3 个"关键战役"，让预算真正牵引了行动转化，并成为企业不断向前的不竭动力。因为即使他们找到的战略再正确，无法落地也等于没有战略。

因此，他把这一阶段称为行动预算。这个阶段的预算，反而是回归朴素，回归管理的"笨功夫"，即团队明确目标，积极落地，有一支能打硬仗的铁军，有一套能激励团队的机制。试问，一支有着顶级战略部署的部队，配上战之即胜的铁军，怎不会攻无不克，战无不胜？

当蒋总谈到"笨功夫"三个字时，他讲得很平淡，我却非常震撼。其实管理的哲学都是非常朴素的，也许"笨功夫"三个字就是一种朴素的管理哲学。把每件事情都做好，组织做好，人才做好，预算做好，分析做好，结果自然水到渠成。

从不做预算到行动预算，蒋总走了一条很长的路。他觉得预算更像是做战略，做管理的一种"场域工具"。它提供了一个氛围、一个流程、一个会场给大家讨论公司最关键的问题。

对于预算，我们不能盲目地用，脱离企业发展实际地用。每家企业，每个管理者都应该考虑：

- 现在我的企业是否需要预算？我的企业现在处于什么阶段？
- 我的企业遇到哪些真实的问题？这些问题怎么解决？
- 外部环境是怎样的？是急剧变化的，还是相对稳定的？我的业务计划的可预测性如何？
- 我的团队能力如何，会不会做预算？

- 目前我的预算发展阶段与企业发展阶段是否匹配?
- 如果不匹配,我怎么能推进预算的进阶演化来帮助我解决企业发展中的关键问题,突破关键瓶颈?

在企业预算进阶的过程中,管理者的认知、能力、人才特别重要。如果管理者不能认识到预算有用和预算怎么用,那企业的预算就无法推进。因此,我们必须学习先进的管理经验,了解 6 个阶段,才能谈如何进阶的问题。

在开始进阶的过程中,不要等万事俱备再做,先模糊决策,小步快跑,干起来再说。干的过程中,就能逐渐摸索到门道,摸索到企业适合的预算管理方法。尊重管理科学,虚心学习管理科学,长期坚持迭代,定能走出属于自己的成功之路。

这六重境界的预算不是一种递进关系,而是叠加关系。这种叠加关系在现代企业的管理升级中有着深远的意义。企业在执行过程中千万不要把预算当成财务的事,预算首先是 CEO 的事,CEO 才最应该是预算专家。因为管理真的没有"几板斧",预算是个"大斧头",CEO 要是连预算都搞不懂还怎么做管理,又何谈基业长青呢?

如果我们去世界 500 强公司学他们的管理,我们会发现他们也是用着最朴素的预算工具来形成巨大的威力。同样是预算,他们的预算和我们的预算却有着本质的差距。

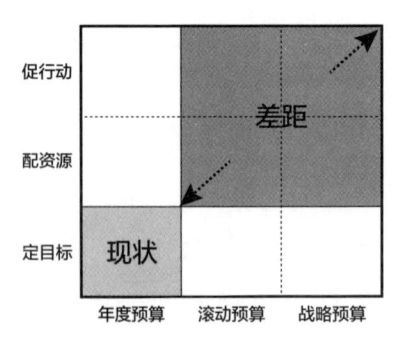

图 5-3 我国目前预算管理的现状与差距

我们要做的，不是否定预算或怀疑预算，而是努力做更好的预算，更适合自己的预算。

在分享预算、分析、激励的过程中，预算是三者之中最难的。为什么难？请你思考，预算的产出是什么？如果经历过前文介绍的预算六重境界，那么，预算的产出是：战略、经营计划、未来加多少人、做哪些产品、有怎样的激励政策。这些都是企业里最复杂、最综合的商业决策。其难度远比分析数据、发现问题、解决现有问题要复杂得多。它面向未来，它非标准化，它以战略为导向。因此，预算的真正实施，需要管理者相当深厚的管理功底和组织能力匹配。

预算的六重境界，提纲挈领地展示了企业的预算进阶过程，但是如何走上去还要分两步走：第一步，深入了解预算的全貌，理解预算实施的理论、方法、案例；第二步，拾级而上，一步一步完成从 0 到 1，从 1 到 2，从 2 到 3 的进阶。

5.2　理论：预算基础三连问

初学者在学习预算的过程中，往往会遇到 3 个问题：

1. 如何理解预算的概念和用处？
2. 预算由哪些种类组成？
3. 预算编制的方法分几步？

接下来我们针对这三个问题进行详细剖析。

问题 1：如何理解预算的概念和用处

什么是预算？ 预算是企业对未来一定时间内战略、经营、投资的计划及财务预测。是企业最关键的管理工具之一。预算是由"预"和"算"两部分组成：预，是战略规划与经营计划等，是业务层面的问题。算，是财务预测，是财务层面的问题。

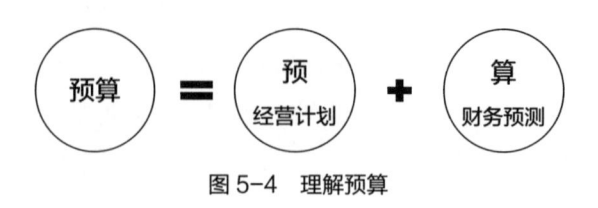

图 5-4　理解预算

中国人常说，凡事预则立，不预则废。预就是预测、计划、规划。预算并不仅仅是部门花销费用的代名词，它是企业未来规划与计划的总和。这个规划与计划，狭义上可以以财务来表现（如：未来利润表、现金流量表），广义上是业务计划的总和。时间上可以是未来 1 个月、1 年、5 年的预算。

广义预算与狭义预算。预算概念是一个舶来品，最早来自西方。预算在今天的企业管理中有广义与狭义两种理解：广义预算，将其理解为企业短中长期业务规划（计划）的总和；狭义预算，将其理解为财务预测。

广义预算 ＝ 战略规划 ＋ 业务计划 ＋ 滚动预测
狭义预算 ＝ 战略预算 ＋ 年度预算 ＋ 滚动预算

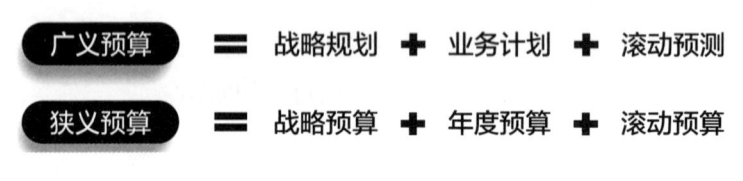

图 5-5　广义预算与狭义预算

有的读者会问，广义上的战略规划与狭义上的战略预算有什么区别呢？

战略规划包含了外部分析、内部分析、战略制定、财务规划（战略预算）、战略落地等。战略规划是包含了整个业务规划流程，但是战略预算更多关注财务预测，也就是未来 5 年的收入、利润、现金流等财务目标的模拟测算。战略预算是战略规划的一部分，战略预算更偏财务流程，战略规划更偏整体业务流程。

在这本书中，我将采用对预算广义的理解，将预算内涵概括为战略规划、业务计划（也称年度经营计划）、滚动预测三项业务流程的总和。因此在本书的预算概念项下，预算的时间限度不仅限于1年，可以是中长期的5年，也可以更短。预算不仅是财务的工作，它还是由一号位统领的业务工作。

预算的目的。预算到底有没有用，是预算讨论的经典话题。试问：一位将军带兵打仗，如果没有作战计划会怎样？如果你买了一套100平方米的毛坯房，想装修，但没有装修计划会怎样？以下是一个真实的故事，反映出缺乏预算确实给企业带来的巨大损失。

一家生物制药公司，在D轮融资过程中和投资者分享未来一年需要4亿元的资金来完成药物研发，融资过程很顺利，款项也已到位。结果在实际工作中发现完成这一年的药物研发需要8亿元！发现这一问题的时候，公司现金几乎要消耗殆尽，即使马上开启融资也会导致现金流断裂，创始人一夜白头。创始人对我说，不懂预算是他过去5年创业过程中掉过最大的坑。

由此可见，预算作为重要的管理工具，可以对未来进行预测并有效控制行为。因为有了提前预测，就可以提前部署，防止不利事件的发生。

预算的作用。美国管理学家戴维·奥利说："预算管理是为数不多的几个能把组织的所有关键问题融于一个体系之中的管理控制方法之一。"预算到底有哪些具体的作用呢？预算的作用涉及业务层面、绩效激励层面、控制层面、组织协调层面等。

1. 业务层面
- 厘战略：形成战略规划，实现企业目标与能力的匹配，牵引战略落地。
- 定目标：通过有效模拟财务结果，落实目标和经营责任。
- 配资源：配置资源（人、财、物、时间）。
- 促行动：形成公司关键项目。

2. 绩效激励层面
- 评业绩：为绩效实施、考评提供依据。
- 分利益：牵引最终利益分配，制定激励分配政策（奖金、长期股权激励等）。

3. 控制层面
- 控成本：有效管控费用。

4. 组织协调层面
- 建信任：统筹各部门的目标与行动，构建上下级信任。

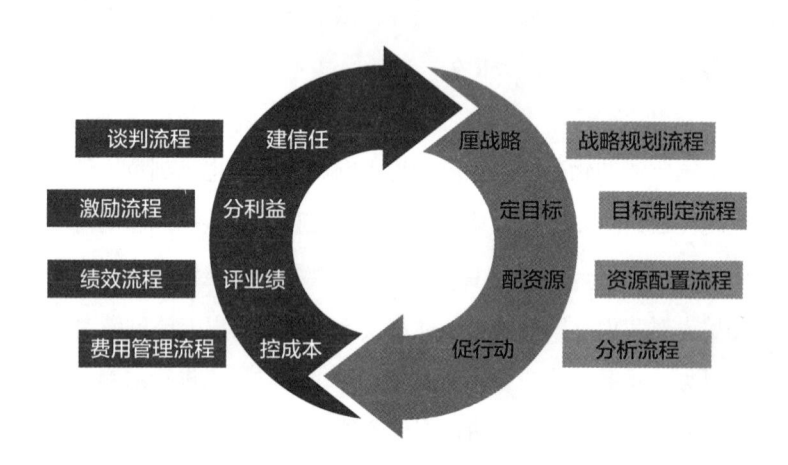

图 5-6 预算环

如果企业没有预算，会有哪些消极影响？

1. 缺少战略制定的流程、组织，方向不清晰。
2. 团队不了解自己的目标，无计划，盲目地开展工作。
3. 不能有效计划人员、市场活动、研发项目、关键厂房设备投资、投资并购、筹资节奏等。
4. 绩效考评缺乏目标依据，无法制定。
5. 奖金发放缺乏目标及结果基础。
6. 缺乏公司必要的经销商政策、价格政策、管控政策等。
7. 研、产、销及不同事业部等无法统筹起来完成公司目标。
8. 缺乏战略落地的核心举措，无法形成公司关键项目及落地。

目前我国一线实操过程中,"预算无效论"引发许多争议,恰巧我曾参加了一个名为"预算无用?中国企业的预算突围之路"的财务闭门会,让我们看看与会专家在一线遇到哪些实际问题。

案例：我的预算为何无效

财务闭门会的开场,主持人做了一个小调查,让与会者投票选择自己对预算的看法,投票的结果显示：60%的与会者认为预算有用,30%的与会者认为预算无用,还有10%的与会者选择"无法判断是否有用"。

一个选择"无法判断是否有用"的同行说："预算是计划,《孙子兵法》的重要思想精髓就是庙算,换做我们财务的说法就是预算。然而,在实践中我们无论怎么算,都不能产生真正的结果,这才是最致命的。我对预算的实施,如何让其在我所在的企业有用,还探索不出路径。"

会上,大家分享了预算的5个关键痛点。

痛点一：目标

分组讨论中,第一个痛点是关于目标。在目标三要素（KPI、金额、谈判）中,大家吐槽最多的点是 KPI 指向错误：一步错,步步错。

一位成人教育公司的业务负责人谈了自己的困惑。她的 KPI 有70%设定在了新客户吸纳上,结果年底远远没达成 KPI,奖金却发了120%。她的 KPI 是新客户吸纳,但是公司实际的挑战是退费居高不下,KPI 导向完全错了。在复盘时,她们深感自己对市场的变化、对业务的发展趋势并没有深刻把握。这个市场早已不是疯狂吸客的市场,市场的份额格局在悄然发生着变化,而对市场一旦判断失误,KPI 设计导向错误,业务部门一整年都会在错的指挥棒下"群魔乱舞"。

她的话触动了我,所谓"年度奖金 KPI 一错毁一年,股权激励 KPI 一错毁十年",KPI 的核心地位不言而喻。而 KPI 的设计,根植于管理者对战略、市场的深度理解,是管理基本功的重要体现。想做到贴合现实的设计,并不容易。

痛点二：激励

第二组同行的发言非常有意思："这两年开始做预算，因为财务部门不熟悉业务，在预算过程中财务部门与业务部门之间发生了大量冲突。但问题的关键，还是在于预算目标与激励不挂钩。因为预算是财务部门主导的，激励是业务部门主导的，业务部门不会用财务部门的目标来做考核。"当时主持人追问了一句："那贵公司的预算最主要的作用是什么呢？"那位同行愣了一下，脱口而出："考核财务。"话音刚落，全场哄堂大笑，他自己都笑了。笑声之后，大家沉默良久。后来，大家谈到了预算与激励之间密不可分的关系。

预算指标一旦和奖金脱钩，预算就成了脱缰的野马，失去了其最宝贵的价值。我想，这也就是为什么我们要串联预算、分析、激励形成业绩铁三角的主要原因。预算不能脱离激励而行，激励的目标也不能让业务"拍脑袋"而来，需要从预算流程承接而来。只有有效衔接预算目标与激励目标，整个流程的大幕才算徐徐展开。

痛点三：行动

第三组的分享人说："公司做的预算大多是大篇幅的文字，陈述了许多大方针、大数字、大概念，但是这些内容即使反复宣贯也没有什么本质作用。即使我们知道公司明年要增长50%，目标市场份额要超过30%，大家能做什么呢？预算成了喊口号走过场的'面子工程'。"

另一个小组的一位CFO谈了他们的经历。他说，去年他们公司在预算流程的最后，搞了一个公司级项目。就是通过预算的讨论，讨论出一个公司最重要的项目：降本增效。围绕这个降本增效的项目，多个部门实行联动：从税负管理、用料、工艺、人工费用等多个角度合力突围。他作为财务负责人，主要承接了税收筹划的部分。他们重新筹划了某一重要税种，通过多种方式，有效为公司节约了300多万元的税费，自己也感觉非常有成就感。的确，预算必须落地"关键战役"。如何找到公司真正最重要的项目，并为此配上合适的人、财、物，以及项目管理的流程，这是非常关键的。

痛点四：资源

预算实践中缺乏行动是目前的主要问题，缺乏真正的基于有效计划的资源配置过程。做预算的过程，做"语文题"肯定是不行的，我们要做"数学题"。什么意思？就是盈利预测。

做盈利预测的时候，一定要精算所有的成本。以人工成本为例：仅按照收入比例计算利润表中的工资薪金，如收入的 25% 是人工成本，这样计算则太粗糙了。我们要精算到编制数量、上岗的具体月份、不同工种的价格和人数等。有时候，收入目标高，一算编制，可能是一个非常庞大的数量，大家马上就意识到这是不可能的。如果我们真的做了这样一道数学题，我相信我们加人肯定不是"拍脑袋"决策的。我们很清晰地知道：几月份，哪些工种，哪些团队，需要加几个人。这就叫作"基于有效计划的资源分配"。生产成本也是一样，有的公司直接放一个成本费用率，如：30%。计算的精度要到产品的单位成本，而不是总成本。这些高精度的计算离不开有效的预算系统的配合，精度一旦增加，做电子表格就太吃力了，因此预算系统的普及和实施又是一道坎。

表 5-1　预算利润表

		2023 年预算利润表									
	项目	全国	1月	2月	3月	…	12月	东区	西区	南区	北区
第一部分 收入	新患者数量-产品1(例)	3 500									
	平均价格-产品1(千元)	35									
	产品1收入（千元）	122 500									
	产品2收入（千元）	230 000									
	总收入（千元）	352 500									
第二部分 成本	主营业务成本（千元）	84 600									
	其他业务成本（千元）	14 100									
	毛利（千元）	253 800									
	毛利率	72.0%									

（续表）

	2023 年预算利润表										
	项目	全国	1月	2月	3月	…	12月	东区	西区	南区	北区
第三部分 费用	销售费用（千元）	133 950									
	工资奖金（千元）	52 875									
	差旅费（千元）	10 575									
	市场费用（千元）	52 875									
	其他费用（千元）	17 625									
	管理费用（千元）	10 575									
	研发费用（千元）	42 300									
第四部分 利润	息税前利润（千元）	66 975									
	所得税（千元）	16 744									
	净利润（千元）	50 231									
	净利率	14.3%									
第三部分 费用	人员数量（个）	265									
	新增人员数量（个）	25									
	销售代表（个）	15									
	销售经理（个）	2									
	其他（个）	8									
	新增人员工资（千元）	2 500									
	上年工资年化新增（千元）	1 680									
	涨薪、晋升等（千元）	4 230									

痛点五：战略

大家提的问题看起来很"笨拙"，但与会者都感受到这些问题的真实性与复杂性。最后，一位外资医疗的财务负责人聊了自己的困惑。他说："如今医疗的商业局面、政策变化已经深刻改变了整个行业。我们最大的问题是，在这样的变局之中，找不到业务的破局点。老套路、老模式没办法赚钱，收入也大幅度下滑，只能无限裁员降低成本。我们的预算编制是非常细的，但是没有业务方向，再细的预算都是徒劳无功。"

其实做预算的第一步肯定不是做数字，而是想明白战略。这也就是为什么每年4月，我们要率先开启战略规划流程来厘清战略，而不是一上来就做年度预算。我觉得我们在组织中要引入更有大局观的领导者，让管理者自身的利益与组织目标强绑定，加强组织破局的能力和决心，也是强化战略的重要一环。在变革中，我们的预算流程反而可以做轻一点，可以借鉴国际上的超越预算（Beyond Budgeting）的做法。因为当一家企业处在业绩管理已经相对成熟的阶段时，反而是一个从重到轻的过程。流程简化，加强战略、组织、机制的实质，而非预算的形式。

预算铁三角

当我反复梳理预算的体系，通过枚举的方式，反复合并同类项，最后只有10个字跃然纸上，那就是：战略、目标、资源、激励、行动。仔细想想，这和财务闭门会上听到的真实问题，竟然高度吻合。

只有当我们围绕着这5个关键问题做好了，做实了，真正把战略预算、年度预算、滚动预算串联了，预算才达到了新的境界。

会议接近尾声，主持人谈到了权责问题。他抛出一个非常有深度的问题："今天大家说预算无用，很大一部分原因是做不准预算。但是我们有没有想过，预算不准确，实际与预算差异非常大，谁应该为此负责？如何负责？"这个问题一抛出来，大家鸦雀无声。主持人没有回答，与会者也没有回答。

企业的业绩为预算无用买单，收入、利润、市值的下滑也会为此买单，那么，牺牲了谁的利益？牺牲了股东、管理者、公司员工、客户等利益相关者的利益。谁要为此负责呢？上至董事会，下至销售经理，我认为都应该为此负责。如何负责？将公司业绩与个人收益挂钩，包括：个人的奖金、股权

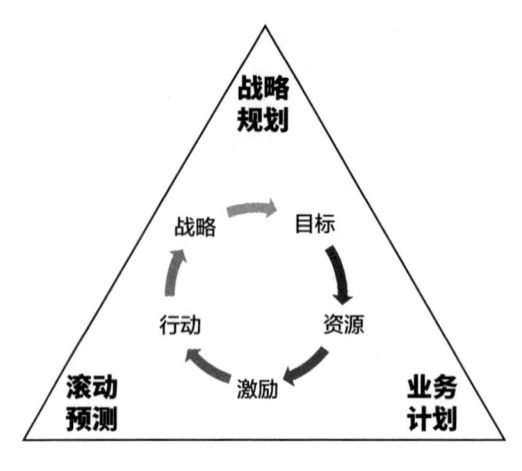

图 5-7　预算 5 项成功要素

激励等。若公司业绩不好，期权受损，中高层管理者工作就不稳定，甚至丢饭碗。这就是许多公司中高层管理者一年达不成指标引咎辞职的基本逻辑。权责明晰，过程严肃，尊重管理科学，预算就有用了。

问题 2：预算由哪些种类组成

如果问预算分为几种，不同的人有不同的分类方法。在实际工作中，我通常会按照战略规划、业务计划、滚动预测三大预算进行分类。通过三大预算的分类，非常有效地展示了预算工作的流程。例如，规划日历中，我们会详细规划什么时候提交战略规划，什么时候提交业务计划。先把大流程展开，再进入每一个流程中编制相应的销售预算、费用预算等。那么，什么是三大预算呢？

三大预算

按照时间段线可以分为三大预算：长期为战略规划（3—5 年）、中期为业务计划（1 年）、短期为滚动预测（月度/季度）。

战略规划与战略预算：战略规划（Strategic Planing，简称 Strat Plan），国内有部分公司（如华为）将其称为 SP。

战略规划是系统性地梳理组织的使命、目标、战略，以及行动方案的工作。制定未来 3/5/10 年的战略方向、项目投资计划，达成组织战略清晰、资源匹配、行动部署的目的。战略规划是制定战略的重要流程。

战略预算根植于战略规划流程之中，属于战略规划的子项目。主要指战略规划中相关的财务产出，如：5 年利润表、现金流量表等。

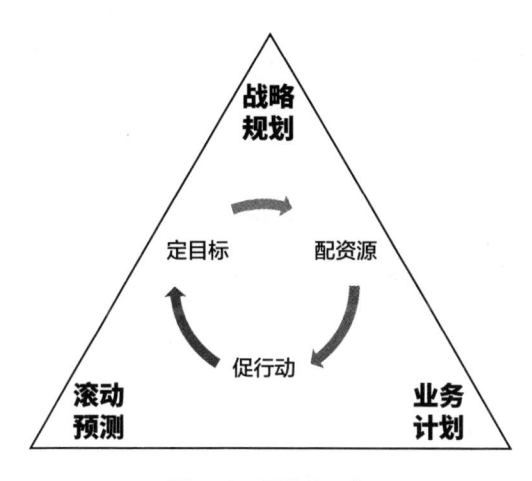

图 5-8　预算铁三角

业务计划与年度预算：业务计划（Annual Operation Plan，简称 AOP），又称为年度经营计划，是企业系统梳理未来 1 年的收入、利润等关键目标，进行财务预测，并匹配关键资源，并部署主要经营活动计划的过程。国内有部分公司（如华为）将其称为 BP。

年度预算根植于业务计划流程之中，属于业务计划的子项目。主要指战略规划中相关的财务产出，如：1 年利润表、现金流量表等。

滚动预测与滚动预算：滚动预测（Rolling Forecast），是按月或季度滚动至本年度或下年度结束，根据最新情况，调整业务预测，并据此配资源的过程。因为滚动预测频率高，时间不断向前滚动，因此称为滚动预测。

滚动预算根植于滚动预测流程之中，属于滚动预测的子项目。主要指滚动预测中相关的财务产出，如：未来 4—8 个季度的利润表、现金流量表等。

表 5-2　三大预算对比

项目	战略规划	业务计划	滚动预测
业务流程	战略规划	业务计划	滚动预测
财务流程	战略预算	年度预算	滚动预算
时间	3年/5年/10年	通常为1年	按月或季度滚动4—8个季度
业务产出	战略	经营计划	—
财务产出	5年利润表、现金流量表	第二年利润表、现金流量表、个人指标等	当季度及未来4—8个季度的利润及现金流滚动更新
挂钩激励	长期激励	短期激励（奖金）	一般不挂钩
编制时间	每年4—7月	每年8—12月	每月或者每季度1—2次

表 5-3　三大预算的主要作用

预算环	涉及流程	战略预算	年度预算	滚动预算
厘战略	战略规划流程	√		
定目标	目标制定流程	√	√	
配资源	资源配置流程		√	√
控成本	费用管理流程		√	√
评业绩	绩效流程	√	√	
分利益	激励流程	√	√	
促行动	分析流程			√
建信任	谈判流程	√	√	

√　该预算所涉及的主要流程　　　　该预算发挥的最主要作用

问题3：预算编制的方法分几步

如果我问你，你的预算是怎么做的？分几步？你会如何回答。我就这个问题采访了几位有经验的财务总监。第一位财务总监说："我们做预算就是定目标，先自上而下定，再自下而上定。"第二位财务总监说："我们做预算是先定目标，后定奖金政策。"第三位财务总监说："我们做预算是先定目标，然后匹配资源。"

看来每个人对预算步骤的理解都各有不同。实际上，预算有以下三个主要步骤。

1. **定目标**：确定未来的业务和财务目标、战略方向等。
2. **配资源**：根据确定的业务和财务目标，有效匹配人、财、物、时间等资源，并合理进行费用计划。
3. **促行动**：确定总体利润目标，并对公司未来的3—5个"关键战役"实施有效部署，进行风险管理，助力计划落地。

在完成了预算三步走后，再进入业绩铁三角（预算、分析、激励）中，进一步牵拉激励制定（包括奖金、长期股权激励的制定）等。

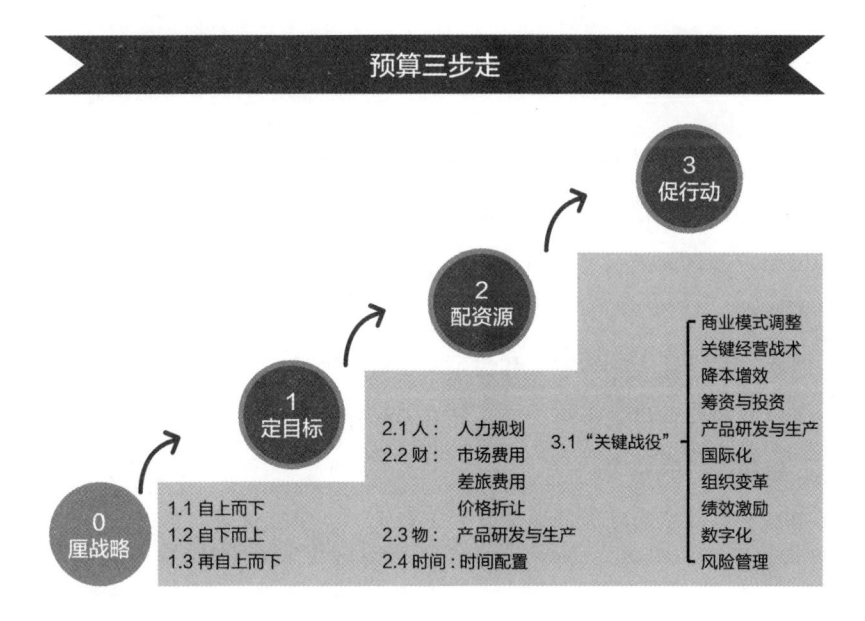

图 5-9　预算三步走

如果将预算三步走转化为财务语言：定目标，是先确定利润表中的收入；配资源，是确定利润表的费用；促行动，是最终进行利润的调整，并进一步做行动部署安排。这本书第5—7章将围绕预算三步走展开，详细讲解定目标、配资源、促行动的具体工作方法。接下来，我们先从定目标入手，分享科学的预算怎么做，先解决能力问题，再谈责任问题。

5.3　目标：如何制定合理目标

谈到目标，绕不开三大关键问题：

1. 为什么人需要目标？目标满足了人怎样的需求？
2. 目标由哪些要素组成？它有哪些特性？
3. 怎么定目标？步骤是什么？

人为何需要目标

首先，目标指引了方向，有了方向才知道去哪儿，往什么方向努力。不仅人有目标，连一颗导弹也要有极强的目标，否则它就会乱飞。同时，目标为配资源、促行动指引了方向，使工作有计划、有方向，进而大大提升企业的管理效率。

其次，目标让人感知意义和快乐。积极心理学家认为，目标可以带来幸福，不是实现目标带来幸福，而是拥有目标让人幸福。它让人们感知意义和快乐，解决内心的冲突。

最后，目标是激励人性善最好的工具之一。预算之所以重要，因为它为顺应人性而生。

目标的分类

企业的目标分为量化目标和非量化目标。量化目标，是指用准确的数字描述和规划我们的目标，即目标的具体化。例如，明年收入目标 1 亿元，这就是一个量化目标。而非量化目标则与之相反。例如，明年要全面提升客户满意度，这个目标就是非量化的。在本节中，我们先来分享量化目标的制定，在本章第 6 节中再讨论支持部门非量化目标的设定方法。

```
         目标的种类
        /          \
    [ 量化 ]      [ 非量化 ]
```

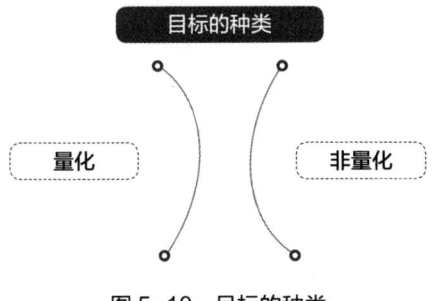

图 5-10　目标的种类

目标的特性

特性一：目标三要素。

许多人将企业的量化目标理解为金额，但实际上，量化目标由三个主要要素组成。

- KPI：关键绩效因子。例如：销售收入、利润、市值、销售费用等，均可作为 KPI。企业应由战略牵引其 KPI，作为其衡量业绩的标准。
- 金额：在具体 KPI 下的定量表达。例如：销售收入目标 1 亿元，即为该目标的金额。
- 谈判：目标必须经过彼此确认方能生效。目标并不是一个静态下达的过程，而是一个反复谈判，最终达成一致的过程。如果没有谈判和双方达成一致，仅仅是管理者强压，下属并不认同，亦不努力追逐目标，那么，目标就失去了意义。这本书将谈判纳入目标三要素，即考虑到目标成立的必要条件。

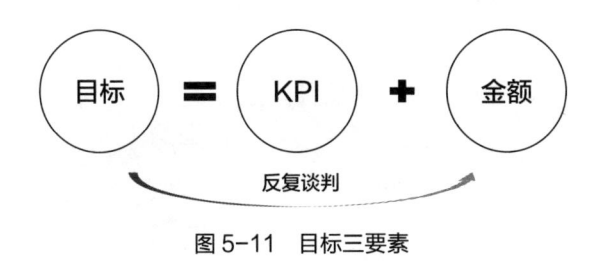

```
  ( 目标 ) = ( KPI ) + ( 金额 )
        _____反复谈判_____/
```

图 5-11　目标三要素

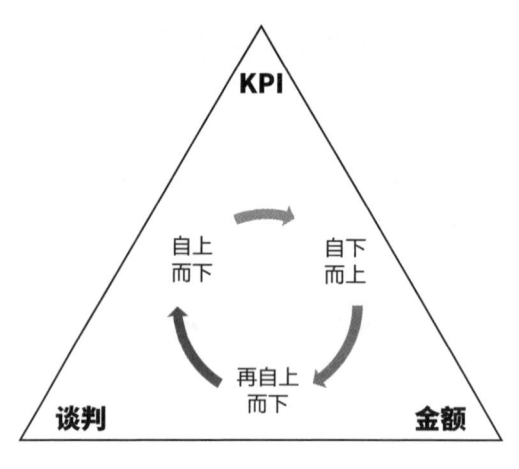

图 5-12　定目标铁三角

特性二：目标两主体——上级与下级。

目标不是一行冷冰冰的数字，它涉及两个团队：下达目标的上级团队和接受目标的下级团队。目标需要双方达成一致，彼此谈判确认。不被双方认可的，并不是真正意义上的目标。试想，目标最终是谁去完成实现？当然是接目标的人。如果接目标的人根本就不认可这个目标，他能否朝着目标行动呢？不能。那定目标还有意义吗？没有意义。在实践中，许多公司把目标当成一个上传下达的"工具"，这对目标的理解是有偏颇的。

通过目标三要素，目标的内涵和外延变得清晰和立体起来。首先，量化目标不仅是一个金额，因为当你讨论目标时，是先讨论收入？还是利润？还是市值？这些都是KPI。当KPI确定了，才是金额。同时，目标需要经过上下确认达成一致。三大要素齐聚，目标就真正形成了。

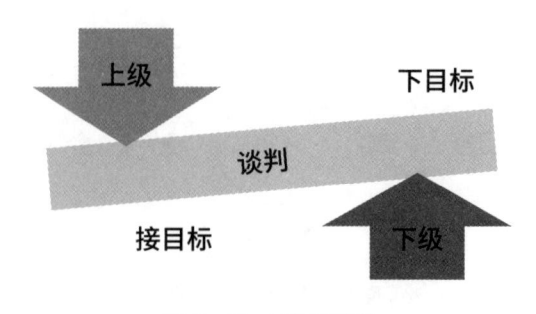

图 5-13　目标两主体

特性三：目标分解。

1.目标的纵向分解：目标是有层次的。例如：明年公司总收入目标是1亿元，其中A事业部目标为3 500万元。A事业部中的东区为800万元。因为目标有上下两方，就出现了目标到底应该是"自上而下"还是"自下而上"制定的问题。

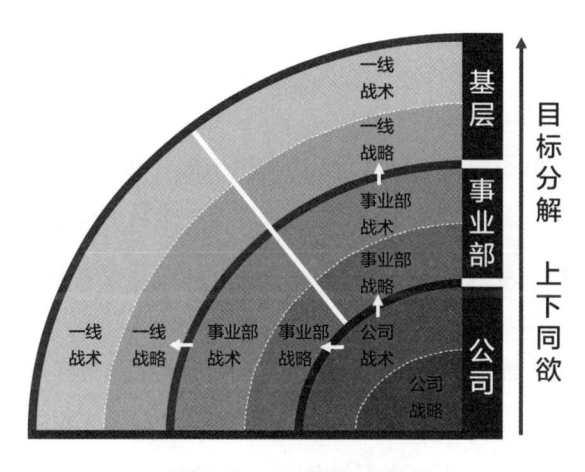

图 5-14　目标纵向分解图

2.目标的时间轴分解：从年度目标到月度目标。通常在制定目标（尤其是销售目标）的过程中，不仅需要制定年度目标，还需要分解到季度和月度，甚至是周度和日度。尤其是有淡旺季特征的产品，更要关注目标的时间轴分解，不能平分，否则会导致淡季追不上目标，无法发放奖金，旺季大幅超额，奖金爆表。

通常情况下，在将年度目标分到月的过程中，我们会根据过去两年每个月目标占全年目标的占比的历史经验值，同时考虑本年度的节日（如春节）、新品上市等情况，设定本年的月度目标比例，进行月度目标的分配。

特性四：目标需兼具公平性。

在分配目标的过程中，是公平第一吗？不是，是安全第一。谁的安全，下目标的管理者的安全，公司业绩达成的安全。那我们还要不要兼顾公平呢？需要。古人有云："不患寡而患不均"，追求公平也是社会人的人性。但追求公平对于逐利的企业公平吗？这是一个哲学话题，我们暂且不讨论。为了维持团队的稳定，管理者要合理兼顾目标的公平性，倡导积极的组织文化。

目标制定三步走

目标是如何制定出来的？

企业的目标既不是完全自上而下由老板拍板，也不是自下而上由一线业务负责人来决定。企业的目标制定过程往往是一个自上而下—自下而上—再自上而下的过程。自上而下，就是上级做出预测，并下发给下属。自下而上，就是下级做出预测，并提交给上级。

第一步：自上而下，通过对标市场成长和历史业绩找到指标基准线。

第二步，自下而上，评估客户、组织的实际承载力，找到能力线。

第三步，再自上而下，考量新因子、风险预案找到突破线，最终确定目标。

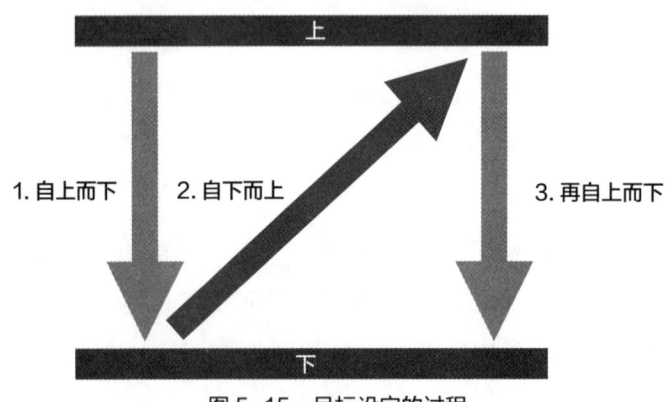

图5-15 目标设定的过程

举个例子，某公司在4月的战略规划过程中，详细分析了市场的成长率是15%。公司历史业绩来看，成长率会略高于市场成长率，公司预计明年的

第一部分 总论

什么是业绩？

- 工作的成果、绩效，是结果，是产出。
- 主要反映：**收入、利润、现金流、市值。**

什么是好的业绩？

- 长期的
- 稳定的
- 高的

业绩模型

道

> 企业的目标，是为利益相关者提供价值——长期的、疯狂的、最大化的价值。

业绩是果，创造价值是因。

法

业绩的好坏，取决于企业投入（或利用）的**资源（人、财、物、时间）**，及其运转**效率**。

> 企业应该创造一个良好的经营环境，以及支持性制度，确保投入的要素可以有序运转，高效使用。

术

企业效率的提升，是因**战略、组织、机制**的有机结合而成。

战略是大脑，组织是器官，机制是血液。

器

业绩铁三角的模型有三项内容：**预算、分析、激励**。

三个顶点，三条边，一个面。

道：为利益相关者提供最大化价值

法：资源 X 法：效率

术：战略　术：组织　术：机制

器：预算　器：分析　器：激励

业绩模型

第一部分 总论

业绩铁三角

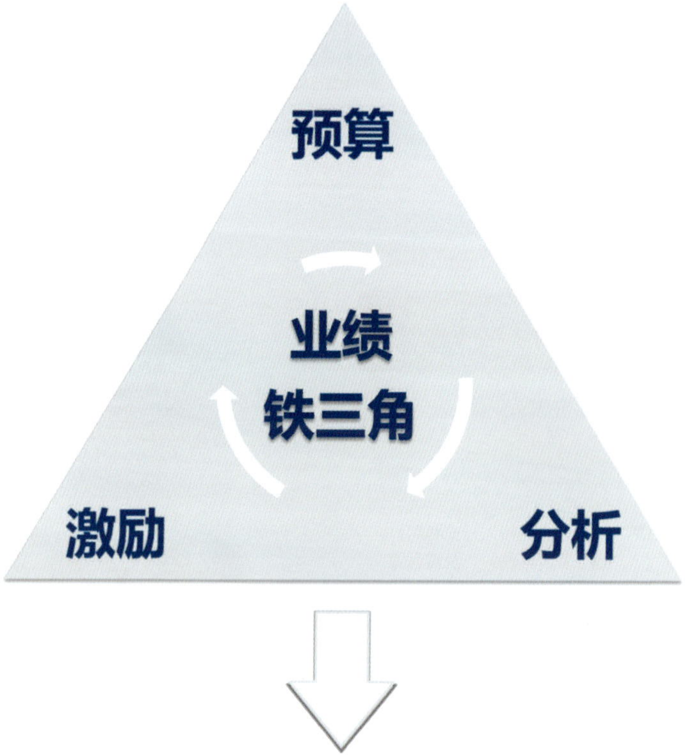

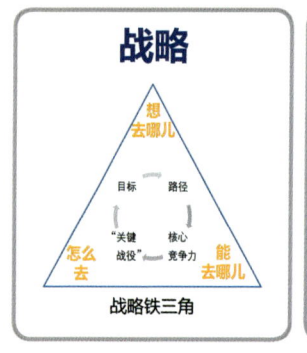

业绩铁三角：预算、激励、分析

↓

战略
- 想去哪儿
- 目标　路径
- "关键战役"　核心竞争力
- 怎么去　能去哪儿

战略铁三角

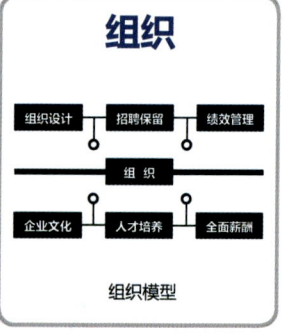

组织
- 组织设计　招聘保留　绩效管理
- 组织
- 企业文化　人才培养　全面薪酬

组织模型

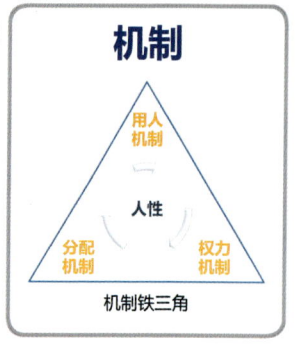

机制
- 用人机制
- 人性
- 分配机制　权力机制

机制铁三角

第二部分 分析篇

四轮八步法

分析，是让企业最有效地进行外部适应，了解客户反馈、对手动态，让产品接受市场检验的过程。在分析中，我们要克服人性的弱点，直面问题，不求大而全，但求发现关键问题并逐个击破。以此，磨炼心性，了解客户，才能不断打胜仗。

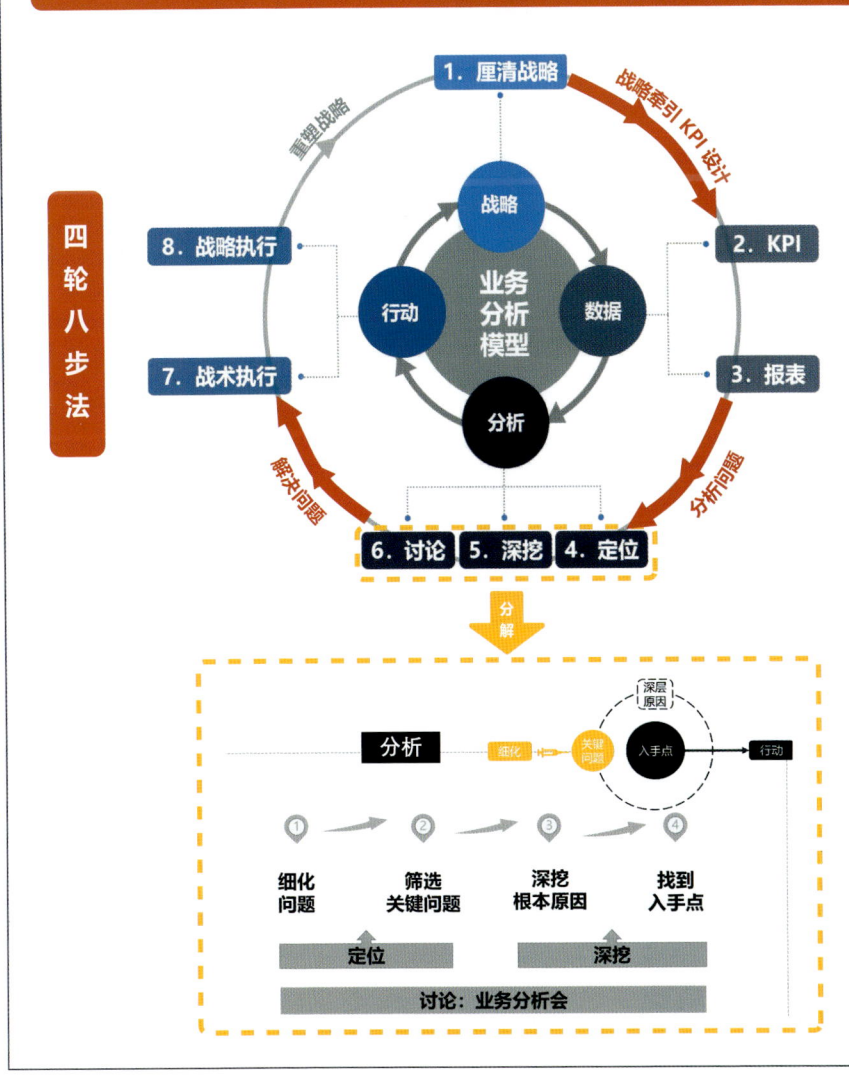

四轮八步法

1. 厘清战略 — 战略牵引 KPI 设计
2. KPI
3. 报表 — 分析问题
4. 定位
5. 深挖
6. 讨论 — 解决问题
7. 战术执行
8. 战略执行 — 重塑战略

业务分析模型：战略、数据、分析、行动

分解

分析 → 细化 → 关键问题 → 深层原因 / 入手点 → 行动

① 细化问题 → ② 筛选关键问题 → ③ 深挖根本原因 → ④ 找到入手点

- 定位
- 深挖
- 讨论：业务分析会

第三部分 预算篇

预算理论

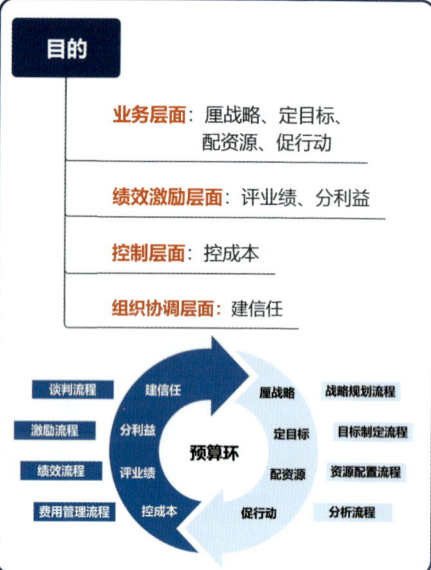

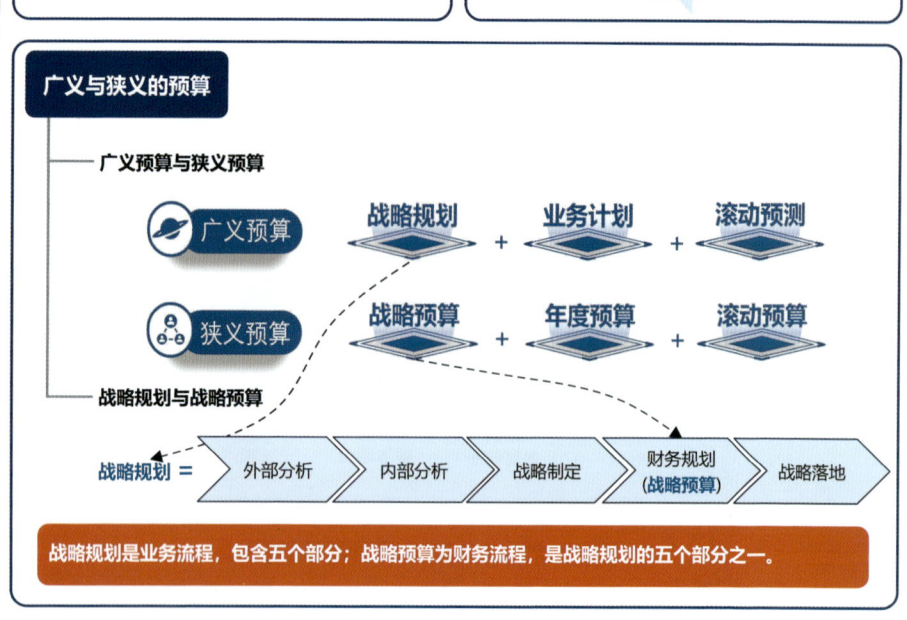

定义

预算 = 预（经营计划） + 算（财务预测）

中国人常说，凡事预则立，不预则废。预就是预测、计划、规划。

预算并不仅仅是部门花销费用的代名词，它是企业未来规划与计划的总和。

目的

- **业务层面**：厘战略、定目标、配资源、促行动
- **绩效激励层面**：评业绩、分利益
- **控制层面**：控成本
- **组织协调层面**：建信任

预算环：
- 谈判流程 — 建信任
- 激励流程 — 分利益
- 绩效流程 — 评业绩
- 费用管理流程 — 控成本
- 厘战略 — 战略规划流程
- 定目标 — 目标制定流程
- 配资源 — 资源配置流程
- 促行动 — 分析流程

广义与狭义的预算

广义预算与狭义预算

- **广义预算** = 战略规划 + 业务计划 + 滚动预测
- **狭义预算** = 战略预算 + 年度预算 + 滚动预算

战略规划与战略预算

战略规划 = 外部分析 → 内部分析 → 战略制定 → 财务规划（战略预算）→ 战略落地

战略规划是业务流程，包含五个部分；战略预算为财务流程，是战略规划的五个部分之一。

第三部分 预算篇

三大预算

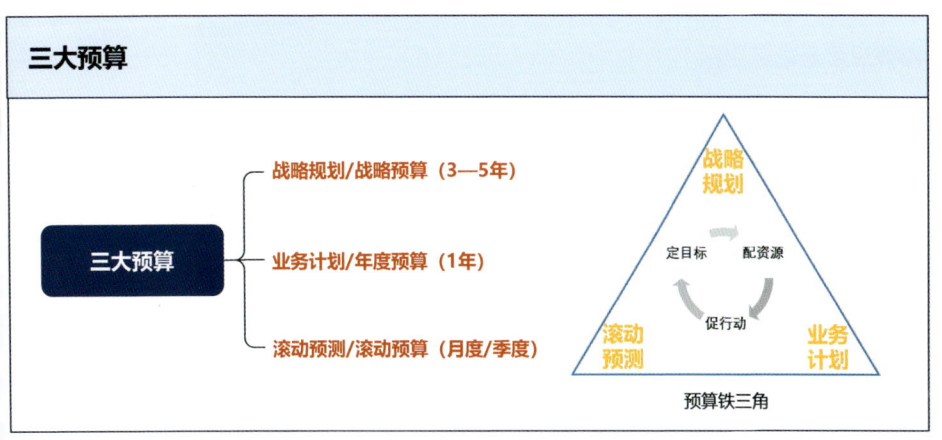

三大预算
- 战略规划/战略预算（3—5年)
- 业务计划/年度预算（1年)
- 滚动预测/滚动预算（月度/季度）

预算铁三角
- 战略规划
- 业务计划
- 滚动预测
- 定目标 — 配资源 — 促行动

预算三步走

定目标
- ❶自上而下 基准线
- ❷自下而上 能力线
- ❸再自上而下 突破线

定目标铁三角
- KPI
- 自上而下 / 自下而上 / 再自上而下
- 沟通 — 金额

配资源
- 人 / 财 / 物 / 时间

配资源铁三角
- 按潜力
- 按能力
- 按收入
- 人 / 财 / 物 / 时间

促行动
- 攻
- 守

促行动铁三角
- 项目管理
- 攻守结合
- 筛选 — 评价

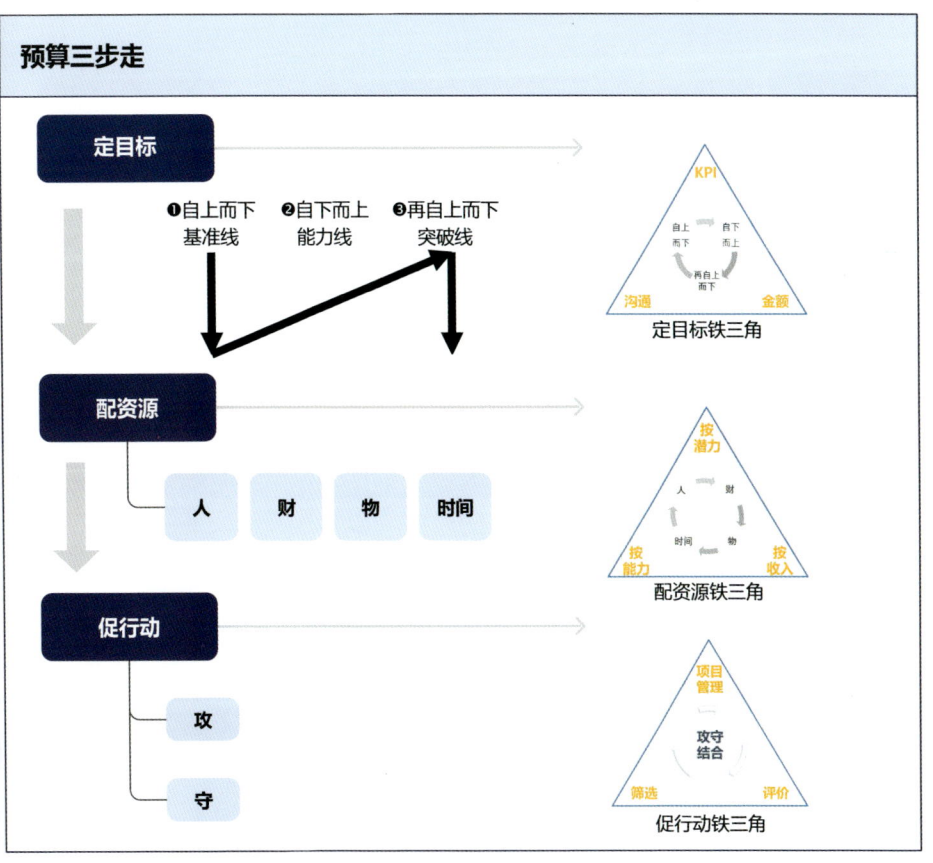

第三部分 预算篇

预算三步走之 定目标

三要素

目标指引方向，让人感知意义和快乐。目标是激励人性善最好的工具。

- **KPI**：关键绩效因子。例如：销售收入、利润、市值等。
- **金额**：在具体 KPI 下的定量表达。例如：销售收入目标1个亿。
- **谈判**：目标并不是一个静态下达的过程，而是一个反复谈判，最终达成一致的过程。

目标 = KPI + 金额
反复谈判

目标三要素

两主体

不被上下级双方共同认可的目标，并不是真正意义上的目标。

- 上级 下目标
- 下级 接目标

达成一致

上级 下目标
谈判
接目标 下级

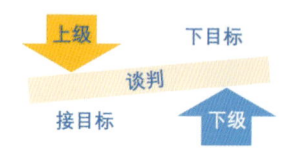

下目标与接目标

三步走

科学的目标制定方法，让目标更准确、更实用。

1. 自上而下
2. 自下而上
3. 再自上而下

定目标三步走

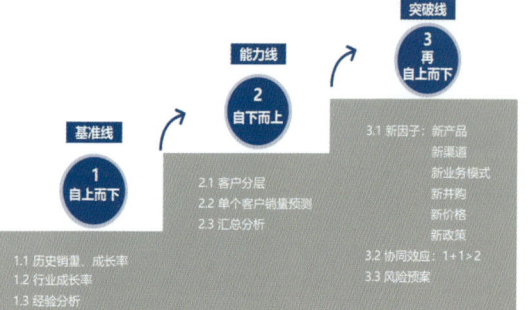

基准线
1 自上而下
- 1.1 历史销量、成长率
- 1.2 行业成长率
- 1.3 经验分析

能力线
2 自下而上
- 2.1 客户分层
- 2.2 单个客户销量预测
- 2.3 汇总分析

突破线
3 再自上而下
- 3.1 新因子：新产品、新渠道、新业务模式、新并购、新价格、新政策
- 3.2 协同效应：1+1>2
- 3.3 风险预案

6

第三部分 预算篇

预算三步走之 配资源（按收入、按潜力、按能力）

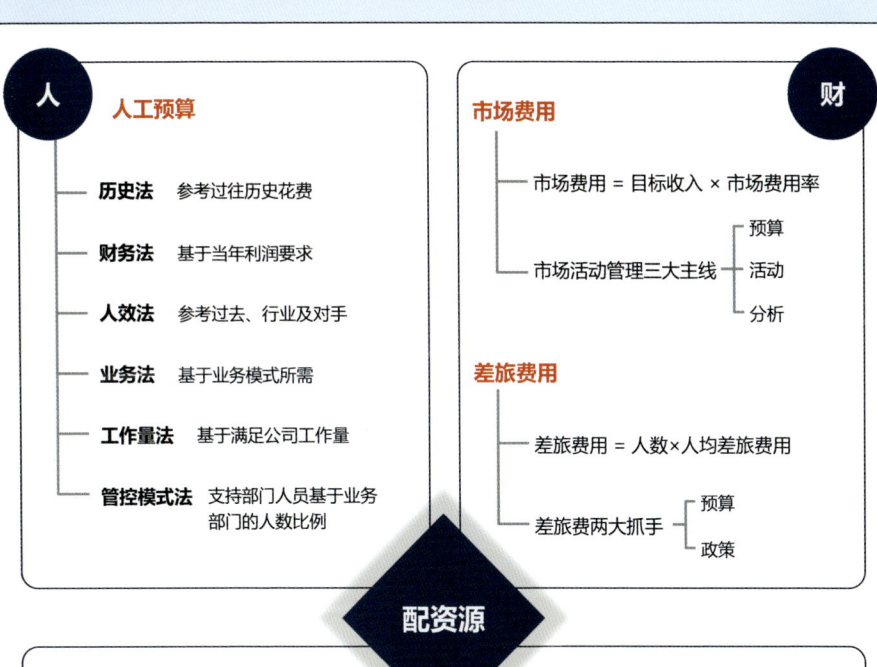

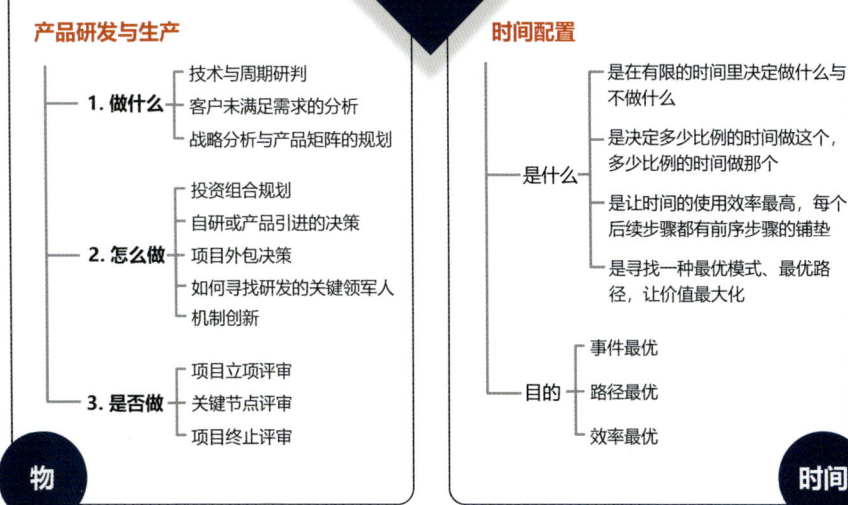

人 — 人工预算

- **历史法**　参考过往历史花费
- **财务法**　基于当年利润要求
- **人效法**　参考过去、行业及对手
- **业务法**　基于业务模式所需
- **工作量法**　基于满足公司工作量
- **管控模式法**　支持部门人员基于业务部门的人数比例

财

市场费用

- 市场费用 = 目标收入 × 市场费用率
- 市场活动管理三大主线
  - 预算
  - 活动
  - 分析

差旅费用

- 差旅费用 = 人数 × 人均差旅费用
- 差旅费两大抓手
  - 预算
  - 政策

配资源

物 — 产品研发与生产

- **1. 做什么**
  - 技术与周期研判
  - 客户未满足需求的分析
  - 战略分析与产品矩阵的规划
- **2. 怎么做**
  - 投资组合规划
  - 自研或产品引进的决策
  - 项目外包决策
  - 如何寻找研发的关键领军人
  - 机制创新
- **3. 是否做**
  - 项目立项评审
  - 关键节点评审
  - 项目终止评审

时间 — 时间配置

- **是什么**
  - 是在有限的时间里决定做什么与不做什么
  - 是决定多少比例的时间做这个，多少比例的时间做那个
  - 是让时间的使用效率最高，每个后续步骤都有前序步骤的铺垫
  - 是寻找一种最优模式、最优路径，让价值最大化
- **目的**
  - 事件最优
  - 路径最优
  - 效率最优

7

第三部分 预算篇

预算三步走之**促行动**

确定总体利润目标，并对公司未来的 3—5 个"关键战役"实施有效部署，进行风险管理，助力计划落地。

什么是"关键战役"

企业（或部门）**未来1年、3年或5年**取得成功的关键事项，是**重要战略落地**、**关键能力建设**或**重大经营风险管理**。

梳理"关键战役"，要从**战略**、**经营计划**出发。考虑的方面，可以从**资源**和**效率**两个方面入手。从人、财、物、战略、组织、机制等方面综合考量。

打好"关键战役"是**促行动的关键**。

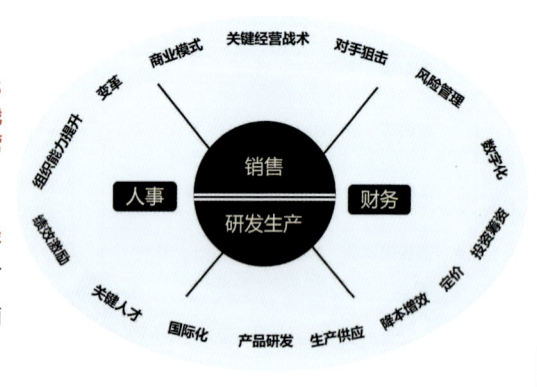

企业关键战役图

关键战役的3个关键步骤

1. 评价　通过**定性**、**定量**等科学的评价体系的构建，有效构建**财务盈利预测**并计算**投资回报**。

2. 筛选　通过**筛选机制**，有效筛选对企业发展最为关键的"关键战役"。

3. 项目管理　有效构建各个"关键战役"的项目管理**组织**，并合理匹配相应**资源**，形成**持续跟踪**、**分析的机制**，保证其落地执行。

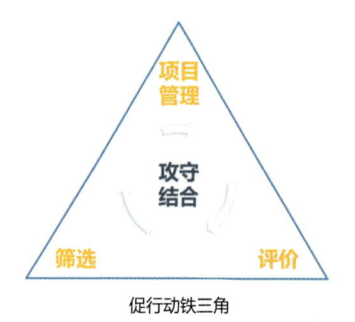

促行动铁三角

第三部分 预算篇

三大预算之战略规划（战略预算）

战略规划

1. 什么是战略规划

战略规划是系统性地梳理组织的使命、目标、战略以及行动方案的工作。

> 战略规划是制定战略的重要流程。

2. 战略规划三大产出
- 公司战略
- 中长期财务预测
- "关键战役"

3. 如何制定战略
- 想去哪儿
- 能去哪儿
- 怎么去

战略铁三角：想去哪儿（目标、路径）、能去哪儿（核心竞争力）、怎么去（"关键战役"）

4. 战略规划的流程

外部分析	内部分析	战略制定	财务规划（战略预算）	战略执行
战略假设研判与讨论 • 国内政策研讨 • 技术研讨 • 国际形势分析 • 国家区域分析 • 市场模型构建与市场规划	公司历史梳理 • 使命愿景价值观梳理 • 成功因子 • 历史业绩分析 • 历史复盘与问题发现	公司战略方向 • 主攻市场 • 产品矩阵 • 核心竞争力打造	未来5年利润表 • 现金流量表	"关键战役" • 投资规划 • 组织匹配

第四部分 激励篇

奖金与股权激励

激励分为长期激励与短期激励，激励要激发人性善，激发人的潜能。

奖金

1. 什么是奖金
- 提成
- 奖金

2. 销售奖金设计三要素
- 目标 (金额+KPI+谈判)
- 奖金计划
- 经济有效性

销售奖金设计三要素（三角形：目标、经济有效性、奖金计划）

3. 奖金设计八因子
1. 适用人群
2. 奖金计算池
3. KPI
4. 起点与终点、分段与封顶
5. 斜率
6. 支付频率
7. 支付条件与扣罚
8. 加速器、减速器及挑战目标

股权激励

1. 什么是股权激励

股权激励是指公司以本公司**股票**为标的，对其**董事、高级管理人员及其他员工**进行的**长期**激励。

2. 股权激励的常见模式
- 限制性股票
- 期权
- 股票增值权
- 员工持股计划

3. 股权激励九定模型
1. 定目的
2. 定目标
3. 定模式
4. 定来源
5. 定人
6. 定量
7. 定价
8. 定时间
9. 定流程

结语

管理哲学

管理是科学与人性的结合。

科学

人性

人性六字诀：扬善、除恶、挖潜。

发扬
人性善

抑制
人性恶

激发
人性潜能

愿所有管理者，保持热爱，奔赴山海。

成长率大约为 16%—18%。这就是目标的基准线。

在年度的业务计划过程中，公司自下而上将每个项目、每个客户的收入预测进行了汇总，预计收入成长率为 13%。这个时候，公司进一步了解了自身的实际客户情况、具体困难和差距，这就是目标的能力线。

在经过了反复的讨论、谈判，决定引入新产品，该产品可另外贡献 10%的收入，公司最后确定的收入指标为 23%，并将其分解到各个事业部和销售人员的手中。这就是目标的突破线。

目标这一话题内涵较深较广，在多年的工作实践与交流过程中，我总结了定目标的 5 个难点：

1. 如何理解三大目标体系：第 5 章第 3 节。
2. 如何熟练使用战略牵引 KPI 设计的方法：第 3 章第 1 节。
3. 如何学会制定目标：第 5 章第 4 节。
4. 如何运用双重指标体系，合理设置挑战指标：第 5 章第 4 节。
5. 如何运用科学方法，实现谈判双赢：第 5 章第 5 节。

我们先进入 5 个难点中的第 1 个难点：理解三大目标体系。在实际工作中，许多同行认为公司的所有业绩管理体系（预算、分析、激励）的目标是一套目标，KPI 是一样的，金额也是一样的。为了这个执着的"信仰"，设置了十几个奖金考核的 KPI，搞得绩效考核十分复杂，业务部门多有不满。实际上，企业里目标不是唯一的，不同的管理体系的目标既相互关联，又有所不同。

案例：奖金设置到底该选什么 KPI

年底将至，A 公司管理层开始讨论奖金到底应该和哪些 KPI 挂钩？老板开场，意味深长地说："过往，我们主要以销售增长和新产品作为主要的奖金 KPI，但这是远远不够的。去年一年，我们的利润不断下跌，全公司的利润只有我一个人担心,这个问题CFO也和我谈了多次。今年的奖金考核一定要和利润挂钩,无论何种业务,都必须有盈利,改善利润率。"

大家面面相觑,看了看负责创新业务孵化的负责人王海。王海笑了笑,说:"在业务孵化初期,产品形成复购,重点是做规模,如果一味追求利润会影响规模,所以我建议,先把规模放大,销售成长性作为奖金考察的重要依据。"人事负责人问他:"海哥,您觉得在销售奖金设计中,哪些因子我们要考量呢?"王海想了想:"短期的收入成长率肯定是最重要的考核因子,利润率改善(例如:从 -30% 变为 -20%)也很重要。中期来看,组织的搭建、渠道的拓展跑通是相当关键的。长期来看,市场份额能做到市场前三是我们最主要的目标。"

接下来,围绕着奖金KPI到底如何制定的话题,高管层从晚上9点,一直讨论到凌晨3点。最后,在几个关键问题上,高管层并未达成一致,其中包括:

1. 利润到底要不要作为奖金考核KPI?
2. 规模放大到底应该如何考核?
3. 长期市场份额的构建和竞争地位的构建是以怎样的方式激励?

利润提升、规模放大、组织能力、竞争壁垒这些问题看似都是问题,而解决的方式却并非一个奖金考核可以解决的。管理中,最怕的是把繁复的问题压在"一棵救命稻草"上,必须通过不同体系、完整生态来解决问题。

三大目标体系

企业三大目标体系包含:预算目标体系、分析目标体系、绩效激励目标体系。

1. 预算目标体系:公司预算管理体系,包含主要的经营指标,如收入、利润等，并录入公司预算系统，作为奖金、分析等体系的指标依据。
2. 分析目标体系：公司业务分析会、经营看板分析指标。通过分析及时发现重要问题，并快速跟进解决。
3. 绩效激励目标体系：中长期激励＋短期奖金的指标依据，晋升、辞退等绩效依据。KPI 需简单、可衡量，可以是定性目标，也可以是定量目标。

表 5-4　三大目标体系汇总

	预算目标体系	分析目标体系	绩效激励目标体系
使用场景	公司预算指标下达 公司预算系统录入	业务分析会分析指标 经营看板分析指标	奖金、长期股权激励计算依据 晋升、辞退等考核依据
主要设计者	业务、财务	业务、财务	业务、人事、运营
KPI 数量	多为 2—4 项	较多，一般单一层级不超过 20 项	激励相关一般 2—4 项，其他可能略多

如何理解三大目标体系呢？举个例子，公司给事业部负责人王海下了 1 亿元的销量收入目标，这 1 亿元指标就归属于预算体系。王海给自己的三位下属下达了总计 1.05 亿元的指标，作为奖金考核的依据。这 1.05 亿指标归属于绩效激励体系范畴。王海对下属张秋规定，只要张秋达成收入销售 3 000 万元的指标，即可获得奖金，这归属于绩效激励体系的范畴。但是，王海又和张秋签署了一份 KPI 考核表，规定张秋需要对战略级新产品 X 进行孵化，形成三年 3 亿元的销售规模，并构建其相应的组织。这也属于绩效激励体系的范畴，也就是说，这一年，即使张秋没有构建 X 产品的相应组织，但是达成了 3 000 万元的奖金目标，他仍然可以拿到全额奖金。然而，他的行为会很大程度上影响上司王海对他的工作评价。他可能会因 X 产品的推进不利，而无法得到晋升，甚至可能丢掉其目前的工作。新财年开始后，王海对张秋的 16 项 KPI 进行了分析追踪，其中包括招聘进度等重要的 KPI。这些 KPI 都属于分析体系的范畴，它们的真正意义在于持续追踪，使大目标细化、量化，为总目标的达成而服务。

图 5-16 记录了 A 公司三大目标体系具体选择的 KPI。

预算目标体系	分析目标体系	绩效激励目标体系
收入 利润	销售（按省份、按区域、按产品、按团队） 经销商（买入、库存、买入与卖出、数据质量） 市场（市场份额、市场潜力、市场活动、招标准入） 人事（个人业绩、奖金达成、在岗率、培训）	短期激励：收入、利润、新品收入 长期激励：新品收入、市值

图 5-16　A 公司三大目标体系示例

三大目标体系之间的关系互相支撑、合而为一。例如，公司对王海下了 1 亿元的指标，这 1 亿元是作为王海为其下属制定 1.05 亿元目标所对应的总奖金指标的基础。事实上，这三大目标体系都源自战略，同时又承载着不同的角色分工。

预算目标体系是基础：作为各指标体系的核心与基础，是各体系的源头，主要用于订计划、配资源。

分析目标体系是跟踪：作为分析的主要抓手，从战略拆解而来，直达细化行动端，是指引打法，寻找问题的关键过程因子，主要用于评业绩、促行动。

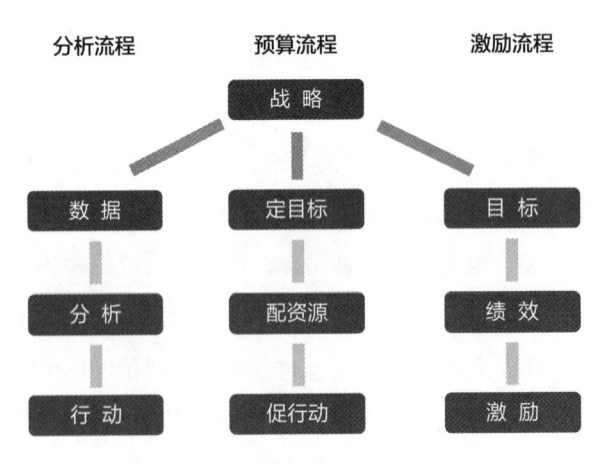

图 5-17　预算、分析、激励流程图

激励目标体系是关窍：作为牵引全员行动的最主要指标，是最关键、最有指向性的指标，主要用于评业绩、分利益。

三大目标体系的金额不需要完全一致。预算系统里，王海负责的事业部销售目标为 1 亿元。奖金的目标金额也一定是 1 亿元吗？不一定。通常而言，有经验的销售管理者，可能会把奖金的目标金额定的略高于预算目标，形成"安全垫"，保证预算的顺利完成。

同样，给到经销商的总目标可能是 1.1 亿元，这样经销商就能追着更高的目标去完成自己的返利计划，对事业部整体的销售目标达成更具有促进作用。这个 1.1 亿元与 1 亿元之间的 0.1 亿元的差额，也是"安全垫"。这个"安全垫"的存在，就是给销售管理者留的回旋余地。

至此，我们将目标体系进行了扩充，它实际上是一个"三横三纵"的体系：从应用场景来看，它分为预算目标体系、分析目标体系、绩效激励目标体系；从目标的构成来看，它分为 KPI、金额、谈判。

表 5-5 "三横三纵"的目标体系

	预算目标体系	分析目标体系	绩效目标体系
KPI	收入、利润	收入、市场份额、在岗率等十余项	收入、利润、市值等
金额	收入：1 亿元	收入：1 亿元	收入：1.05 亿元
谈判		预算目标谈判流程	激励目标谈判流程

也就是说，目标这一话题，并不是仅存在于预算之中，在整个业绩铁三角（预算、分析、激励）中都存在目标，并且发挥着不同的作用。其 KPI、金额、谈判流程都可能是不同的。如果我们能跳出预算而是在业绩铁三角的层面理解目标，我们对目标就会有更大视角的认知。

5.4 金额：指标高，达不成怎么办

目前部分企业销售指标高、不切实际是个普遍问题。我的朋友在一家江

苏的房地产公司工作，公司年收入60亿元，5年后年收入目标是1 000亿元。你可能觉得有些不切实际，但这是真事，而且是非常有经验的老总所制定的目标。5年后他们年收入多少呢？还是60亿元。实际工作中，高目标对整个企业有着非常大的危害。

案例：指标高，达不成怎么办

老王是我多年的朋友，我们认识的时候他还是一个大区销售经理，是个实干家，年年都是金牌销售经理。这几年他发展飞快，已经是一家民企的全国销售总监，管着20多亿元的销售大盘。

明年指标到底怎么下

老王公司过去一直以来指标定得都比较高。比如，团队本来能做100%，老板一般定130%的指标，但是这样的指标给实际工作带来了非常大的挑战。

1. 指标达不成，团队放弃追逐目标。
2. 指标反复修改，管理混乱。
3. 指标过高，奖金无法达成，需要反复特批。
4. 资源错配严重，组织动荡。
5. 业务分析失去对标基线。

老王说，其实每年定指标的时候，老板也知道，这么高的指标他们肯定是完不成的，但是每年指标都是这么下，大家也没敢多说。结果在实际工作的过程中，如果团队指标是100%，团队还是会拼尽全力冲的，但是指标定到130%，团队往往月度达成只有60%—80%。大家会想，反正都是差很远，我达成75%和达成80%有什么区别呢？所以大家也都不追逐目标了。久而久之，这样的高指标文化形成了一种特定的组织文化，就是没指标。达成不及预期的次数多了，公司觉得不行，就频繁调整：半年过去，指标调整了5—6

轮，每个月都在调。指标不停在变，组织不停在变，管理就没有了"地基"，这就像你坐在一座大厦里，大厦地基一直在晃，这种管理让人心慌。

而销售一直达不成业绩，拿不到奖金，就搞了很多特批流程。不过好在高指标的模式和文化已经积累多年了，老板们也知道要给销售批奖金，倒是也特批多次。但是这些特批速度很慢，而且搞了很多所谓的行为考核，目标达成60%和70%的，都是给100%奖金，其实分不出好坏。这大量滋长了"人治"氛围，说白了，最后奖金都是靠和老板的关系，不是真正靠业绩。奖金几乎就等于不和指标挂钩了，因为没有指标。

分市场活动经费等资源配置问题也不少，老王的公司经常超配额加人又减人，市场经费时松时紧。这样的组织变动让团队军心不稳，外界口碑也不断下降，使得他们招聘优秀人才的难度直线上升。

降指标更迷茫了

今年老板说，我们过去的"高指标，低达成"的方式弊端太多，虽然施行多年，我们业绩不错，但是不可持续。今年要换一种方法：低指标，高达成。作为一名老销售，当老王听到"低指标"三个字的时候，真的是热泪盈眶，但是再仔细一想，竟然非常害怕，甚至说是反对这样的变化。

因为老王担心业绩不好。如果指标真的降下来，他估计实际达成要减少10%。如果指标回归理性，比如回归100%，虽然他明年的达成不好说，但是这是一条正路。

可是，即便肯定要回归理性，仍需要仔细琢磨怎么一步步回归理性。

如果想达成这样一种效果：明年指标定100%，实际达成100%以上，形成一种"死磕达成"的文化，有三个方面的工作要做：一是奖金政策合理调整，预算与奖金强挂钩，人治退、法治进；二是分析到位：发现问题，解决问题；三是滚动有力：死磕达成。

第一，团队必须建立预算与激励强挂钩，形成指标不可改，奖金不特批的新文化。这样也带动人治退、法治进。

目前老王公司的奖金的起奖线是50%。在指标回归理性之后，可以逐步把起奖线提升至85%—90%。这样的话,防止销售"躺平":若销售未达85%,就彻底没有奖金了。另外,在100%—115%区间适当降低斜率,保证奖金的经济有效性。

另外,鉴于过去公司没有这种"死磕达成"的文化,可以加一个"连续达成奖"。例如,一个销售如果连续7个月以上连续达成指标,可额外奖励1万元。这个计划当年推出来的时候没人想到会效果那么好,结果那一年老王公司仅凭这个计划全国就多做了3%的销售额。

指标与奖金强挂钩,指标不可改,奖金不特批,杜绝靠关系拿奖金的现象。从业绩铁三角的角度,预算如果和激励不挂钩,那预算的功用就消失了80%。

第二,分析一定要及时,及时发现问题,解决问题。

指标一旦回归理性,等于弦绷紧了,缓冲带减少了,对销售管理无疑提出了更高的要求。这个时候,分析体系一定要跟上。问题一定要及时发现,及时解决,否则问题一直不解决会拖累销量。

第三,滚动有力,死磕达成。

在老王公司,每个月1日,为了保证月度全国指标的达成,会开滚动预测会,各大区报最新销量预测,重新分配每个大区、小区当月的滚动预测指标。这个指标不影响奖金,但是销售一定要达成。如果西区差了1 000万元,东区帮忙补300万元,东区不能谈困难,只能谈可能性,谈方法,谈资源。

以前季度关账,每一天公司财务都会报各区域的销量汇总、全国的差异汇总、每一天的进度,在最后关头拼死冲刺,每个季度都成了一次销量保卫战。那个时候压力是真的大,如果一个销售经理2—3个季度没完成指标,真的是如坐针毡,随时准备走人。所以还是要抓文化建设,团队必须有"首战选我,选我必胜"的气质和狼性!

高指标的本质

指标降不降的本质,倒不是指标本身,而是团队的文化建设,团队的预算、分析、激励体系的保障,反映的是团队的综合管理水平。为什么许多公司有高指标文化?因为本质上是团队无法有效算出"正常指标"。老板不知道一个科学的指标应该是100%、110%,还是115%。那就索性定130%,高一点。预算不准确,缺乏滚动预测机制,缺乏有效的奖金挂钩,都促成了高指标现象。

高指标看起来是一种"奋进"的现象,但背后折射的是管理的不成熟,组织文化、团队能力、配套机制等不完善。而让指标回归理性本身,看起来是在降低指标,但实际上强化的是组织、机制等工作。高指标是组织业绩管理的必经阶段。组织的业绩管理,肯定是从无指标到高指标,再回归正常指标的过程。奖金也往往经历着一个从与目标不挂钩到弱挂钩,再到强挂钩的过程。如何不断把组织的业绩管理成熟度推高,是销售部门的核心工作。

人也不能一口吃个胖子,也许今年指标可以回归合理一些,但也不能走极端。最终要解决的,还是战略、组织、机制的问题。

这个案例深刻反映了目前我国部分企业的真实现状,也是企业管理进阶的必经阶段。

预算与目标的制定

预算不准确是导致我国目前预算无用论的一个非常重要的原因。因为预算不准,所以预算无用,索性不算了。这里面引出了两个关键问题:

1. 预算一定要算准吗?预算能算得准吗?
2. 预算为何算不准?算不准有什么危害?

首先,预算一定要准吗?不一定。任正非说过,企业战略大致正确即可。预算也是如此。鉴于预算是前瞻性预测,它不可能完全准确。不奢求预算完美,是对预算自身规律的尊重。那预算能算得准吗?我分享一个真实的故事。

我的下属小张刚做财务BP的第一年,她总是把握不好预算的准确度,但是她很有心,每一次都认真地跟进、学习业务。过了两年,她和我说,现在每个月的利润都能控制在误差1万美元。我自己做数十亿美元的事业部利润预算,每月滚动预测的差异也差不多能在3万美元以内,有一个月做过0差异。我认为,能否做准,既靠实力,也靠一点点运气。对预算的把控,就是对业务本身的把控,把控度越高,你的业务水平越高。

其次,预算为何算不准?可能是业务的可预测性不高。新业务或不成熟的业务,很难预测准确。如果是成熟的业务,预算不准主要是因为缺乏科学的体系。例如,老板"拍脑袋"定指标,通常定得太高。为什么?因为预算流程中,它只走了第一步自上而下,没走自下而上,再自上而下。也可能没有进行详细的市场分析,找基准线。因为管理不够科学,所以算不准;因为组织能力、个人能力还不到位,所以算不准。算不准有什么危害?最大的危害就是预算无效、资源错配、奖金无法正常发放等。

我们采访了几位不同公司的同行,听听他们的销售收入目标是怎么算出来的。

A说:"我们公司是老板'拍脑袋'定下来的,数字高得离谱,也肯定达不成。"

B说:"我们公司是销售团队凑出来的。"

C说:"我们是一遍一遍和老板核对出来的,反复试探老板的底线。"

D说:"我们是根据历史的收入,再乘以一个成长率算出来的。"

E说:"我们是和美国总部多次汇报得出的,要分析市场成长、竞争对手,还要考虑其他国家的整体销量,帮其他国家背一点指标。"

F说:"我们是按项目,一个项目、一个项目自下而上测算并汇总出来的。"

G说:"我们是和投资人对赌的销量。"

H说:"我们是以产定销的初创公司,只有10个人,公司是按目前能承接的饱和产量来预测销量的。"

实际上，销售目标的制定有如下主流方法：

1. 经验法：业务负责人根据自己的经验，预估未来销量，俗称"拍脑袋"。
2. 市场预测法：根据细分市场成长率，来预测本公司成长率。
3. 历史预测法：根据历史的销售收入和历史成长率，预测本公司未来的销售收入。
4. 因子预测法：将收入分解成不同因子，根据每个因子（包括项目、客户、产品线等）逐一预测，再汇总形成总额。
5. 费用倒推法：根据可花费的费用，倒推可承载的销售额，常用于企业成长初期，资源有限的情况下。
6. 其他方法。

无论是何种方法，定目标都是一种预测行为，预测的根基源自对市场的判断、对趋势的判断、对各销售因子的判断，等等。这是一项复杂的活动，其中包含了科学与艺术。

目标制定三步走详解

目标到底是自上而下得出的，还是自下而上得出的，这个问题是业内谜题，不同的团队有自己的做法。

自上而下，更多源于领导的权力、顶层的信息与经验判断，以及资本市场的目标。自下而上，更多源于客户，源于一线。

目标制定可以三步走。

第一步，自上而下，通过对标市场成长和历史业绩找到指标基准线。
在战略规划阶段，要通过市场分析来获取市场成长率。

但摆在我们面前的第一个问题就是，如何拿到市场成长率呢？一般来说，有以下 3 种办法。

1.向咨询公司购买。在不同行业，都有咨询公司为各个企业提供市场数据的咨询服务。例如，为手机提供市场数据的咨询公司，会定期走访各个渠道、各个售卖点，了解它们实际的出货量，各种型号、厂商的出货数额，以及客户反馈、返修等情况，并将全国数据汇总后，形成报告售给手机厂商。

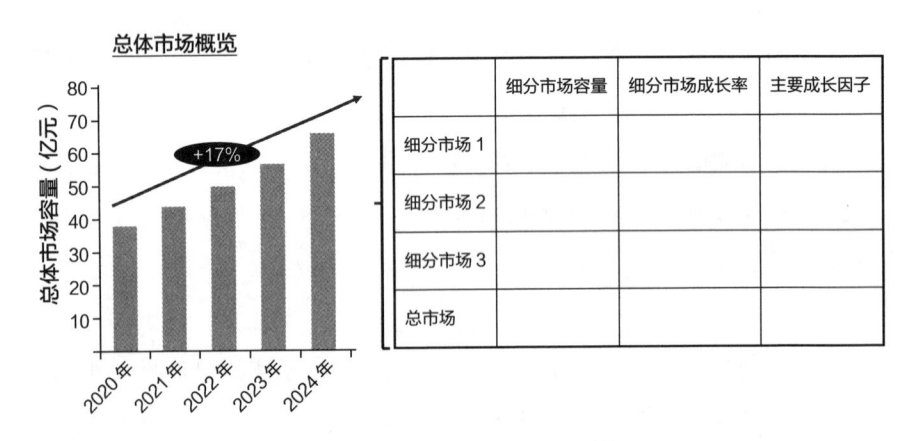

总体市场概览

	细分市场容量	细分市场成长率	主要成长因子
细分市场 1			
细分市场 2			
细分市场 3			
总市场			

图 5-18　总体市场与细分市场描述

表 5-6　主要竞争对手分析

对手	目标市场	20×1 市场份额（收入份额）	20×1 市场份额（数量份额）	市场策略	产品	竞争优势	研发、生产	未来趋势
A	核心市场 次级市场						研发能力、产品管线	
B								

2.企业自行构建市场模型。例如，在医药行业，会有专业模型来计算某种药品的销量。从全国的人口总量、发病率、诊疗率、经济可负担性、市场

占有率等逐层进行漏斗法分析，得出每年的用药人数，再乘以药品价格，就是当年的销售收入。但这样的方法，并非完全可靠，仅对市场和数量有初步判断。

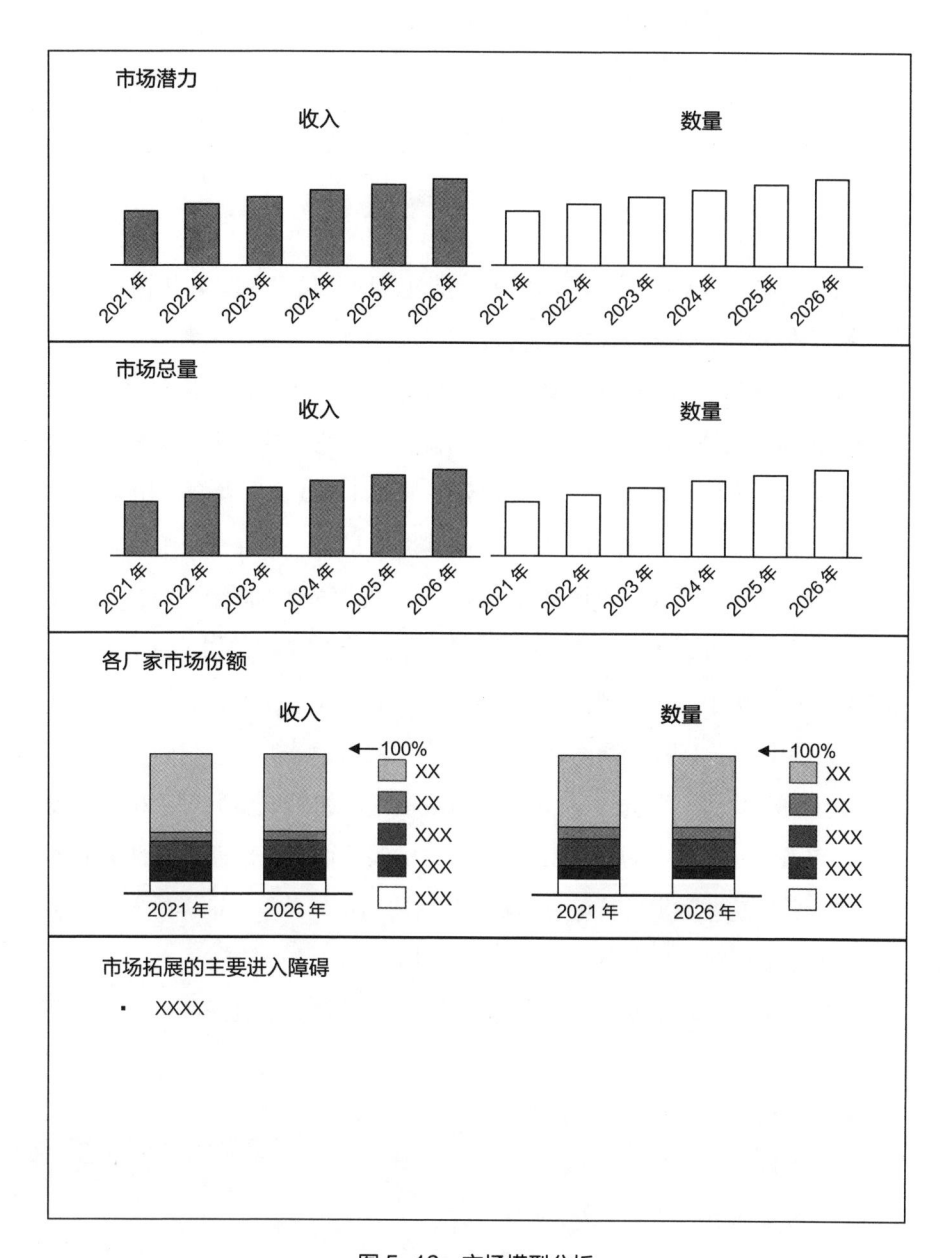

图 5-19 市场模型分析

	市场容量（万人）	留存率	主要障碍
患病患者	100	—	患者可能患有×××等疾病，患病率为×××
入院患者	25	25%	患者认知不足 覆盖不足
确诊患者	3	12%	诊断设备不足 医生培训
手术患者	0.5	17%	内科转诊不足
使用A产品的患者	0.15	30%	经济负担 替代产品

图 5-20　市场漏斗

例如，在计算使用 A 产品的患者数量过程中，我们可以先用中国 14 亿人口乘以发病率，得到患者数量，假设为 100 万人。那么，患者患病了就一定会入院检查吗？不一定。假如只有 25% 的患者入院检查，我们用 100 万再乘以 25%，就是 25 万的患者可能会入院检查。我们再一步一步乘以确诊率、手术量、产品使用率等，最终得到一共有 1 500 位患者会使用 A 产品。这就是通过市场模型计算出的结果。这就是漏斗法，一层一层筛掉。那么，我们就看着从 100 万人的市场潜力人群，到只能服务 1 500 个人吗？不。我们还可以在每一级漏斗中分析为什么这部分人被漏掉了。比如，由于诊断设备不足，或者医生培训不到位，导致了漏诊、误诊。这个时候，公司就可以加强医生的培训，以减少漏诊率，这就打开了患者通路。

3. 获取主要对手销量，构建整体市场模型。如果市场上对手相对比较集中，仅有 3—5 家，通常来说，各个公司的销量信息可以通过各种渠道进行获取，并将这些数据进行汇总，就可以拼凑出市场总量。这样的方法，对于对手相对有限的市场，有比较重要的作用。

最终，通过市场模型的构建，主要可以获得几项关键数据：

- 市场潜力的大小和成长率；
- 市场规模的大小和成长率；
- 各主要对手的销售收入和成长率；
- 各主要细分市场的收入和成长率；

- 本公司和对手公司各自的竞争优势等。

通过这样的市场分析，我们可以判断不同细分市场的成长率、规模、竞争情况等，锚定市场成长率，得出基准线。例如，市场成长率为15%，那我公司的成长率要求可能是15%以上，以保证市场份额不丢失。

第二步，自下而上，评估客户、组织的实际承载力，找到能力线。

在拿到市场成长率之后，我们就心中有谱了，但是组织能否承接，还需要进一步摸排。通常来说，在每年的销售会之前，销售总监会组织全体销售团队进行下一年自下而上预算的填报和收集工作。这样，我们可以拿到自下而上的销售预测，更准确，也更靠谱。

表5-7是某公司2024年销售总监收集的填报表示例。因收集时是2023年10月，因此先填写2023年1—9月实际达成，再估算2023年全年收入。有的读者可能会好奇：如果我有数千个客户，甚至数万个客户，我的自下而上分析的成本会不会很高？通常来说，自下而上的成本是比较高的，尤其当我们的客户数比较多的时候。有时候为了简化，我们会按关键大客户，或按销售人员，甚至是地区经理等维度来填表，以减少工作总量。但实际上，在做销售管理的过程中，对于客户，尤其是关键客户的销售管理，是需要做到按客户来进行预测的。因为这些预测可以有效地帮助销售人员来分配自己的时间和资源，做到心中有数。此外，部分销售管理系统，也可以进行相应的辅助工作，及部分人工智能的预测与测算。举个例子，经过自下而上的摸排，团队认为明年的成长率是9%。那么，现在我们有了一个区间，即明年成长率可能在9%—16%（比15%略高）。

表5-7 自下而上指标收集表示例（2023年10月）

填表项目	时间段	举例
销售人员		小王
产品		A
客户省份		安徽

(续表)

填表项目	时间段	举例
客户地区		安庆
客户县市		安庆市
客户名称		×××
客户等级		甲等
经销商名称		×××
2022 年实际达成	全年	
2023 年实际达成	1—9 月	
2023 年预计达成	全年	
2023 年预计成长率	全年	
2024 年预计指标		
2024 年预计成长率		
该地区市场总量		
客户负责人		
2024 年大客户投入计划		
2024 年渠道计划		

第三步，再自上而下，考量新因子、风险预案找到突破线，最终确定目标。

当自下而上和自上而下的数据全部收集上来之后，许多公司就准备开始"拍指标"了。不急，在进行最后的指标敲定之前，我们还有两项非常重要的工作要做。

一是除了我们正常业务之外，每年我们都会有一些新因素。例如，有的公司新品上市，可能会带来额外 1 000 万元的收入，这一部分要单独预测。也有的业务可能会有协同效应。例如，新产品可以利用老业务的团队，摊销成本，这时候也要充分考虑市场、客户、组织上的协同与串联。

二是对风险的清晰把握和有效预防。真正做预算的高手，是对风险的充分预判和提前准备，而这部分工作在实际工作中，往往被忽视。在流程和组织上也缺乏相应的研讨和保证，导致预算过于乐观，或缺少风险对冲机制，造成实际情况不及预期。在销售会上，我们会预留风险讨论的时间，作为重要的沟通环节。

大家会充分研讨：明年在我提交的收入和利润中，我有哪些潜在风险？这些风险发生的可能性如何，我是如何预防的？如果总体风险偏大，我们在给团队下指标的过程中，就会把这部分风险作为"安全垫"加入总指标中，来确保达成。预算的目的，是为了准确预判未来的外部环境、对手情况，以有效排兵布阵。风险作为关键因子，必须被充分讨论。在讨论风险的过程中，我们要化危为机，从风险中发现机遇。

在资源配置上，往往我们把关键资源，投入预防风险的发生、降低风险的概率上。举个例子，某大客户可能会被对手"挖墙脚"。这是一个很大的风险。这时，我可能会调派更有经验的销售、经理、总监来跟进这个大客户。同时，更积极地和大客户进行市场合作，同时向大客户反复沟通对手的潜在合作风险，阻碍对手与其合作。要知道，开发一个新客户，比维护一个老客户要难得多，产出可能也要小得多。

在综合了所有因素之后，公司通常自上而下确定最终销售指标，并进一步分派给团队。举个例子，明年我们会上一个新产品，这个产品可以带来5%的额外收入，但我们有几个大客户流失的风险，可能占到2%，那么，我们在第三步综合来看将有3%的额外收益。

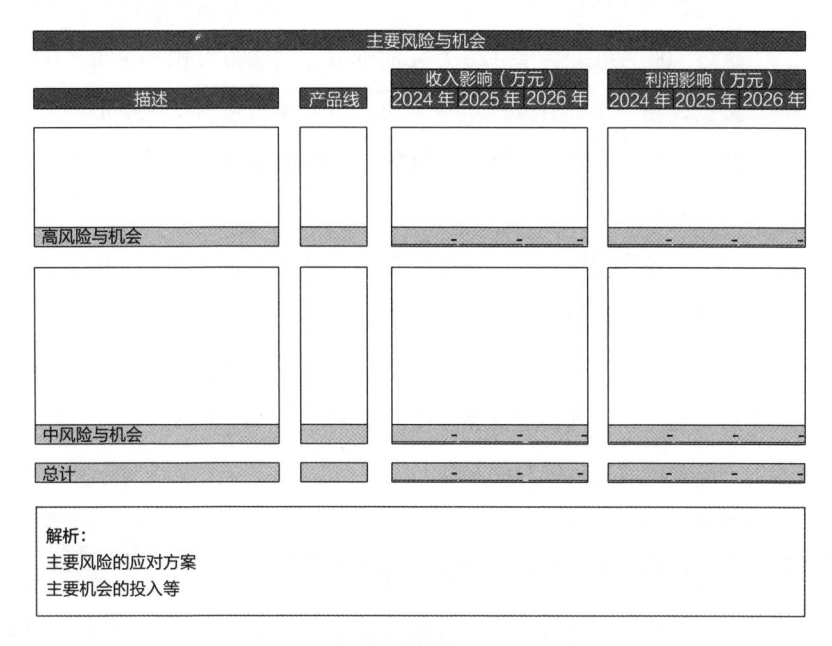

图 5-21 主要风险、机会与应对

挑战指标

刚刚我们分享了一层次的指标，接下来我们要拓展到二层次的指标，也就是我们常说的"保底指标与挑战指标"。

什么是挑战指标？挑战指标，通常是指在保底指标的基础上（例如：明年销售指标1亿元），设置一个富有挑战，但仍有希望达成的指标（例如：1.1亿元）。这样，形成一个双重的指标体系，进而更有效地激励团队，促进业绩达成。

第一，挑战指标以怎样的形态存在于我们的工作中呢？

1. 许多企业与投资方签订的对赌协议（例如：未来三年的收入每年达到n%的成长，即可得到多少股权），其本质就是一种挑战指标，挑战资方的业绩要求。
2. 上市公司对核心高管进行长期股权激励，要求达到规定的利润增长或某些指标后，可以获得额外的股权收益，这也是一种挑战指标。
3. 某销售明年的销售指标为100万元。公司奖金制度规定：业绩达成超过100万元，低于120万元的部分，每1万元销售可得1 000元奖金；超过120万元的部分，每1万元销售可得2 000元奖金。那么，120万元就是一个挑战指标（基础指标是100万元，挑战指标是120万元）。
4. 外部市场剧烈震荡，公司下调指标，设立保底奖金，同时鼓励正常达成，这也是一种挑战指标。

挑战指标可以设置上浮，也可以设置下浮，浮动不是问题，关键在于指标层次体系的建立，以此促进更高业绩的达成。

第二，设置挑战指标的目的是什么？

1. 设置更高的目标。
2. 为更高目标提供更有吸引力的激励。
3. 合理管控资源配置，不为过高的目标而"错配"或"提前配"资源。
4. 更高目标为管理层预留更多"安全垫"。

5. 构建公司"多劳多得"文化，而不是"大锅饭"文化。

例如：小王的区域去年达成了 100 万元的销量，今年保底指标 110 万元，挑战指标可能是 125 万元。如果小王完成 125 万元，将会触发更高的激励等。

挑战指标的设置，在部分公司也有控制资源错配的目的。先按 110 万元销售收入的指标给小王配置市场费用，如果达成超额部分再多配置，避免小王一次性花了 125 万元销售收入对应的市场费用，却只达成了 110 万元的销售额。

案例：挑战指标正反两方面案例

在我过往的工作中，有多次设置挑战指标的经历，有成功也有失败。

有一年，我在新加坡工作，整个团队气势高昂，同时指标也非常具有挑战性。假设当年正常完成情况下收入可以完成 120%，老板给的指标已经定到了 130%，这样 130% 就成了"保底指标"。但是经过测算，我们认为还是有希望再搏一把，我们大胆设置了挑战指标 145%。公司规定，如果销售经理可以完成 145% 的挑战指标，可以在原有奖金的基础上再加 30 万元一次性奖励。

挑战指标的设置，让员工的主观能动性大大提升了。"只要我多做，我就能再多拿 30 万元"，大家的主人翁意识很强。结果那一年我们总体做到了 146%，在市场上名声大噪。现在想来，那个年代的我们真的是初生牛犊不怕虎，如今我可能不会这么激进地拼生意。那个时候是一个敢奖，一个敢接，整个团队一起拼，我们竟然真的做到了，所以说人的潜力是非常大的，能释放的潜力是你想象不到的。

但是，也有些朋友向我咨询的过程中，分享了挑战指标的困境。

部分企业老板为什么要设挑战指标呢？因为许多企业指标过高，"鸡血"是需要打的，因此挑战指标是来承载"老板梦"的。但是，指标高，就要多加人，加市场费用，这也是不完全现实的，而且奖金一直达不成，造成诸多不稳定。因此可以设立一个保底指标，作为奖金计算的依据，作为加人、加市场费用的依据。在实际操作过程中，如果挑战指标高不可攀，只是承载"老板梦"的工具，那么，大家其实都知道达不成，也几乎不会理会挑战指标。公司规定，加人等资源配置需要按保底指标来加，这样也部分卡死了一些真正能挑战的团队，费用卡得太死，无法形成更多投入来获得更多业绩。

挑战指标并没有发挥激励团队、合理配置资源的目的，但从一定程度上设置了相对可实现的保底指标，并据此进行费用管控。

这样的实践，在现实工作中目前还是较为普遍的。实际上，想真正发挥挑战指标的作用，需要把握几个关键点：

1. 挑战指标本身必须是合理的，有实现可能的。没有实现可能的"老板梦""空中楼阁"不应作为指标。
2. 挑战指标需要和更高的激励挂钩，以刺激团队进一步的主观能动性和行为，不与更高激励挂钩的挑战指标，没有本质意义。
3. 挑战指标在控制资源配置的过程中，发挥积极作用。尤其是部分指标高的企业，设置保底指标后，能有效控制人数、市场、生产、研发等费用。
4. 挑战指标能够达成，能取得更高收入的前提是资源投入跟得上、组织流程跟得上。110万元的销售收入达成，可能需要10万元的市场费用，但是125万元的销售收入达成，可能需要15万元的市场费用。我们是否有合理而有效的机制，来快速分析、跟进、滚动预测、合理投入才是关键。

总之，双重指标体系本身大大提升了管理的复杂度。从组织能力的角度来看，如果企业整体管理水平有限，预算实施并不完善，其实并不需要加大管理的复杂度。设置一个相对合理的指标，并且有效计算、配置资源，就已足够。如果企业有许多风险、机遇，管理水平较高，可以进一步分层，做更复杂的指标体系。总的来说，挑战指标在实际运用中确实有相当多的场景与实际意义，我们可以合理使用，形成更符合企业现实的目标，更具有激励作用的目标。

5.5　谈判：赢在预算谈判

讲完目标三因子中的金额后，我们来到最后一个因子：谈判。

一天，一位朋友在悦财群里提问："集团总部定的指标太高，且不听下面的实际困难，怎么办？沟通是不是应该属于预算的一部分？"她的问题一下子触动了我。我正面回答她："是的，沟通属于预算的一部分。"

我和她分享了一则故事。我的前老板是一位资深的CFO，他早年工作的时候，中国区与美国总部之间关系非常紧张。美国总部几次想换掉中国区的总经理，主要原因是美国觉得中国区总是少报销量，不愿意如实与美国总部沟通实际情况。而中国区的总经理也有许多难言之隐，因为当时业务情况非常复杂，美国总部对中国实际情况不了解，他说得越多，美国总部就越"瞎指挥"，反而会影响业务的正常推进。更何况，面对焦头烂额的生意，他已经心力交瘁，哪有时间天天和美国人开会讲PPT呢？

我的前老板和我说，他上任之后给自己定了两个工作目标：一是协助中国区总经理理顺上层关系；二是协助中国区总经理做好业务。"先人后事"，越是内忧外患，就越需要上面的支持。内忧少了，外患才能逐步解决。"先人后事"四个字给了我很大的启示。有时候，我们总是专注于"事"而忽略"人"。实际上，"事"并不是工作的全部，甚至不是首要工作。所以，在我的第一本书《财务BP：500强高管的实践之道》中，分享了财务BP的三大能力：财务能力、业务能力、软实力。软实力非常重要，它决定了业务的走向。

有的读者可能会说，我没有参加过预算谈判的会议和工作，这些都是老板们的工作。实际上，谈判的情形很多。许多业务和财务负责人也花费了大量时间，在进行预算谈判的工作。比如，在公司成立初期，创始人团队拿着商业计划书到处"讲故事"，可能占据了其一半以上的工作时间。即使是上市公司的董事长，每一次的业绩预告所引发股票的涨跌也牵动着他的神经。有时候，一次失败的目标沟通，会让上级领导对管理层产生负面的看法，甚至产生换人的念头。有时候，虽然领导对明年的指标满意，但是拿回来的指标太高，团队拿不到奖金，人心浮动，影响最后的业绩，也会导致诸多问题，甚至管理层离职。因此，预算谈判是非常重要的工作，每一个管理者都应该高度重视，反复演练，并了解其中的关键内涵。

那么，预算谈判涉及哪些内容呢？

谈判的层级

其实每个人在谈判过程中，都会考虑自己和自己老板的预算谈判，但实际上，企业中预算谈判有一条很长的链条。我举几个现实中的例子：

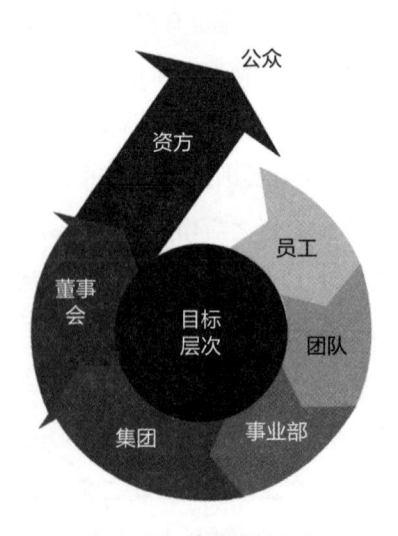

图 5-22　企业组织层次

- 南大区经理与全国销售总监、事业部负责人谈明年的销售指标。
- 事业部负责人与营销总经理和公司 CEO 谈事业部的收入、利润指标。
- 公司 CEO 与董事会沟通公司明年以及未来 3—5 年的规划及具体财务预测。
- 公司董事长与投资人沟通公司未来的财务预测、估值曲线并做融资谈判。
- 公司与证监会对长期股权激励解锁的条件（业绩目标）进行沟通。
- 上市公司高管和董秘与二级市场投资人及公众进行业绩预告、发布年报等。
- 公司高管在投资人大会上（例如：医药行业著名的美国摩根大通医疗健康年会），向潜在投资人及公众分享公司战略、可能的收并购和投资方向，以及业绩预测等。

许多同事会觉得大量的沟通是"内卷"，但实际上它是极其必要的工作。它的作用可能包括：

1. 上下达成一致；
2. 让业绩目标、困难、资源等决策透明，方便其上级和投资者形成进一步的自身决策；
3. 反向验证自上而下目标的可及性；
4. 构建谈判双方的进一步信任及合作可能；
5. 稳定管理团队，避免动荡；
6. 为个人和团队获取合理的绩效考核及奖金基础；
7. 获取信任，以及足够的资源与支持；
8. 稳定与提升股价，避免股票市场估值过低及波动等。

总的来说，谈判的目的，不是你赢，也不是我赢，而是双赢。破除人性底层的自私，舍后方可得。

谈判的流程

作为下级，与上级谈判中，关键点包括：

1. 明确谈判的目标；
2. 分析关键的决策人与影响人；
3. 组建谈判团队；
4. 做好开局、中场和结局；
5. 巧用不同场合，进行多次谈判。

明确谈判的目标。 业绩指标的谈判，本质上并不是一个零和博弈。上下级之间，并不是此消彼长的关系，而是双方经过谈判后，使彼此信息掌握得更充分，资源更有效地流动，从而带动业绩整体提升的互利关系。如果这个谈判是充分且成功的，还可以有效增加彼此的信任度、黏性，以及提升最终的企业业绩。

从下级角度来看，他的谈判目标应该围绕在：第一，获得短、中、长期符合其预期的目标与资源，并构建长期信任的上下级关系；第二，帮助上级取得上级预期的短、中、长期稳定的业绩，并巩固其权力；第三，平衡个人目标，包括销售奖金、中长期激励、家庭、健康、工作量等个人关键因素。

为什么下级的谈判目标，还要考虑上级的利益，他们彼此不是谈判对手吗？这不是零和博弈，而且上级是下级在公司工作中最关键的利益方，因此必须朝着双赢的目标前进。因为上级可以施加影响力的地方很多，如果你损害了上级利益，总有一天这个损害会重新回到自己身上。

同时，目标谈判的首要目标，还是获得符合自身利益的目标和资源，而且往往不是一个短期的目标和资源。比如，有的人在某一次谈判中开了"超低价"，可能他可以一次性获得一个较低的目标，但是从中期来看，老板就对这个人失去了信任，觉得这个人总会藏销量，下一次就可能给他一个高目标，或者资源上少给他人员编制或费用支持。因此，我们的每一次谈判策略的选择和出价都要充分考虑短、中、长期的因素，从而获得最大化的利益。

分析关键的决策人与影响人。关键决策人对谈判的结果走向至关重要。在某些企业中，能拍板目标的核心决策人并不是完全清晰的。过去，我们去美国总部谈指标，一上会，有十几位 VP（副总裁）同时坐在那里向我们提出具有挑战性的问题。围绕在老板身边的也有好几位核心高管，他们每个人都扮演着怎样的角色？对最后的指标有怎样的作用？我们需要仔细分析。

为什么要分析这些呢？因为针对核心的决策者，我们要充分研判他个人、团队的利益诉求，同时了解其决策风格，并在不同场合与他及他的亲信进行多次交流。这是一个相当费时费力的过程，如果我们分散火力，或者研判错了"拍板人"，很可能会造成一次失败的谈判。

在判断关键决策者的过程中，我们可以运用图 5-23 中的四宫格图，来进行综合分析判断。

当我们确定关键决策者之后，我们还要对其能够施加影响的亲信纳入沟通的内圈进行综合考量。即使这些亲信不能帮我们说好话，也要以防他们说坏话，影响关键决策人的决策。

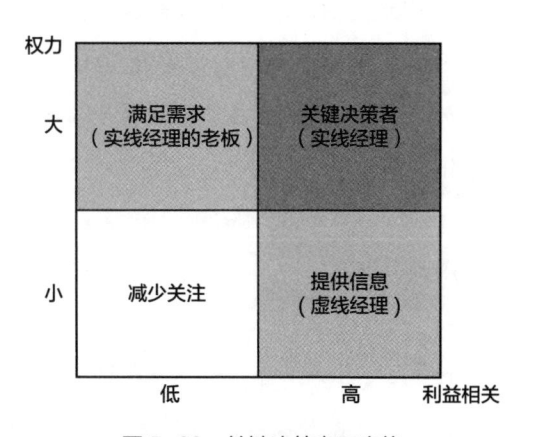

权力	低	高
大	满足需求（实线经理的老板）	关键决策者（实线经理）
小	减少关注	提供信息（虚线经理）

利益相关

图 5-23　关键决策者四宫格

组建谈判团队。通常，谈判团队会包括业务负责人、财务负责人、市场负责人等几个人，大家在一起研判对手，并且分工合作准备材料，针对不同关键决策者进行轮番出击。同时，我们会在团队中有默契地划分红脸、黑脸、中间人等角色，保证团队在谈判过程中的灵活性。

做好开局、中场和结局。开局的关键是开"第一口价"，这一口价往往会给对方一个"惊吓"，充分与老板沟通自己做到目标业绩的困难性，为取得较合理的指标赢得空间。中场可能会有数次的拉锯战，同时会在关键的指标和资源上进行激烈谈判。每一次让步，都要求相应的回报。结局处，尽可能减少让步，并赢得长期信任。

巧用不同场合，进行多次谈判。有的人可能会觉得，指标谈判只会在销售会上，或在非常正式的汇报环节。实则不然。在和老板吃饭的过程中，团建的过程中，一起拜访客户的过程中，甚至在洗手间，都可能会是谈判的场所。甚至，有的人会给老板制造许多"场景"来烘托气氛，自己并不直接出场。巧用正式的、非正式的、直接的、间接的场合，向关键决策者提供信息，是谈判的关键。

作为上级，与下级谈判中的关键点包括：

1. 明确谈判的目标：获取充分信息，实现业绩突破；
2. 摸清业务真实现状，抓住关键风险与机遇；
3. 谈机制、谈利益、谈发展，少向员工开空头支票，多谈激励机制、奖金政策、费用支持，共同解决实际问题；
4. 构建组织文化。

案例：实现双赢的费用预算谈判

有一年，我刚刚接手了一个新的事业部，发现这个事业部的费用非常紧张。这个时候，事业部负责人就和我一起商量要去美国总部"要钱"。我和事业部负责人了解了当时的情况：过去3—4年，美国总部都在费用上卡得比较死。

预算谈判是在每个季度的滚动预测会上。会前彼此不知道对方的出价和底牌，属于盲谈。60分钟的时间，我们先汇报55分钟。接下来，对方会"休息"3分钟进行商议，用1分钟和我们解释最终的指标（往往费用很低），并给我们1分钟考虑。当我们想进一步阐述自己的困境时，时间已经到了。下一个国家的领导团队已经拨号进入了，我们不得不退场，并被迫接受这样的指标。

为了扭转这样的局势，我和事业部负责人先进行了分析。到底谁是能决定费用的关键人？

我们锁定了美国事业部的总经理和财务负责人。

接下来，我们就开始走动起来。在月中和美国财务负责人一对一的沟通过程中，我反复了解美国总部的情况：在他们的大盘子里，他们是缺收入还是缺利润？他们对中国团队是怎么看的？他和美国事业部总经理都有哪些关键利益诉求？

接下来，在会议开始的前三天，我去约美国财务负责人，想和他进行一对一的沟通，但是他拒绝了，因为他确实比较忙。后来我打探到，他的手下有一个报表负责人，是他的亲信，我就约了报表负责人的时间，详细分享了我们目前的费用困境，并且去了解美国总部目前有什么事是我们能帮上忙的。报表负责人和我们说，现在美国总部最缺的不是费用，而是收入。我们表示，我们可以贡献更多的收入，但是需要拿走更多的费用。听到这些后，他很感兴趣。我相信他很快将这些信息传递给了美国财务负责人，美国财务负责人接受了我的会议请求。会前两天，我和美国财务负责人详细沟通了我们目前的所有数字，也就是我们的"底牌"。我们做了几页详细的PPT来阐述目前我们的费用缺口，以及我们可能多提供的收入贡献。他并未表态是否会给我们增加费用，但是表示会考虑在正式会议上与我们沟通。这个时候，中国事业部负责人也多次打电话和美国事业部负责人沟通了我们的情况，彼此通气。

会议开始后，我们循例进行汇报。大概过去了10分钟，美国事业部负责人说："你们是不是缺钱啊？"我们笑着说："是啊。"他说："我可以给你们××费用，但是我需要××的收入。你们不需要马上答复我，等会儿一起答复就可以了。"我们按他给的条件迅速做了分析，也做好了我们的谈判方案。

会议过去了45分钟，美国事业部负责人说："今天咱们别汇报太久了，你们的情况我之前都了解了。现在你们直接说自己的谈判方案吧。"机会来了，中国事业部负责人马上就我们刚刚测算的方案和美国事业部负责人进行了谈判。我们给出两个方案，希望他们再做一些让步。双方都在飞速地算着账，最后彼此各让一步：我们多贡献一些收入，他们也多给一些费用，在60分钟之内达成了协议。双方都感到比较满意。

这就是一场双赢的谈判：据说我们帮他们解决了他们收入缺口的80%，一下子缓解了他们所面临的主要矛盾。他们也帮我们解决了我们最大的问题——缺少费用。这次谈判后，美国总部的多位VP还与中国区、亚太区等高管进行了沟通，分享中国团队愿意承担的勇气，彼此的信任也进一步加深了。

这些年，我常被一些谈判中的难事卡住。有一次，我一直卡在里面无法解决问题，我去问我师傅怎么办？他和我说了三个字"多跑跑"。其实，做"人"的工作并没有大家想象得那么复杂，多跑跑，多沟通，让信息流通起来，就会有更多人帮助我们一起解决问题。

5.6 定性目标：支持部门目标怎么定

在实际目标制定的过程中，除了第5章第3节讨论的量化目标设定，还有非量化目标，也就是定性目标，比如：客户满意度提升、重大风险预警等。这些目标往往牵扯到一些支持部门，也可能是研发部门。与量化目标相比，非量化目标的设定显得更模糊、更主观，也给管理者带来新的挑战。

公司的销售部门，通常以量化目标（如：销售收入、回款、毛利、净利）等作为KPI，其结果大多无须人为调整参与，公平性较强。而部分部门，如研发、人事、财务等，其考核通常以非量化目标为主要方式。例如，财务部以个人工作表现、结账准确度、付款及时率、重大审计差错率、项目成果等KPI进行考核，其中就需要涉及人为打分，其公平性容易遭到质疑。同时，人事负责薪酬的同事还要在公司不同部门、不同用人经理之间平衡各团队打分的分布，以达到公司层面的平衡。

那么，支持部门的绩效目标通常怎样来设计呢？主要有 3 种常用方法。

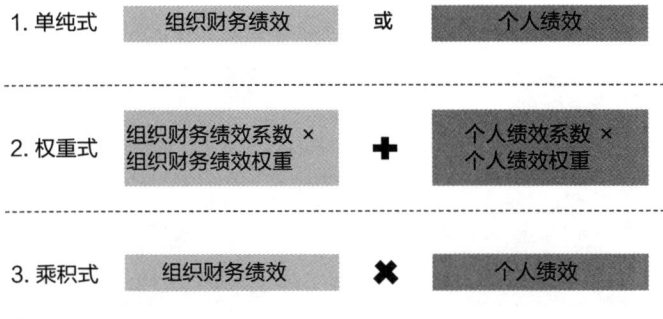

1. 单纯式	组织财务绩效	或	个人绩效
2. 权重式	组织财务绩效系数 × 组织财务绩效权重	＋	个人绩效系数 × 个人绩效权重
3. 乘积式	组织财务绩效	×	个人绩效

图 5-24　支持部门绩效目标 3 种常用考核方法

1. 单纯式：纯非量化目标考核或者纯量化目标考核，考核全部依赖公司的总体财务业绩（例如：收入、利润等）或者个人绩效打分。
2. 权重式：量化目标 + 非量化目标，以公司或者所在业务部门的总体财务业绩（例如：收入、利润等）+ 个人绩效打分。
3. 乘积式：量化目标 × 非量化目标，以公司或者所在业务部门的总体财务业绩（例如：收入、利润等）× 个人绩效打分。

假设某公司财务部小张，其年底个人绩效打分为 80 分，公司收入业绩达成率为 110%。假设公司以收入作为财务同事唯一的量化目标，量化与非量化的比重为 4∶6。

1. 单纯式（仅考虑个人绩效）：小张的绩效为 80 分。
2. 权重式：40%×110+60%×80=92 分。
3. 乘积式：80×110%=88 分。

这三种方法对组织成熟度的要求层层递进。当组织成熟度较低时，往往采用单纯的考核方法，当组织成熟度不断提升，从单一的非量化目标到量化与非量化目标的混合，增加了团队业绩考核的同时，也将支持部门同事的业绩与公司整体业绩和整体利润表挂钩。而与权重式的加法相比，乘积式的乘法混合模式进一步加强了量化目标与非量化目标的联动关系，一损皆损，一荣皆荣。

案例：支持部门目标怎么设

我的朋友老杨找到我咨询公司支持部门目标设定的问题。

他们公司海外事业部各支持部门的工作是环环相扣的。举个例子：

- 医学部门需要在一季度完成A工作，交给准入部门。
- 准入部门二季度完成B工作，交给法务部门。
- 法务部门三、四季度完成C工作，才能获得最终的产品注册证。

现在问题来了：医学部门去年用了三个季度才完成了本来应该一个季度完成的A工作，交给准入部门。到了年底，B工作连一半也没有完成。这时候任何工作都没做的法务部门该如何考核呢？

而支持部门的奖金计划是每年年初给支持部门每个人落实5—15个目标。每个目标都有一定的权重，年底打分。如果你的目标奖金是10万元，打分为80分，年底你只能拿8万元的奖金。

我：去年负责这个项目的法务同事是如何打分的？他拿了多少奖金？

老杨：大家都说自己有前置条件，没完成不能算自己的，吵来吵去，后来老板说只扣第一个没完成的部门，其他部门都全部拿奖金。结果干活的部门没拿到钱，没干活的反倒拿到了。今年往下落目标，每个人都问他前置条件的问题。

另外，老杨还反映了一个公司层面的大问题。这两年公司处在关键变革期，一定要拿下几个关键业绩，即关键项目。比如，10亿元的再融资、海外业绩达到总收入的20%等。但是这些关键项目的业绩指标落不下去。大家都觉得指标太高。比如，财务部正常的工作是做好会计、财务 BP 等工作，但是今年公司要求财务融资 10 亿元。这不是一件小事，把融资 10 亿元的目标给财务的时候，财务不愿意接。目前关键项目怎么落地，给什么样的激励都还在激烈讨论。

总结下来，目前有两个问题：一是针对海外各个业务支持部门，如何设计一套合理的奖金目标体系，并在 3 月 31 日之前完成签约；二是公司关键项目指标无人承接，要提交什么方案给公司管理层去进一步讨论。

三大指标体系不能合而为一

我请老杨打开他们公司的绩效考核表格。

表 5-8　改造前的医学部绩效考核表

医学部考核指标						
指标序号	考察内容	标准	权重	评价方式	评价人	评价材料
1	医学部 01 项目按时交付	3 月 31 日前交付	10%			
2	医学部 01 项目质量符合标准		10%			
3	医学部 02 项目按时交付	6 月 30 日前交付	10%			
4	医学部 02 项目质量符合标准		10%			
5	有效提供对手研究信息		10%			
6	医学部人员在岗率达标	在岗率 95%	10%			
7	医学部培训按时完成		10%			
8			10%			
9			10%			
10			10%			
总计			100%			

目前公司试图用一套大而全，非常详细的目标体系来解决所有员工的工作目标、业绩分析、绩效激励等问题。这是导致奖金目标落实不下去的一个关键问题。

医学部的同事需要 10 个工作目标，这是医学部负责人需要和下属沟通的，并非一定涉及考核。目前，这份工作表要拆成几个不同的工作表。例如，医学部考核指标是受到事业部的总收入、总利润、医学部工作完成的及时性、工作完成质量这4项所影响，那考核指标的表格就只列这4项。但是医学部内部的工作安排和工作计划可能有15项，可以放入另外的表中。

也就是说，不同目标体系，KPI 数量和内容是不同的。一般来说，奖金的 KPI 数量为 2—4 个。分析的 KPI 数量，往往要超过 10 个。绩效的 KPI 可能是几个。

表 5-9 改造后的医学部绩效考核指标

医学部考核指标					
指标序号	考察内容	标准	评价方式	评价人	评价材料
1	事业部收入	1亿元			
2	事业部利润	0.1亿元			
3	医学部项目按时交付	6月30日前交付			
4	医学部项目质量符合标准				
总计					

老杨：这个问题不好办，老板没这个认知，要在公司宣扬这种认知不是一日之功。但是他现在理解了，他需要重新考虑一下支持部门奖金体系和 KPI 的问题。

支持部门可能的奖金方案

我：目前支持部门的奖金方案还比较简单，和你们的业务诉求可能不完全对应。

目前你的奖金方案是：

$$奖金 = 目标奖金 \times 个人绩效$$
（全部非量化，单纯式）

你可以考虑如下的奖金方案：

奖金 = 目标奖金 × 财务绩效 × 个人绩效

（量化目标与非量化目标的组合）

公式	示例
目标奖金 × 财务绩效达成率 × 个人绩效达成率	50 000 元 × 100% × 100%
＝个人奖金	＝50 000 元

图 5-25　支持部门奖金计算示例

这两种最大的区别：一是引入财务绩效，让奖金评定更客观，更以结果为导向；二是引入财务绩效，让各个部门的目标统一到拿业务结果上来。业务结果拿不到，所有人都没有奖金。

现在比较大的痛点，是前置条件的部门没有完成，后续工作的部门如何拿奖金的问题。如果所有的部门都和海外事业部的业务目标相联系会怎么样？过去，医学部的奖金只是由个人绩效决定，现在，医学部的奖金是先由部门绩效决定，再由个人绩效决定。举个例子，如果海外事业部的指标是完成 1 亿元收入，或是完成 C 工作，那么，现在无论是哪个部门耽误了，导致业绩完全没有完成，所有团队的奖金都会因部门财务绩效不佳而受损。

也就是说，之前缺少了一个拿团队结果的衡量过程。每个团队各自为政，劲不往一处使。现在，如果先在目标层面统一到部门目标上来，统一到大家和部门负责人相同的财务目标、业务目标上来，大家就凝聚起来了。

到时候，如果前面的部门行动慢了，不需要老板去催，后面的部门也会去催。

公司关键项目是否需要设置挑战指标

老杨：公司的关键项目，应该怎么设目标、做奖金呢？

我：拿财务团队举例。财务团队本来有几个日常考核维度，如：结账准确率、资金使用率等。以这些维度打分之后，财务团队的分数，一般都会在95—100分，但是今年公司需要新的资金补充，需要筹资10亿元。老板也说了，这个比较难，如果筹到了，可以给财务多一些奖励。实际上，公司今年预算不多，老板可能希望把财务一部分奖金拿出来和筹资绑定。财务也察觉到了，就非常抵抗。他们说，财务过去都是以日常的工作作为考核，现在要拿这么具有挑战性的一个目标来考核财务，这完全不合理。

现在公司有一种特别不好的文化，就是"大锅饭"文化。A部门朝九晚六不出错，就能平平稳稳拿奖金；B部门去参与公司关键项目，没拿到理想结果，反而拿不到奖金。那谁愿意去干难的事呢？大家都不干，那公司如何实现变革呢？作为人事，这肯定不是他希望看到的现象。

实际上，公司文化不仅仅是口号，政策等因素也深度塑造了公司文化。考虑到公司关键项目挑战性确实比较高，我建议设置挑战指标。举个例子，如果财务完成了10亿元融资，那么财务可以在原有目标奖金（如：10万元）的基础上，再拿5万元。如果筹资更多或更早，就可以拿3倍，封顶15万元。也就是说，通过设定挑战目标和挑战奖金，财务可以冲破原有的奖金封顶值。

老杨：但是老板不想再多拿出来钱了。

我：我明白了，另一种方案是，把财务原有的10万元目标奖金，划分为两个奖金池。例如：日常工作放在基础奖金池，目标奖金8万元，100%封顶。公司关键项目放在挑战奖金池，目标奖金2万元，1000%封顶。过去，你封顶奖金也就是10万元，但现在不同了，你封顶奖金是28万元。这样，财务同事的动力就大了。公司的关键项目的可达成性也提高了。

老杨：就是过去公司没想过多关于挑战指标的激励问题。不能把这么高难度的工作任务和日常工作任务画等号。给相同的奖金方案，这对团队来说，不是激励，而是惩罚。难的目标应给更多激励、更高的封顶，让人愿意去挑战。

我：对，这就是顺应人性。

业务是目标第一责任人

我：还有最后一个问题。现在看下来，贵公司的目标，主要是人事、运营等团队给业务团队设定，这里面也有问题。各个团队的目标必须由团队的一号位来定。每个人都是自己的目标第一责任人。如果我的工作目标都是人事、运营团队给我定的，那我能充分认可，完成我的目标吗？

老杨同意我的说法。他觉得现在的问题就是一提目标业务团队就躲，到了年底来哭诉奖金的不合理。在整个目标的制定过程中，业务发挥的作用太小。

老杨回去了，我又再次复盘了他的案例，有以下几个关键点。

第一，三大指标体系。KPI 不是一个体系，是三大体系：预算指标体系、分析指标体系、绩效激励指标体系。老杨的团队犯了一个典型错误，就是将三大指标体系合而为一，这是不合理的。老杨下一步的工作，需要单独搞一个支持部门的奖金 KPI，把它和工作目标区分开。

第二，上下同欲。把不同团队的个人目标统一到团队目标、团队财务目标上来，共同拿结果，也共同担后果，这样可以解决目前的纷争。

第三，挑战指标。设置公司挑战指标或挑战指标奖金池。

至此，我们将定目标的内容全部分享完毕。在目标设置的过程中，我们要牢牢把握战略牵引，同时确保其可实现性，让目标真正成为引领团队前进的方向标，同时有效达成团队共识，激励员工去追逐它。从这里开始，我们可以按照这个目标，去配置合理的资源，确保目标的实现。

了解了第一步定目标之后，接下来我们进入预算的第二步：配资源。

第6章
配资源

6.1 定义："什么是"配资源"

通过上一章，我们已经预测出了企业的收入，接下来是利润表的关键环节：费用。因为费用一旦确定，利润自然就得到了。那么，企业的总费用是怎么算出来的？这个话题在业内一直有不小的争论：有的人认为企业的费用是由实际需要的费用来决定，也有的人认为企业的费用由目标利润倒算而得出。

举个例子，若公司明年总收入预计 1 亿元，各个部门进行了人工成本、市场成本、研发成本、制造成本等的预测，会支出 1 亿元，那这个预测是实际需要的预测，是自下而上的。这个时候企业利润是多少？1 亿元收入减 1 亿元成本等于 0，股东零收益。但是从股东的角度看，股东投资是有回报率的预期的。假设行业平均的利润率是 20%，那么，股东预期的净利润是 2 000 万元，也就是说，费用不能超过 8 000 万元。这就是倒算的逻辑。这时候问题来了。公司明年的费用预算到底是多少呢？是自上而下的 8 000 万元呢？还是自下而上的 1 亿元呢？

我的回答是："以目标利润结合实际需要的花费来进行控制。"从外部股东视角来看，目标利润是投资的本质逻辑。如果你无法为投资者在短、中、长期获得相应的回报，你的企业将很难获得资本，进而无法生存。换种角度来说，你的商业模式没有走通。所以，每一位管理者都希望尽量接近目标利润，但同时也不能不考虑目前企业的现实。正算的逻辑更偏内部视角，倒算的逻辑更偏外部视角。回到业绩模型之道：企业为利益相关者创造最大化的价值，股东的利益至关重要。这是我为何将目标利润考虑在前，实际花费考虑在后的底层逻辑。

回到这个案例，可能最后我们的总费用定在8 500万元，虽然距离目标利润有差距，但是已尽可能靠近了。因为费用的管理本身就有零基预算的原理，任何费用都可以从0开始挑战其必要性。

那有的读者问了：费用是不是越少越好，利润越高越好呢？我认为不是。举个例子：部分公司的净利润明显高于竞争对手，但是从其费用结构来看，其研发投入明显不足。同时，它的高利润被多家竞争对手了解后，快速打入市场进而打破垄断，这家公司的高利润只持续了不到10年就进入了衰退期。因此，我一直强调，利润表结构深度反映企业的核心竞争力，合理的费用率、利润率是保证企业中长期运营的坚实保障。

配资源的核心，紧紧围绕盈利预测展开，也就是说，资源是盯着收入的，有多少钱，做多少事。这个收入，不一定是现在的收入，也不一定是未来1年的收入，可能是未来3年、5年，甚至10年的收入。所以，我们做的盈利预测可能是1年的，也可能是多年的。对于财务出身的我来说，做生意就是在做利润表。我心中一直紧紧抓着利润表的收入、费用、利润进行综合考量。我把生意里全部的要素都化为财务报表中的要素，再运用财务框架进行思考。如果您是业务管理者，您也不妨试试这样管理生意的思考方式。

一旦目标确定了，接下来最重要的事情，就是有效地匹配资源。正如业绩公式所揭示的，资源和效率决定了企业的业绩。

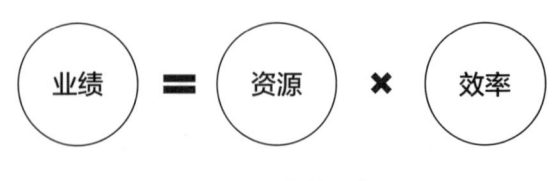

$$业绩 = 资源 \times 效率$$

图6-1 业绩公式

然而，在业务实操中，大多数人对于"配资源"的认知依然非常有限。

在悦财发布的关于企业业绩管理成熟度的问卷调查投票中,"配资源"得分倒数第二,且得分不到"定目标"与"促行动"的一半,这让我倍感惊讶。在战略人力资源配置、产品研发配置、差旅费用配置等方面,得分均在最低档。可以说,配资源是目前我国预算管理的一片"洼地"。"配资源"到底是什么?怎么理解"定目标"与"配资源"的关系?配资源,就是当老板给了一个亿的目标,他是不是能匹配上相应的组织和费用,他愿不愿意真金白银地投钱。

如果一个企业只定目标,不配资源,那这个预算的完成度是如何呢?在我看来,大概仅完成了30%。因此,我在此呼吁广大一线管理者,要充分重视配资源的工作,要把它和定目标、奖金政策紧密相连,只有目标捆绑了资源,才有真正提高业绩的可能。

然而,为何配资源这么重要的工作,一线实操没有重视起来呢?

第一,是对业务本身缺乏信心。对于自信的业务,我见到一些创始人直接连目标都不设,马上拉组织开干,绕过定目标,直接配资源。为什么?因为他深知机会稍纵即逝,他不想错过。但是他对于信心不足的业务,总是敷衍塞责,不愿加人。而配资源并不是超配额地使用资源,恰恰是适时、合理地添加资源。在业务发展的早期,企业管理者要耐心地验证商业模式,让产品跑出来。财务上,验证短期、中期、长期的利润和现金流,并有效规划。

第二,是缺乏对自己所定目标的信心。老板也觉得自己定的目标太高了,不想实际匹配相应的资源,对能否配资源含糊其词。

第三,配资源需要大量的计算与分析,工作专业化程度较高,目前许多公司还没有相应的组织、能力、人才来匹配这样的计算,也缺少相应的文化。

总的来说,目前部分企业的预算管理水平还处在较为初级的阶段,仅仅完成了最迫切需要的定目标、定考核环节,还没有深入摸索其提升业绩的关键步骤:配资源和促行动。那么,接下来我们就正式进入配资源的内容。

配资源涉及的关键问题包括:

1. 企业应该配置哪些资源?
2. 如何寻找关键资源?

3. 配置资源遵循哪些原则？

第一，企业应该配置哪些资源？
人、财、物、时间。

第二，如何寻找关键资源？
以医药行业为例，最好的办法，就在利润表中，寻找关键资源。

表 6-1 某医药公司简易利润表

项目	金额（亿元）	销售与管理费用排名
一、主营业务收入	100	
减：主营业务成本	15	
二、毛利	85	
三、销售费用与管理费用细节		
减：人工成本	25	1
差旅费用	5	3
市场费用	12	2
其他费用	8	
⋮		
研发费用	10	
⋮		
四、息税前营业利润	25	
减：所得税	4	
五、净利润	21	

在医药行业，通常毛利率较高，因为生产药品/器械的成本本身并不高，但是医药行业有较高的研发费用，而研发费用投资的成败往往蕴含着企业的"命数"，因此医药公司对研发的投资非常重视。同时，医药行业的销售费用也相对较高。那么，我们在管理这些费用，以及做预算的过程中，也要更详细地拆解这些费用并逐一对重点项目进行配置。

在表 6-1 中，我们可以看到该公司财务将销售与管理费用拆解成了几个关键项目，包括人工成本、差旅费用、市场费用等。接下来，其销售分公司的团队就会对这些项目进行逐一配置。

因此，我认为每一家公司应该根据自身的利润表结构，进行关键费用的拆解与排名。再逐项考虑每项费用的总支出、对业务的支撑程度，并细化其费用管理、预算管理的模式，构建相应的资源配置逻辑链条。

例如，在医药行业中，我们最关心的，就是研发费用和研发产品的配置，这是各大公司的核心资源。再深究一步，人才又是其中的核心。那么，在配置研发费用以及进行"人"的投资上，我们就会花更多的时间和精力。

找到企业的核心竞争力，找到费用支出的关键因子，并完善其资源配置流程，是展开"配资源"的第一步。

以医药行业为例，其利润表中有6项主要的资源。

表6-2 医药行业关键资源配置一览表

序号	类别	项目	含义	配置原则
1	人	人工	如何加人，在哪里，加多少人，什么岗位等	按潜力、按能力、按收入
2	财	市场费用	确定市场费用的总量，进行市场活动总体规划、月度计划、周跟进，有效复盘及再投入	按收入
3	财	差旅费用	不同级别、工种、团队的人的差旅标准	按收入
4	财	价格折让	不同区域、客户价格折让的幅度与方式	按潜力、按能力、按收入
5	物	产品生产与研发	产品生产；固定资产投资决策；做什么产品，自研还是引进；项目立项评审等	按潜力（市场需求）、按能力
6	时间	时间配置	企业发展中长期规划、市值曲线、新产品推出周期等	按潜力

除了单项的资源配置之外，企业还面临人、财、物、时间等总和资源的配置与协调问题。例如，在资金有限的情况下，是先去招聘几位高管，还是引进一项新技术？这涉及更高层面的资源配置，本书暂且不做详述，将精力先集中在单个资源配置上。

要知道，不同行业的企业，其资源配置的方向会有明显的不同。例如，部分电商与消费品企业会在各个平台上投资一些"网红"，如何配置这部分市场费用就成了关键。又如以营利为目的的私立学校或私立医院，他们的一项关键投资是在名师（名医）的聘请上，那么，如何投资名师就成了关键。

要知道，每一个行业背后配置资源的实操技巧都是千差万别的，但是在这些千差万别的技巧背后，又有许多共性。这些共性，就是配资源的原则。

第三，配资源遵循哪些原则？

配资源有 3 种主要的方法：

- 按收入配资源——利润为先；
- 按潜力配资源——需求为先；
- 按能力配资源——经验为先。

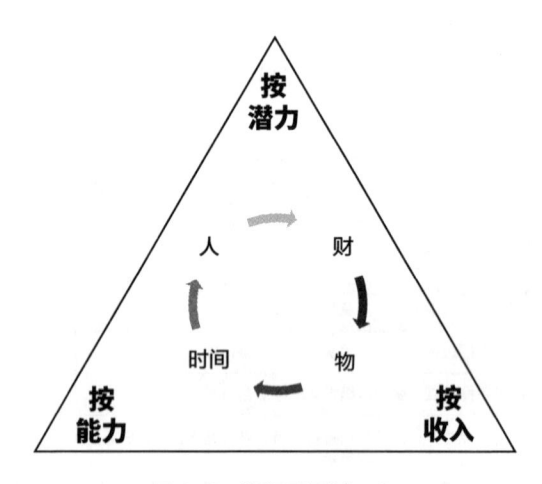

图 6-2　资源配置铁三角

如何按收入配置资源？ 基于利润表模拟的资源投放，预期收入多少投多少。例如，基于利润表，明年收入预测为 1 亿元，按照比例，投入 3 000 万元的人员费用、2 000 万元的市场费用、1 000 万元的研发费用等。

如何按潜力配置资源？ 基于潜力的资源配置与基于明年收入的资源配置方法不同，它是基于中长期的收入预测来进行资源配置的。也就是说，先考虑市场潜力最大的、最有可能增长的方向，即使这些方向仍不能很快产生收益，也把资源投进去。具体做法通常是计算市场潜力，基于市场潜力进行投资，而不是基于中短期的收入预测。按潜力配置资源，可以最大化对销售增量进行贡献。

有人会问："按收入和按潜力配资源，到底有什么不同？"按潜力配资源，是以中长期的潜在收入为主要配置方向，而按收入配资源，是以中短期可预期的收入为主要配置方向。按潜力配资源更长期，视角更宏观，当然风险也更大。回到第1章第4节的市场模型，我们可以非常清楚地回答这个问题。

市场潜力不等于公司收入，为什么？这其中有许多进入障碍。举个例子，印度尼西亚有超过2.7亿人口，是世界人口第四大国家，但是许多国际医疗巨头在印度尼西亚的收入并不高。为什么？因为他们的人口分散在数以万计的小岛上，医生资源不多。某种意义上，印度尼西亚的市场潜力很大，但是进入障碍也很多，所以形成的公司收入不大。

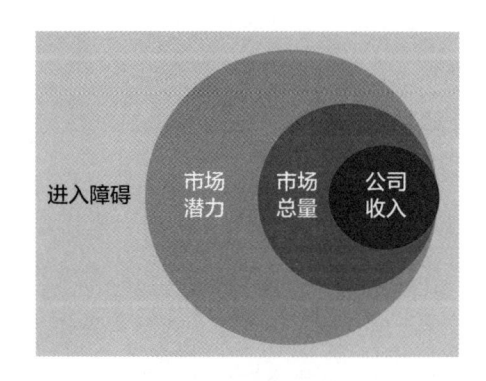

图6-3 市场模型

这个时候，如果按收入配置资源，则印度尼西亚可能配置的费用就非常少。如果考虑到市场潜力，其配置量可能就会增加，因为潜力看的是更长期、更宏观的视角。

但按潜力配资源和按收入配资源，配置方法是不同的。例如，在印度尼西亚配置资源，我们不能只配置"销售人员"，还要针对进入障碍，配置如"市场教育"人员，以帮助培训当地医生。这就是基于潜力通路的投资，先投资把障碍扫清，把"盘子"做起来，再来做销售。也就是说，按收入配资源，障碍已经基本扫除，我们直接铺销售即可。但是按潜力配资源，我们要先把通路打开，再铺销售，所以配置的方法不同。总的来看，按潜力与按收入配资源是在不同的"盘子"与"方向"上进行投资。

如何按能力配置资源？仅仅考虑潜力与收入还不够，还必须考虑公司目前的能力能否支撑这样的资源配置。在做费用预算的过程中，许多财务同行依据往年的历史费用数据进行费用预测，即按能力配资源体现。因为历史费用数据反映了我们过往的能力，有很强的参考意义。

同时，需要注意的是潜力大的地方往往是能力"洼地"。这个时候，资源的投放必须配合当时当地的阶段，一步一步往上走。

案例：某医院装备科主任如何配资源

我的亲戚是某医院装备科的退休主任，他过往的主要工作是负责采购医院的各种医疗器械和设备。我请教他："您的预算资金有限，各个科室都向您要钱，您是怎么分配预算的？"

他笑着说："首先，我会算好这一年必须花的钱。比如，妇科做超声的设备坏了，需要更换，这些必不可少的支出我会先计划好。剩余的钱，我就不会平均投在各个科室了，因为医院都要发展特色科室、特色病种。比如，当年我们医院在肿瘤和心脏方面是全国领先的特色科室，有两位国内知名的名医作为带头人，所以我会仔细研究肿瘤和心脏学科各家医院都有哪些装备，我们根据实际情况把钱大量投在肿瘤和心脏科室。我配资源的原则总结为一句话——做好基本的，配足未来的。把资源配置到医院未来的成长上，这是一种按潜力配资源的方法。"

接下来，我想分享我个人在早年工作中的真实案例，也是我在配资源上走过的弯路。

案例：基于潜力的资源配置，阿斗真的扶不起

有一年，公司举办了各业务部门投资大赛，奖金是500万元的投资预算，每个事业部都组建了豪华阵容（一把手带队，核心班子一起上），想在这个大赛中一展拳脚。

题目下来了：在3小时内，提出一项三年的投资计划，且投资收益率不小于30%，由公司高管进行评定，最后决出前三名。

我们事业部一共有6人，分别是：事业部负责人、销售负责人、市场负责人、商务负责人、人事BP和我。

事业部负责人给我们5分钟时间，每个人独立提出提案，再由他来决定用哪个提案深化后进行演示。

比赛紧张地开始了。5分钟后大家来分享自己的提案：

- 销售负责人和商务负责人不约而同地提出了新产品的投资计划；
- 市场负责人提出了数字化营销的提案；
- 人事负责人提出了"阿波罗计划"，打造"10+20+50"的精兵计划；
- 我提出了潜力省份投资方案。

我的计划是这样的：找出中国最具潜力的省份，并计算出这些省份可增长的金额和投资方案，对重点省份进行投资挖潜。

表6-3　市场潜力分析表

省份	人口（万）	全省总体市场销售数量（片）	公司销售数量（片）	市场份额	对手销售数量（片）	总体潜力销售数量（片）	可挖掘的潜力销售数量（片）
	a	b	c	g=c÷b	d=b-c	e=a×8%	f=e-c
A	9 473	50 000	13 000	26%	37 000	757 840	744 840
B	6 000	78 000	45 000	58%	33 000	480 000	435 000
C	3 800	45 000	20 000	44%	25 000	304 000	284 000
D	7 000	32 000	900	3%	31 100	560 000	559 100

如何计算潜力呢？

1. 先将各个省份的总体人口、市场总量、公司在该省份去年的销售数量分别列出。
2. 计算对手的销售数量＝市场总量－本公司销售数量。
3. 根据市场潜力的算法，计算了市场最大可能的饱和潜力（病患应治尽治的数量总和，经济负担不起的患者不计入），计算了公司可挖掘的潜力销售数量＝总体潜力销售数量－本公司销售数量。

从该表格可以看出，过去公司最大收入的省份是B省和C省，但实际上，对手销售数量最大的是A省，而潜力最大的省份是A省和D省。也就是说，在A省和D省有大量的"金矿"可以开采。

针对这些省份，我之前做过调研，D省因为有政策问题，一直无法拓展，短期内不容易产出，因此我建议在A省加大投入。经过计算，如果这些潜力的市场都得以开发，三年之内，我们可以实现总销量超过30%的增长，并且有效地在重点区域狙击对手。

业务负责人沉思许久，他说："我更喜欢月思的这个案子，几个潜力省份的深耕工作，不能拖了。"决定了这个草案之后，我们团队齐心协力做了一整套方案，并上台展示。当天11个事业部，我们倒数第二个上场，最终得了第一名。公司CEO当时是这样点评的：每一个项目都让人心动不已，但是这个事业部是基于潜力的投资。这让他感到兴奋且紧张。因为公司如果不投资，他甚至不敢想象未来的市场格局是怎样的。

当晚，我们兴奋不已，一起去聚餐庆祝。在席间就组建了领导班子，由销售负责人牵头，当地的大区销售经理带队，进行针对A省市场的考察。A省的考察让人印象深刻：当地的市场机遇很大。我们去拜访客户，客户说："这么多年了，你们终于来了。"我们走访了经销商，发现当地的几家大经销商迫切希望与我们合作。当地的产品价格也非常不错，完全有可做的空间。

然而，当地的现实情况也让我们倒吸一口冷气，过去因为我们认为该省虽然是人口大省，但是市场不大，该区域只有四个销售编制，其中两个在岗，两个空岗。销售经理也空缺了3个月，由大区经理兼任。

考察归来之后，我们制定了目标：三年之内，希望该省的市场份额可以提高至 25% 以上。我们在全国选派了最有潜力的地区经理轮岗到该区域，并且由全国销售负责人直管，进行针对性辅导。同时，我们提高了当地销售同事的薪资预算，挖对手优秀人才，准备大干一番。

一年半后，这个项目却以失败告终。这期间，A 省走了 3 位地区销售经理，团队人员也不停更替。经销商并没有本质的起色，客户关系也没有真正提升。

在回顾这个案子的过程中，我发现了几个关键问题。

1. 最有潜力的地方可能是组织能力最差的地方，如果不经过 2—3 年的长时间调整和培养，很难有真正起色。
2. 当时的目标比较高，即使配置了精兵强将和市场资源，但"土壤"不行，相当于揠苗助长，团队无法完成既定目标，反而加速了人员的离职。
3. 客户的培育需要时间，投资需要长期主义。

基于潜力的投资没问题，但是这项投资得符合组织的能力，并给予足够的时间。在回顾这次失败的投资时，我们有两项反思：

1. 坚定投资潜力省份。如果今天不投资，三五年后它依然如此，因此需要给它足够的耕耘时间。
2. 投资潜力省份必须针对当地实际，有条不紊、循序渐进地强化组织能力和客户关系，给市场和团队时间成长。

那次失败的投资告诉了我一个残酷的道理：雪中送炭难，锦上添花易。要想短期产出，一定是在最强的团队、最好的客户关系、高份额的省份。要想长期产出，就需要"啃硬骨头"，做"土壤"治理，真正"挖金矿"。

在了解了配资源的基础知识之后，我们进入每一项具体的资源配置方法。

6.2　人：人工预算

路线确定之后，人员就是决定因素。在一切的配置过程中，人是最重要、优先配置的资源。为什么？因为人具有主观能动性，而其他资源没有。战略人力资源配置，是所有资源配置中最重要、最耗时，也是效果最好的资源配置。例如，在互联网类、教育类、研发类公司中，人力资源成本占了总成本的主要部分，是企业利润管理的关键因素。

管理的真空地带

在组织中，哪个部门该为人工预算负责？人事、财务、业务，还是运营？不同的读者可能会有不同的选项。让我们看看真实的采访结果：

- 财务部门读者：这是人事的事，可以让人事提供。
- 人事部门读者：人事主要负责招聘、组织设计等，财务预算不属于我的工作范畴。
- 业务部门读者：业务提交自己的人员需求，但是审核预算的不是我。

我问了一圈，发现每个人对这个问题都各执己见：谁管我不清楚，但是我很确定这不归我管。坦率说，采访的结果有些令我意外。我请读者展开说说，总结来看，有如下反馈：

1. **人工预算有保密性的特点**。财务同事认为，自己不应该了解人工预算细节，或者许多和薪资相关的分析财务不应该参与。实际上，管理人工预算不是管员工工资，它更多是在事业部层面去总体管理、控制预算，从而进行资源配置。
2. **人工预算有强专业性的特点**。从人工预算的流程来看，牵涉战略、组织设计、财务分析、人才盘点、招聘等流程，涉及战略部门、组织发展部门、财务 BP、人事 BP、人才发展、招聘等数个专业团队，以及业务、运营等部门的协同配合。可以说，整个流程涉及管理的众多领域，几乎很少有人是全才。这样，也就难怪在实际操作过程中出现"盲人摸象"的问题，每个人无论是否有前置流程，先"各扫门前雪"。在整个采访中，几乎所有人都表示自己对人工预算的全流程不清楚、不了解，也没有头绪。

当我查阅相关内容的文献中，此类文章也凤毛麟角，甚至都没有查到体系化的内容。我立即意识到，这一问题很重要，但是目前的研究还比较落后。

人权究竟在谁手上

虽然大家都对人工预算的职责归属相互推脱，但在人权上，高管们却暗自较劲，寸步不让。毕竟，高管生存的核心主要是"抓权"。抓什么权呢？人权、财权、事权。而这三项中，人权的争夺又尤为激烈。

表6-4　公司权力一览表

公司权力一览表							
办事流	人权	招聘权	任免权	薪酬权	组织权	晋升权	考核权	工作分配权
	财权	付款权	预算权	投资权	授信权	合同权		
	事权	政策权	战略权	研发权	采购权	生产权	客户选择权	公章权
决策流	信息权	知情权	宣传权					
	建议权	提名权						
	决策权							
	做事权							
监督流	审计权							
	监督权							
治理流		所有权	控制权	分红权	资本增值权			

部分业务负责人将加人等权力牢牢把握在自己和团队手里，基本不与人

事、财务等部门沟通，决策不够专业。但人权真的只应该在业务负责人手里吗？就算公司把人权放给业务负责人了，他真的能做好吗？缺少监督、制衡机制的权力体系，真的稳定且长期有效吗？

这就形成了一个奇特的现象：业务负责人死死把住人权不放，自己在脑子里琢磨如何增减团队人员，而这些决策背后专业的流程、财务计算，业务负责人几乎不可能独自完成。最后，他向下属传递自己的决策结果，被下属理解为老板"拍脑袋"。

总的来说，目前我国一些企业，在战略人力资源配置领域出现了以下几个主要问题。

1. **缺乏基本认知，审批流程不规范**。许多公司没有认识到配资源的重要性，加人没有流程，主要靠业务负责人与老板深入沟通，获得老板信任后取得审批。企业对战略人力资源规划的流程、方法、组织等缺乏基本认知。

2. **业务不清晰，导致盲目扩张团队**。部分企业发展新业务，老板没想清楚就先招聘团队。虽然人员到位了，但干的过程中发现产品力不够，重新研发仍须两年，因此，过了半年又把现在的人员都辞退了。战略决定组织，业务清晰是组织清晰的前提，在缺乏清晰的业务和产品的情况下，盲目进行大规模组织配置，便会造成企业资源的浪费。厘清战略、厘清业务，按节奏加人，方为科学的管理。

3. **缺乏盈利预测，资源配置缺乏经济可行性**。许多公司在招聘新员工或扩大团队的过程中，都没有算过账。现在招聘这些员工，要多久可以赢利？项目的内部收益率是多少？没有人说得清。等过了半年，利润大幅缩减，老板才意识到问题的严重性，只得大幅裁员。配置资源必须进行有效的财务规划。

4. **重人才投资，轻科技投资，组织效率低**。有的公司只关注在人员上的投资，却忽视了在数字化方向上的投资。岂不知，在AI（人工智能）快速发展的今天，人力资源与科技已经进行了深度捆绑。目前 AI 技术的发展引爆了人工革命，多项具体技术可能会颠覆未来的组织形态与生产效率。企业在科技上的投资效率与效果将是新时代的核心竞争力。

5. **资源错配**，"会哭的孩子有奶喝"。公司在进行人力资源配置的过程中，并不是从业绩增长的潜力出发，集中力量办大事，而是"会哭的孩子有奶喝"，哪个部门反映缺人，决策层就给谁加人。这也会导致新增人力资源的产出效率不高。

战略人力资源规划的流程

战略人力资源规划的流程分为三个主要步骤，我把它用"定岗、定编、定人"来做一个比喻。注意，这里所谈的定岗、定编，和大家平日里理解的在某地设置一个销售经理这样的定岗、定编的含义不同，因此我说这是一个"比喻"。

- 定岗：明确去哪里，什么阵型。确认公司真正的人才和组织需求，由战略决定组织。
- 定编：明确多少人，能不能算过来账，这些需求内外部是否能供给、能承接。
- 定人：明确具体的岗位和编制，开展人员招聘与保留。

战略人力资源规划流程具体可分为以下 8 步：

1. **战略制定**：确定公司做什么领域，卖什么产品、商业模式、分几步走等。
2. **战术制定**：根据战略方向，进行业务设计、经营计划制订，拆解到具体的事项都有哪些？工作量多少？要达成怎样的业务结果？
3. **组织诊断与设计**：选择合适的诊断工具，诊断组织、设计组织，根据战略匹配组织结构、部门岗位、管控授权、流程体系、能力、文化、管理制度等。

4. **财务规划**：根据组织设计进行盈利预测，计算出可能的具体编制，提出能符合利润要求且满足业务流的具体工作需求。
5. **内部人才盘点**：现在有多少人、水平怎么样？确认人才需求与内部供给后的缺口。
6. **市场人才规划**：对于缺口，进行外部人才的寻访调研与标杆测试，盘点候选人"生态系统"（包含直接对手、间接对手、客户、上游企业等），进行前期面试，职位重构等。
7. **编制确认**：传统意义上的定编、定岗。
8. **人员招聘**：展开人才招募与保留的工作。

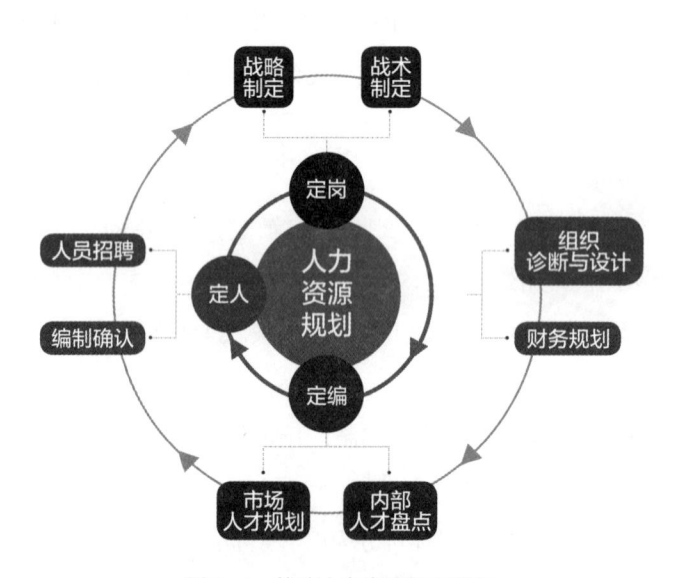

图 6-4　战略人力资源规划流程

人工费用预算的计算方法

接下来，我采访了不同读者，其所在公司的人工预算是如何算出的。这个问题几乎每个人都有自己的实践经验：

- 我们公司的人是靠和老板谈判要回来的。只要老板批了20个人，不管合理与否，马上推进招聘。
- 我们公司每年各个部门的总费用有个包，至于在这个包里面业务如何安排，自由决定。
- 我们在做生产预算时，定了一个工费总包：折旧费用是固定的，其他费用通过费改率控制。人工这部分通过人均效率、单位产出、ER（员工关系）值、工费降本等进行控制。
- 我们公司每年有一个裁员指标，新增员工这块我确实不清楚。
- 组织架构变动快，变动大，新事业部人员不稳定，基本无法核算人工预算。

听到这些真实的采访结果，我不禁有些心酸，但也深刻体会到目前一线实操的痛点。通常来说，确定人工成本的方法包括以下6种：

1. 历史法：参考过往历史花费的总额和人力成本费用率；
2. 财务法：人力成本费用率可以满足当年公司的利润（率）要求；
3. 人效法：参考自身过去的、行业的，及对手的人效，以确定自身的人效，进而计算人力成本总费用；
4. 业务法：基于业务模式所需的组织进行推演，确定组织与编制，并由人事自下而上汇总；
5. 工作量法：人员配置可以满足公司工作量；
6. 管控模式法：支持部门人员基于业务部门的人数，进行如1∶300的配比定人。

这里提到了一个非常关键的概念：人效。什么是人效？人效有许多变式，最简单的人效公式是：

$$人效 = 销售额 \div 平均人数$$

例如，一个销售代表平均承担的销售额是300万元，那销售的人效就是300万元。如果今年我的团队销售目标是3亿元，那粗略估算我的团队需要100个销售代表。

销售这样相对简单可衡量的职位可以这样计算，但是高级别团队（如：战略、并购等）就很难用人效这样的方式来确定了。这个时候，我们就要基于公司战略、业务模式来进行组织诊断与设计，从而确定相应的人员与组织。当然，这些计算必须符合利润表的利润要求与结构。如果算下来是远低于行业或对手的利润率，或者比过往自己的利润率下降较多，那都要重新审视我们的人力资源费用的占比，进行有效规划。

因此，人力资源的规划投入，并不是一种方法打天下，而是多种模式的组合。在符合财务利润要求的情况下，在组织可承载的条件下，进行有效配置。

在利润表中的人工成本该如何计算呢？

我们先从预算角度看人工成本都由哪些部分组成。

如图6-5所示，从公式的第一行来看，已有员工成本是明年公司的基本盘。在此基础上，公司可能会新增员工成本或缩减员工成本，所以在计算的过程中，我们可以对每一个部分进行单独计算。

人工总成本 = 已有员工成本 + 新增员工成本 − 缩减员工成本

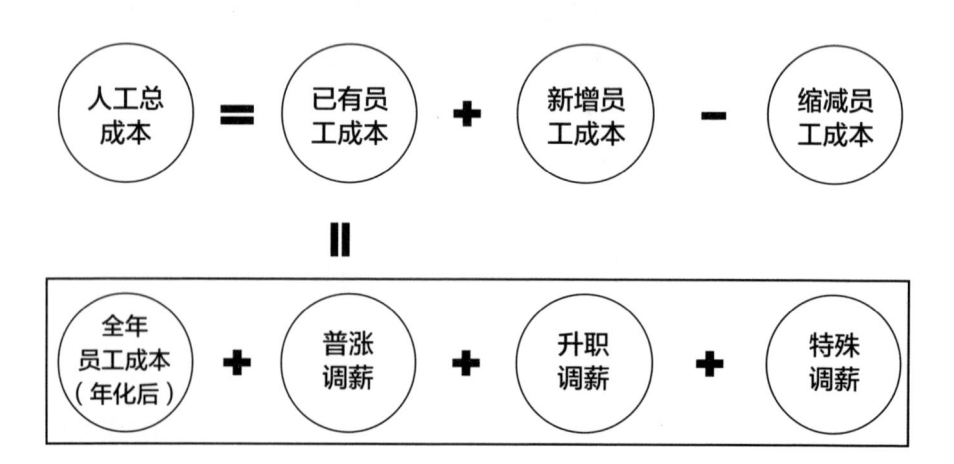

= 全年员工成本（年化后） + 普涨调薪 + 升职调薪 + 特殊调薪

图6-5 人工总成本的组成

第一步，已有员工成本。

间接法：绝大部分企业都有去年的人工成本实际发生额，因此这是一个非常重要的参照。这里，我们要首先对这部分成本进行一次"年化"操作。

例如：A 公司一共有 10 位员工，其中 9 位都在公司工作了 3 年，有 1 位是今年 7 月 1 日加入公司的。每位员工全年工资薪金所得 12 万元，今年公司人工总成本 =9×12+1×6=114 万元。但实际上，第十位员工明年也会在公司全年工作，这样，我们就要先假设他全年工作，公司的人工总成本是 = 10×12=120 万元。

接下来，是普涨调薪。公司通常会给员工进行普涨调薪，这个调薪的比例是薪酬福利部门每年根据经济情况、行业涨幅、公司业绩等综合考虑得出的。一般这个比例每年 9 月左右可以确定。在确定之前我们通常会用之前年度调薪比例进行预测，确定之后薪酬团队会向财务 BP 团队进行细节发布，财务团队会按最新涨薪比例进行预算。假设这家公司的涨薪幅度为 5%。

升职调薪是考虑到部分员工可能会有晋升，会有特殊的涨薪。特殊调薪是考虑到部分员工可能会有离职挽留或其他特殊情况，公司为其进行特殊调薪。过往我所在公司的经验是各预留 1%（不同公司经验数据不同，请根据公司历史经验数据进行预测）。

所以，A 公司明年已有员工的人工总成本 =120×（1+5%+1%+1%）= 128.4 万元。这是历史法测算中，偏间接计算的方式。

直接法：另一种是直接计算。这个时候，需要负责薪酬工作的同事将公司每一位同事明年的薪酬预算做好，并进行汇总。负责薪酬工作的同事可能会综合考虑每位同事的职级、涨薪幅度等进行预测。他们计算好之后，通常不会将细节表格交给财务 BP，而是将每个成本中心的人工预算交给财务 BP。

有时候，间接法与直接法做出的预算数字相差会较大，往往薪酬部门给的数据会比财务部门间接计算的高出 10%—15%。为什么呢？一方面，公司

表6-5 自下而上人工成本预测表

基本信息									本年（元）						明年（元）			
员工号	成本中心	员工姓名	直属上级	所在地	所在部门	职级	入职时间	基本工资	津贴	奖金	其他	汇总	基本工资	津贴	奖金	其他	汇总
		张三															
		李四															
		王五															
	××001	小计															1 000 000
		老王															
		老张															
	××002	小计															500 000
		总计															1 500 000

流动率可能较高，薪酬同事没有考虑现有人员离职的情况；另一方面，公司可能也有诸多年中的薪酬调整等。

那我们选用什么数字作为最后利润表中人工成本的预算呢？这是一门艺术，需要财务BP的专业判断。有的同事喜欢选偏高的数字，这样给自己留一些空间。有的公司，甚至所有的预算都是"最高配额"，导致最后实际发生额与预算偏差很大。在我的团队里，我的要求是，所有财务BP对自己的盈利预测负责，精度需要达到95%以上。如果团队负责人下达这样的考核，团队成员就会想办法，去做最接近准确的预测，而不是最高的预测。

第二步，新增/缩减员工成本。

这个过程往往比较复杂，根据流程分享，这需要从战略到组织的设计，在做人工预算之前还需要考虑到市场人才的供给、内部人才的流动等因素。如果是新业务，通常会制订整体的商业计划，及财务的利润预测。

在这期间，我们通常会做详细的人员数量预测表和人员成本预测。

表6-6 人员数量预测表（个）

人员数量预测表												
	1月	2月	3月	4月	5月	6月	7月	8月	9月	10月	11月	12月
销售团队												
销售代表			3			4		1		1		
地区经理												
大区经理												
销售全国总监												
市场规划医学团队												
产品经理												
市场经理												
市场总监												
规划经理												
医学经理												
其他支持团队												
助理												
运营												
运营高级经理												
人事BP												
事业部负责人												
总计												

接下来，就是匹配每个岗位的薪酬。这里有的伙伴会问，这个薪酬从何计算出呢？通常情况下，薪酬部门会出一个岗位薪酬指南，包含每一年不同的岗位和职级的公司平均薪酬是多少。我们按照薪酬部门的指南进行计算。

下一步，我们把已有人员的人工成本与新增人员的人工成本等进行汇总，就可以得出明年的人工总成本。

另外，每个月我们都会做人工成本分析，分析出来的差异会指导我们在滚动预算中进行调整。

最后，我们会把计算好的人工成本放到整个部门或公司的盈利预测中，去核定其合理性。如果无法满足预期的部门利润率，再综合调整费用总额、增加编制等。

承接战略人力资源规划的组织

在世界 500 强企业的工作实践中，战略人力资源规划由多个部门组成团队并共同完成，而人权也分散在业务、人事、财务等不同部门，形成权力有效的牵拉与制衡。

这个团队的分工如下：

1. **战略**：负责厘清战略，明确战略对组织的要求。
2. **业务**：包含一号位、销售、市场、用人经理等，负责领导流程，进行业务与组织的匹配，提出工作量需求，进行关键决策。
3. **人事**：承接战略到组织的设计、人员盘点、编制确认、人员招聘等。
4. **财务**：承接事业部、公司层面的人工预算，并进行分析与追踪，提供盈利预测等。
5. **运营**：医药公司专门有一个岗位叫销售队伍效力（Sales Force Effectiveness，简称 SFE），向业务负责人汇报，专门管理人员配置、区域规划、奖金设计与发放、销售行为管理等。

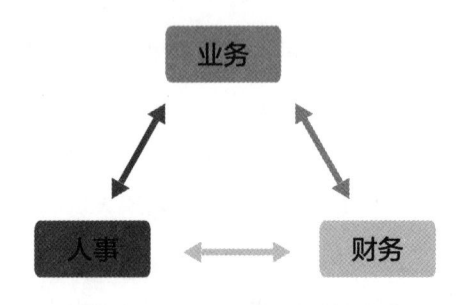

图 6-6 人力资源规划的主要组织

这些部门的同事共同努力，厘清战略，由战略决定组织，根据人员需求，排查内外部供给，最后进行人才招募与保留。

6.3 财：市场与差旅费用

在四大资源（人、财、物、时间）的配置过程中，"财"这一资源在组织内部出现的形式很多。比如，特殊折扣：如何有效分配给各个客户/经销商/区域/产品；市场费用；差旅费用等。

我选取了市场费用与差旅费用两项内容以展示管理思路。

市场费用

在实际工作中，除了人工费用之外，市场活动费用也在销售费用中占据很大比例。这部分资源的配置和管理，上联战略，下通客户，涉及大量内部流程与组织协调。我以医药公司的市场活动与费用管理为例，谈谈市场活动配置的关键流程与方法。

市场活动的目的：一是品（品牌），包括提高品牌知名度等；二是效（销售），包括拓展新客和锁定老客、推广新品、销售线索的获取和转化等。一场高质量的市场活动往往不是单一作用，而是品效结合。

市场费用投放的原则：一是参考过往历史花费的总额和市场费用率；二是参考同行的市场费用率水平；三是新产品、潜力市场等的市场费用需求；四是市场费用率可以满足当年公司的利润（率）要求；五是形成有效的市场声音及客户满意度。

$$市场费用 = 目标收入 \times 市场费用率$$

因为目标收入已经在定目标的过程中确定了，接下来的核心是确认利润表结构和市场费用率。而利润表结构的背后，反映的是公司的战略、商业模式和核心竞争力。比如，两家公司售卖相同的产品，但是市场费用率却相差超过 7 个百分点。为什么？因为 A 公司的产品价格较低，是以走量为主，主要满足的是一些低端用户的需求；而B公司的产品价格相对较高，且产品比较高端，有更多的品牌投入和大客户的投入。这两个产品从本质上看，战略、商业模式、"护城河"都是不一样的。A产品是成本领先，B产品是差异化，因此其利润表结构和市场费用率是不同的。

市场费用率与产品的生命周期也紧密相连。在产品刚上市的阶段，需要投入大量的市场教育、品牌构建费用，这个时候市场费用率可能非常高，甚至达到300%，但是，到了产品的成熟阶段或收缩阶段，市场费用率将大幅下降。

市场活动的流程：一是自上而下，即先自上而下确定总体市场费用，并分配到各个团队；二是自下而上，即各团队根据费用，规划出具体的活动、参与的客户、活动时间、预算等；三是再自上而下，即汇总后审核、调整，按计划执行。

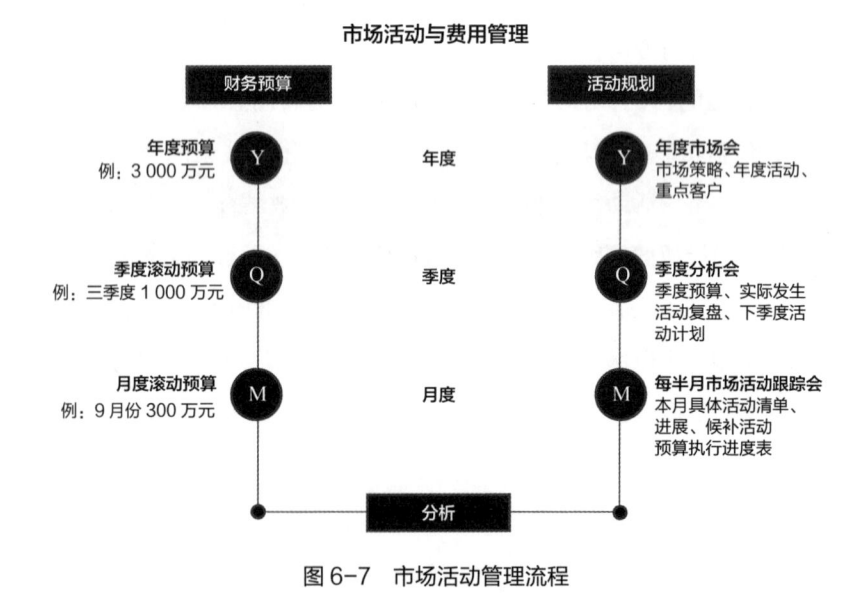

市场活动与费用管理

财务预算		活动规划
年度预算 例：3 000万元 Y	年度	Y 年度市场会 市场策略、年度活动、重点客户
季度滚动预算 例：三季度1 000万元 Q	季度	Q 季度分析会 季度预算、实际发生活动复盘、下季度活动计划
月度滚动预算 例：9月份300万元 M	月度	M 每半月市场活动跟踪会 本月具体活动清单、进展、候补活动 预算执行进度表
	分析	

图6-7 市场活动管理流程

市场活动与费用管理中存在以下常见问题：

1. 活动：缺乏年度市场活动规划，活动与战略脱节，市场部工作失控；

2. 效果：市场活动花费多、效果差，为了花钱而花钱或者年底突击花钱；

3. 预算：公司缺乏有效的市场活动总体预算分配规则，市场活动预算过少或过多；

4. 预算：年度预算与季度预算无法匹配，经常随意砍掉市场费用，对维护客户的投入不稳定；

5. 预算：预算无法在销售、市场等不同部门，或总部、地方分部等不同层级间进行有效分配；

6. 预算：销售虚报、谎报项目占用预算，实际不办活动，因此造成预算大量浪费；

7. 分析：公司缺乏有效的市场活动分析报告，缺少有效的成本中心管理，及相应的组织、流程、系统支撑；

8. 分析：销售、市场基层管理者不知道自己的团队花了多少费用，还有多少预算；

9. 组织：销售、市场团队配合不佳，互相指责推诿等，财务只卡预算不管生意。

市场活动管理的难点有以下 4 点：

1. 预算的失控，背后是工作计划的失控和懒政；
2. 活动不能反映战略，市场活动总预算制定无从下手；
3. 市场声音太少或太多，投入产出不成比例；
4. 市场活动效率低，产出有限。

市场活动分级与费用管理：做市场计划的时候，先把项目按优先级标注。有一些今年战略级的大项目和重点项目，列为 A；有一些必须赞助的大会和大客户，列为 B；有一些赞助，可给可不给，列为 C；有一些机动的项目，列为 D。

当有的季度费用紧张,保 A 舍 C。有的季度费用宽裕,可以把机动项目多排一些,这样能最大限度去匹配活动与预算。

案例:市场费用紧张,却总是花不完

有一年,公司进行财务 BP 内部轮岗,王娟被轮岗到一个较大的业务部门做财务 BP。和上一任财务 BP 交接的过程中,王娟得知这个部门的费用很紧张。市场费用不多,但到最后一刻却总是花不完,不仅造成了许多浪费,还导致了总部进一步压缩该部门的费用。

王娟来到事业部了解到目前的市场费用管理的流程是这样的:每一年,事业部负责人、市场总监、财务共同把总的预算分给市场部和销售部,然后再层层分到各个区域。每个季度费用都很紧张,常常全团队费用打八折。

市场部没有年度的市场规划会议,主要靠几位市场部的经理来规划活动。部门没有监管活动进程,每个月结束后财务会拉出市场活动报表,分析完成率和每个活动的实际花费。

王娟和事业部负责人约了一次单独沟通,她开门见山地说:"目前在市场费用管理中团队遇到了几个比较严重的问题。首先,虽然每个季度的收入基本都能保质保量地完成,费用节余不少。这样,净利率就比预算多。第二年,总部会用前一年的净利率再加 1%—2% 来要求团队,导致团队的费用越来越少。现在,许多客户的活动我们都不赞助了,而对手却一如既往地赞助,慢慢地,我们的市场份额就会不断下降。"

事业部负责人深有感慨地说:"这几年团队费用越来越少,大家对活动的计划也越来越保守。没预算,成了市场部不作为的'客观原因'。现在怎么办呢?"

王娟认为目前团队缺乏在市场活动管理中的一些必要流程。王娟之前所在的团队的最佳实践是这样做的:

1. 每年召开年度市场规划会,先确定年度市场大活动。

2. 每月1日收齐整月的市场活动明细，具体到客户、日期、负责人。
3. 每月15日再一次沟通已经发生的和没发生的费用。如果有的活动确实取消了，就马上把机动活动移过来，保证最大限度使用预算，也是最大限度去使用我们的人力资源，保证品牌在市场中的声音和对客户的投入。

事业部负责人马上打电话，叫来了市场部负责人和市场活动协调经理。四个人一起坐下，把流程对了一遍。

第一个月的1日，市场活动协调经理拿来了当月的明细表。这也是事业部负责人第一次看到当月的活动明细。活动不算多，一共50个，预算320万元。事业部负责人仔细看了一遍，并和市场负责人讨论："各个区域销售的活动还是赞助太多了，自己主办的活动太少了。明天开个会，把这个问题具体落实一下。"

活动表格里，有A、B、C、D四大类活动。其中D类机动活动目前预算费用只有3万元。事业部负责人和市场负责人说，再去想想，看是否有机动活动和下个季度可以提前的活动。

当月15号，四个人又凑在一起。市场活动协调经理说："老板，好多活动取消了，现在多了80万元预算。"事业部负责人有点不敢相信。他一条一条看明细：江苏取消了15万元的市场活动。

事业部负责人拨通了江苏大区经理蒋文的电话："蒋文，你这个月怎么取消了这么多活动？"蒋文在电话那头说了许久，事业部负责人脸色阴沉。他严厉地说道："蒋文，你说这么多，我帮你总结一下。你根本没有和客户沟通好投资计划，也没有做好我们新品上市的活动安排和货物准备。这是你工作的严重失职。你预算的不可控，背后反映的是你工作计划的失控和懈怠。"

事业部负责人为人平和，很少如此批评下属。事业部负责人放下电话，对王娟说："王娟，这一次的流程非常好，不仅能将管理费用预算的准确度再提升一步，而且还能管理销售同事和市场同事的行为，提升他们的规划能力和他们对自己工作的掌控力。"

第一个月结账，预算达成率75%，与之前相比仅提高了5%。

第二个月1日，事业部负责人请了市场负责人、产品经理、销售负责人、大区经理，对市场活动的规划和执行进行了详细的安排。大家能切实落实的，大概是250万元的活动，离300万元预算还有50万元的缺口。

事业部负责人和市场负责人商量，准备开启一个新的数字化营销项目，前期投入30万元。这个项目大家想做很久了，但苦于一直没有预算，所以无法尝试。剩下的20万元，事业部负责人让他助理准备召开管理层会议，预算10万元。此外，再开2个新品会。吸取上个月的经验，事业部负责人嘱咐团队按115%的预算来预计。

6个月以后，每个月市场活动实际花费和预算差距在10万元以内。事业部负责人在年终总结会上这样说道："团队以前总是没钱花，但是根本没用好自己的预算。现在把预算花足，发现大家想做的活动，甚至是可做可不做的活动都可以做起来，市场上现在都是公司的声音，客户对新品也非常支持。因此，我们的管理还是要做细，从预算小改变开始，真正触及我们的市场活动管理的细节，我们的工作就有了本质的提升。明年要进一步完善流程，把年度市场活动规划会办起来。"

许多团队在管理市场费用中，往往有3个关键问题：

1. 一盘账，干着急。按总量管费用是永远也管不起来的，必须厘清明细账，一条一条管，把大金额的费用管好。
2. 缺乏规划机制：年度市场活动规划、月度市场活动规划。
3. 缺乏及时的跟踪机制：应做到半月一跟踪，一周一跟踪。

如果费用不可控，证明每个人的工作不可控，这是团队管理的大问题。业务与财务BP须精诚合作，切实做好费用的规划（预算）与分析跟踪，把工作做实做细。

差旅费用

与人工费用、市场费用等资源配置相比，差旅报销的预算会相对简单一些。差旅的成本动因主要源自人数和人均差旅费用，人数一旦确定了，差旅报销主要就是确定人均费用标准。但是，差旅报销不仅与员工息息相关，影响员工体验，还牵涉大量合规问题。

$$差旅费用 = 人数 \times 人均差旅费用$$

差旅费用的管理，要坚持"一手抓预算，一手抓差旅政策"的原则。

案例：差旅费降本里的大学问

市场费用搞定了，差旅费用问题又来了。那个时候，每个业务负责人都和财务 BP 王娟大吐苦水：自己团队没钱出差，没钱请客户吃饭，甚至连销售负责人都因预算有限，没钱坐飞机。王娟听后十分诧异，做了多年财务 BP 的她不敢相信这是真的。

她和事业部负责人沟通之后，事业部负责人说，他们一直以来都是用差旅预算总数来控制，但是差旅费用一直居高不下，每个月都超额。王娟也见过事业部负责人被总部领导批评差旅费用超支，回来后他又对团队提出要求，差旅费用必须严格控制。

然而，差旅费用完全没有下降迹象，反而每次开会业务部门都会抱怨财务预算谈判不给力。

王娟经过认真思考，和事业部负责人进行了一对一的沟通。她说："实际上，过去团队一年几千万元的差旅费用，很难说清楚、弄明白。现在要管理差旅费用，必须算明细账，仔细分析到底是谁、在哪里、花了多少钱。这些钱和其他事业部比、和对手比，是多了还是少了。哪些钱合理合规，哪些钱不合理不合规，然后再谋对策。"

事业部负责人表示同意。王娟开始编制差旅费用报表。报表编制好后,她又约了事业部负责人探讨。

"老板,我有几个发现,先请您看一下。"王娟拿出了事业部220人今年和去年的差旅费用排名表。她让事业部负责人猜,在220人中他所花费的费用排第几。事业部负责人说,他常去美国,费用不菲,但没有几位销售市场老总频繁,估计在前5名内。

王娟笑着告诉他,他并没有进前20名。

"什么?"事业部负责人非常惊讶。前10名大部分都是一线销售和市场同事,而且他们大部分都来自A产品团队。而A产品的负责人是最常"哭穷"的人。事业部负责人难以置信,他仔细读着这份名单,隐隐地感到担忧。

事业部负责人问"他们都拿这些钱去干什么了?"王娟说,她把费用分成了几类:一类是吃饭的费用,一类是差旅的费用,前10名同事明显吃饭费用比例偏高,有一定的合规风险。王娟编制了一张分析表,这张表按工种、团队、区域进行了平均月差旅花销的汇总。可以得出以下结论:

- A产品团队花销最大。
- B产品团队西区明显偏高。
- 培训团队费用较多,但是考虑到培训同事确实要天天出差,这个费用还是合理的。
- 与对手和其他公司事业部的平均月差旅花销相比,该事业部要高出12%,但若剔除A产品团队和B产品西区,反而低了25%。

这就不难解释,为什么大家平时总觉得自己出差少,但是总体差旅费用却一直居高不下的原因。

事业部负责人当晚反思,管理事业部5年来,他第一次知道自己的团队出现了这些具体问题。他把差旅费用排名表细看了两遍,甚至查看了前几名同事每一笔发票的细节,感到心寒。第二天,他分别找了A产品负责人和B产品西区负责人。

他开门见山,把情况说了一下,下属哑口无言。事业部负责人要求他们明确给团队开会贯彻报销政策,讨论陪同客户吃饭的要求。临走前,他对下属说:"如果下个月我没看到费用明显下降,你们就不是来我这解释原因这么简单了。"

第二个月,事业部差旅费用下降20%,远低于预算金额。事业部负责人会上一句话都没说,大部分人面面相觑,不知道发生了什么。

新财年要来了,王娟和事业部负责人商量,新财年的差旅报销费用如何管理。王娟认为,过去的管理还是不够细,也不公平。省钱的团队一分钱掰成两半花,花钱的团队恨不得一天吃四顿饭。本着差旅费用管理"一手抓预算,一手抓差旅政策"的原则,王娟建议今年的差旅预算构建明确差旅政策:按团队、按工种、按级别给出差旅费用标准。

事业部负责人很支持王娟的想法。经过认真准备,他们召开了年度差旅预算沟通会。会议的主持人是事业部负责人和王娟,与会者是事业部负责人的下属及各个团队的负责人。王娟开场分享了明年公司给事业部的整体预算情况和明年差旅费用调整的要点。

1. **早规划**:许多销售同事吃饭非常频繁,这反映出对重点客户的投入把握不清的问题。根据二八法则,80%的钱花在20%的头部客户上,才能带来80%的产出。希望一线的销售经理能够每周和自己的团队成员沟通,锁定关键客户,把握拜访频次,重点投入。

2. **重分析**:从明年开始,财务每个月会为各个业务负责人提供各自团队的月度报销排名表和费用总表。同时加强风险控制,大家不仅要关注花得多的同事,也要关注花得少的同事。每个月业务分析会会分析各个部门人均月差旅费排名和超预算排名,互相监督,促进费用合理有序使用。

3. **强合规**:事业部今年推出内部合规政策,原则上个人差旅费用吃饭部分不超过总预算的30%,希望各位领导和同事理解、支持,给团队宣讲到位。

事业部负责人说:"各位同事,大家都知道明年事业部的预算很艰难,但是我相信只要规划得当,费用一定够,效果甚至还会增强。这就需要团队学会有规划地使用费用,合理安排,重点投入,仔细分析,加强审计。把管理做细,就能进一步提升利润,提升奖金收益。"

王娟继续和大家分享明年团队人均费用的细节:"各位领导和同事,财务部已仔细分析了每个工种过往两年的平均花费,同时和对手公司、其他事业部的标准进行了反复比对。下班前,各位都会收到各自团队的费用标准和总量。事业部对各个团队进行总量考核,当然各个团队可以根据自身情况设定小团队的费用标准,也可以使用事业部设定的费用标准。"

会后,A产品负责人收到了如下的新财年差旅预算表。这份表格上明确了每一职级的员工每月差旅预算是多少,经过计算,明年A产品团队总的差旅预算为23.7万元。实际上,今年前三个季度他们已经花费了24.2万元。但是A产品团队的负责人全然接受了这份预算,因为他很清楚自己团队的预算,无论与同行比,还是与兄弟部门比都是合理的,他没有任何理由去抱怨费用不足。

表6-7 团队差旅标准下达表

××事业部 ××团队			
20×2年个人差旅标准			
职级	每月预算(元)	编制数(个)	总预算(元)
一线员工	7 000	20	140 000
地区经理	10 500	6	63 000
大区经理	15 000	1	15 000
全国经理	19 000	1	19 000
总计		28	237 000
20×2年团队总预算			300 000
20×2年前三季度实际花销			242 000

注:
1. 预算中,吃饭部分不得超过30%。
2. 考虑到本团队的特殊情况,比事业部平均预算每级别上浮1 000元。

通过预算、差旅政策、分析等手段的共同配合,团队将差旅费用控制在合理水平，不该花的钱不花，不合规的钱不花，但是对重点客户的重点投入反而增多了。事业部负责人和整个团队的满意度也都提升了。

王娟管理费用从分析开始，第一件事就是做了明细账和排名表。这正是第 4 章第 1 节定位中的细化与排序工作。分析的过程中，王娟发现了费用居高不下的原因，即部分团队费用存在不合规使用的情况。

接下来，王娟狠抓费用预算管理：分团队、分职级制定预算标准，控总量，取得了非常好的效果。在我多年的费用管理经验中，费用往往不是不够花，而是乱花，花在了不该花的地方。如果把不合理的花费去除后，往往费用还会产生节余，甚至花不掉，且生意更好了。

费用管理是水磨的功夫，要做深、做细、做透，要相信没有管不了的费用。对于我国企业来说，强化财务 BP 组织建设、数字化建设、预算—分析—激励流程的建设是重中之重。

6.4　物：产品研发与生产

分享了"人"与"财"的配置，接下来到了更复杂的问题，就是"物"的配置。通常，"物"在企业中涉及研发与生产等方面。本节中，我将以医药企业研发资源配置为例进行分享。

在医药企业中，我们经常会做的一些研发产品相关的配置决策，包括以下三个方面。

做什么：一是技术与周期研判；二是客户未满足需求的分析；三是战略分析与产品矩阵的规划。

怎么做：一是投资组合规划，如思考同时开展多少个研发项目最为合理；二是自研或产品引进（并购）的决策；三是项目外包决策；四是如何寻找研发的关键领军人；五是机制创新，包括研发部门拆分、独立上市等。

是否做：一是项目立项评审，即确定重点项目，重点投入；二是关键节点评审；三是项目终止评审。

关于研发的产品决策，我邀请了我的朋友——信医集团的创始人李总，以访谈的方式来聊聊他的产品研发的经验与困惑。

案例：生物制药研发中的资源配置

月思：李总您好。您在医药领域有过多款药物成功研发的经历，当然也经历过项目后期叫停的经历。您是如何看医药研发对医药公司的重要性的？

李总：研发是医药公司最关键的生命线。我曾经深入研究过美国安进公司的历史，他们40年创造了1万亿美元的市值，是世界上最成功的生物医药公司之一。简要总结下来，他们40年的发展，分为4个10年。

第一个10年：融资，大搞研发。CEO：乔治，研发出身。

第二个10年：自研药物EPO（促红细胞生成素）上市，营销，管理。CEO：戈登，CFO出身。

第三个10年：并购，国际化。CEO：凯文，销售出身。

第四个10年：并购。CEO：罗伯特，投行出身。

我研究安进公司的同时，还深入研究了很多家公司。同时，我总结了医药企业（超额）利润的来源。

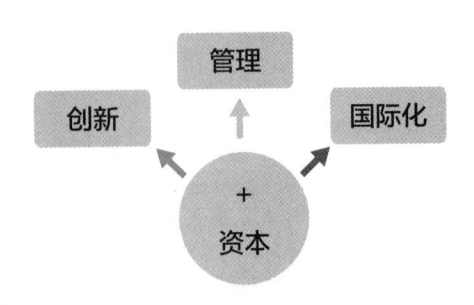

图6-8 生物制药企业关键成功因子

图 6–8 非常有意思，里面没有营销，也没有生产。营销并不是创新药公司的主要"护城河"，但创新研发是，因为没有产品就没有一切。你看到世界上有许多成功的生物制药公司，都是没有自营营销团队的，只做研发，但是它们的市值仍然很高。

月思： 我们都知道，医药企业的研发有两种来源：一种是自研，就是自己研发；另一种是并购，就是买其他人研发好的药物管线。您是如何看待自研和并购的？该如何组合？

李总： 很多人认为，并购是实现企业扩张的必选项，但是我经过研究发现并不是。因此在这幅图中，我们用了"+ 资本"，作为一个重要的可选项。如果我们研究世界著名医药公司诺和诺德的百年历史，我们就会发现它的资本运作非常有限，但是依靠专注、创新，依旧能成为内分泌领域的王者。

但是，对于绝大多数顶级药企来说，并购都是成长路上的最重要的选项。结合安进公司的历史，他们的第三任 CEO 上任后进行了一次非常著名的并购：2001 年以 160 亿美元并购 Immunex 公司，获得了 Enbrel（一种用于治疗类风湿关节炎和强直性脊柱炎的药物）这一重磅产品，至今 Enbrel 仍然是安进公司最重要的产品。第四任 CEO 投行出身，也是资本运作的高手。就是这样，形成了安进公司在骨科、血液、肿瘤、免疫等多领域的产品布局。如果仅凭自研，那今天的安进公司的产品管线就非常有限了。

总结来看，一个好的药企应该是双轮驱动的。自研是基础，并购是加速器，可以快速补充产品管线，开辟新的科室和赛道。然而，从今天的环境来看，并购到好的管线非常困难，价格比较高，这都是现实问题。

月思： 谈到自研，一直有一个争论，即到底是应该从市场端客户未满足的需求出发，还是从技术出发。

李总： 往往研发科学家和销售总监们吵得不可开交。销售提出阿尔茨海默病市场需求广阔，但是科学家对此一筹莫展，因为目前的治疗手段对此领域仍然十分有限。有需求但是无技术供应，巧妇难为无米之炊。往往科学家根据自己的兴趣造出的产品，但是市场非常有限，即使做了也没有可观的经济收益。你也是一位财务内容的研发者，我反问你一个问题，从你的内容研发角度，你是从技术出发，还是从市场出发呢？

月思：从市场需求出发。我以这本书为例，在我最开始规划这本书的主题时，我在悦财公众号做了一个问卷调查，写了十余个可选的主题让读者来投票。当时，票选第一名的主题是"业绩铁三角：预算、分析、激励"，所以，我就按读者的要求写了这本书。也就是说，这本书的主题首先是从读者需求出发的。

在规划细分章节内容时，我又做了一次投票，当时票选最高的内容包括：预算系统、预算的PPT与Excel模板，以及降本增效。这些内容我都加大篇幅去分享。在整本书的内容写作上，我首要考虑的是"读者最关心的是什么"、"读者需要怎样的内容"而非"我最想写什么"或"我最擅长写什么"。这对我来说，是一个很大的跨越，也是保证研发产品成功的底层逻辑。李总您呢？

李总：过去，我们从技术端出发得比较多，现在我们在组织上也进行了新的整合。我们在销售端也增加了规划部门，去市场上地毯式分析、收集客户的需求，同时去看产品，看可并购的标的。目前，我们形成了以研发部、公司战略部、市场规划部三位一体的研发—并购—需求挖掘体系。

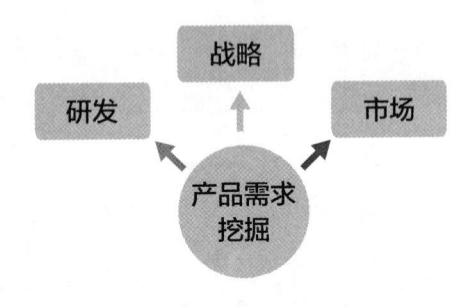

图 6-9　客户产品需求挖掘组织

月思：挖掘到了产品需求之后，您又是如何排兵布阵的呢？

李总：之后我们就来构建产品矩阵。产品矩阵是指依据产品的科室类别、时间、产品收入峰值等不同维度来进行切割，主要目的是能够清晰展示产品的阶段性布局与服务患者的产品组合，并依次进行销售团队、中台等组织的搭建。

我们会同时考虑自研和商务拓展这两种模式来丰富产品矩阵。表 6–8、表 6–9 是部分产品矩阵示例。

表 6-8 产品矩阵示例（按收入/科室）

销售预估峰值	内分泌科室		肿瘤科室		
	糖尿病	肥胖	胃癌	胰腺癌	血液肿瘤
大于 20 亿元	胰岛素	GLP1（胰高糖素样肽-1）			
10 亿—20 亿元	GLP1	胃占容			
小于 10 亿元	××	营养品			

表 6-9 产品矩阵示例（按科室/时间）

业务单元	科室	适应证	2024—2027 年上市的大单品					围绕大单品的产品矩阵
			2024	2025	2026	2027	2027+	
A	呼吸							
	自免							
	营养							
	眼科							
B	医美							
	代谢							
	肿瘤							
	内分泌							

月思：对于研发部门整体的考核 KPI，您是如何设计的？

李总：这是个难题，我们也在探索中，我浅谈一下我们的实践与思考。

首先，研发必须要有量化指标，这些结果指标必须是以新产品的上市、产生收入和利润为前提的。同时，我们把研发部门单独看成一个生物制药公司，每年衡量其市场价值，看看我的投入与市值之间是怎样的关系。在此之下，我们也进行了部分研发分拆的改革，学习了国内和国际先进的研发体制改革的经验。其次，虽然研发周期较长，但我们也要有一些过程考核 KPI。

我们的主要 KPI 包括：

1. 创新药收入占比；

2. 新品收入占比；

3. 市值增幅与当年投入比；

4. 项目 NPV（净现值）的金额与增幅；

5. 许可证发放总价及首付款；

6. 新药上市个数；

7. 候选药物个数（早期研究产生候选药物，之后进入开发阶段）；

8. 项目进度达标与否；

9. 项目是否顺利推进到下一阶段；

10. 成本是否超预算；

11. 项目质量是否合格或优秀；

12. 专利个数；

13. 发表的重点期刊文章等。

月思：这些年来，您在选产品、选赛道上的秘诀是什么？

李总：蓝海。我觉得，一个产品做深做透是非常不容易的，需要很强的定力。如果我们什么都做，那我们就不会真正获得市场份额和利润。选产品和赛道的时候，我非常关注蓝海。竞争特别充分的，我觉得不是好产品，但蓝海的定义并不是说没有人做的才叫蓝海，红海里的细分领域、独特产品、独特剂型也是蓝海。把一件事做极致，胜过做一万件平庸的事。做少有人做的事，做到极致，成就了我今天的事业。

李总的分享给了我非常大的启发，他很好地回答了研发资源配置里的几个关键问题。

做什么：包括医药领域过去 30 年的技术周期、客户未满足需求的分析与组织搭建的具体方法，以及战略分析与产品矩阵的具体模型。

怎么做：包括自研或产品引进（并购）的平衡、研发部门的机制创新等。

在研发的过程中，往往包含两个阶段。第一个阶段是研究，第二个阶段是开发。

举个例子，假如我写一本书，做了许多研究。比如，研究他人对预算的认识和文章，这样的工作就属于研究。如果我动笔开始写下今天的这篇文章，那就属于开发环节。

研究部分的预算对于财务来说是最混沌不清的，因为研究部门的科学家就像是一个盲盒：要干什么、去哪儿、产出什么都不能确定，还要给他们提供宽松的环境和充足的资金。这样一个神奇的部门，可能天生就是财务同事的梦魇。

关于这样的部门，财务到底要怎么管？

案例：研发阶段的财务怎么做

财务的梦魇：研究阶段预算

一位服务于研发部门的财务负责人说："我的管法非常简单，我就管控人工成本。因为在研究阶段，最大的成本就是人工成本，我在招聘人数释放的部分严格把关。"

我问："你怎么把关呢？"

她说："第一，只招顶级的人才。在研究领域，不是人多力量大，而是一个科学家顶一片天。我们可以高薪去招聘世界上这个领域顶级的科学家，然后给他两年时间专心搞研发。但我们不能花同样的钱招 100 个普通大学毕业生，那对我们几乎毫无意义。第二，必须是公司目标在先，招人在后。我评估一家公司，往往先问公司有多少个研发项目，涉及多少个子领域或赛道。如果一个创始人针对研究阶段，说了好几个领域，几十个项目，那我就知道这家公司肯定研究不出什么。就算世界顶级的公司，也只有非常少的'拳头'产品。它们往往有清晰的愿景和使命来明确他们研究和开发的领域和范围，在这个领域中世界排名前十的科学家圈子里筛选人才，找领军者。只有这样，才能真正做出有意义的产品。招人必须和公司规划的方向一致。方向明晰了，人才进来了，我们就看到曙光了。"

人员编制预算

研发的人员预算，也是十分困扰财务同事的一项工作。

在销售领域，未来做多少亿元、加几个人，是相对比较明晰的。销售按领域划分，若我们做神经领域的某种药，业内会有一些对标。比如，一个销售同事可以做到 300 万元的销售额，这就是人均单产。如果我要做 30 亿元的销售额，我可能就需要 1 000 人的销售团队。

但是在研发领域，似乎很难有这样的对应关系，因为有时候 10 人的小团队，研发出了一个爆品，销售额数十亿元，也可能几百人的大团队颗粒无收。这种情况下，未来的人员到底是多少，财务要如何配置呢？

这个问题还是要回到研发活动的基础动因上，即是什么决定了人员的需求。

我们回到销售同事的例子：一位医药的销售同事，他一天的精力，可能只能跑几位客户就已经满负荷了。那么，来自这几位客户的销售总额，就成了这位同事销售额的天花板。

研发呢？有些专家指出，他的做法是分研究和开发两阶段来处理。

研究团队不通过零基预算的方式，而是通过公司历史的人员，进行有序的增长。

开发团队就不太一样了。在开发过程中，有许多工作也很耗体力、耗人员。比如，医疗器械的开发，在不同临床期可能需要开发团队的医学同事跟随数台手术，以确保产品正确地被使用，并有效观察临床效果。那位同事全国各地出差了一个月，也许只能跟 15 台手术。这个时候，临床入组的患者数（有的产品可能是 150 人，有的产品可能上千人），就是增加人员的主要动因了。

有伙伴说："他们人员配置参考研发项目数量、研发阶段、医院数、入组患者数、是否有 CXO 外包等。"

因此，把研发分为若干个动因驱动的阶段，并根据动因进行人员规划，是透过现象看本质的好方法。

研究阶段往往包含不确定性强的工作，不确定性越高，对认知等综合能力要求越高，越是依赖科学家而非人员的多寡。这时候我们要做的是让工作环境更轻松，减少会议，让研发的同事更深度地工作，更高效地产出。

许多开发阶段的工作是确定性强的，这就需要快速推进，合理范围内最大可能堆人堆量，比对手早上市一个月，可能最终的销售格局就是另一番天下。同时，要合理分配外包工作，对内强化工时管理，做好工时系统记录、工时利用率分析，大幅提升开发阶段人员的工作饱和度。

费用管理

研发领域的费用管理，与销售的费用管理相比，难度翻倍。

过往，在我同时管理销售和研发财务BP团队的时候，研发BP下属经常在费用管理一项被打0分。她遇到的实际情况是这样的：某部门，一季度预算按项目申报后是1 000万元，结果一季度实际使用200万元。二季度预算900万元，实际使用400万元。三季度预算500万元，前面项目累积使用了1 200万元。

从财务角度来说，这样的管理是费用管理的失控。但本质上，是研发本身工作节奏的失控。

遇到这个问题后，我的研发BP下属找到我，和我商量如何解决这个问题。

我们一起把一二季度费用完成率低的几个原因梳理了一下：

1. 研发预算编制的过程中，同事没有任何概率计算动作。也就是说，无论费用发生的可能性是多少，研发同事都先全部写上，无论费用发生的概率是5%还是100%。这个时候，势必导致研发总体预算大幅高估的情况。
2. 研发预算没有跟踪机制，研发同事并不知道已经发生了多少，还没发生多少，还有研发费用被记录的财务条件等。
3. 研发部门的工作节奏混乱，缺乏项目管理和跟踪机制。

针对这几个问题，我们首先找到了该部门的一把手，和她谈了现在问题的严峻性。一把手非常重视，我们决定，由她部门的骨干牵头，财务BP协助，共同有效管理研发项目的预算工作，尽量让研发费用与预算费用的偏差小于30%。

具体的实施方法是这样的：

1. 每个月末，由研发部门预算负责人形成预算细节表：对每个项目下个月的项目进度、财务费用进度、付款进度进行详细沟通，明确记录到周，一共有258条项目。
2. 每个月末，由财务BP协助对此表格中的费用进行预算编制。预算过程中，不同项目按概率计算预算。例如，A类项目按50%计入总预算，B类按100%等。
3. 每周二，财务BP发送费用分析表：详细分析费用实际支出明细和差异，给研发负责人和研发预算负责人。大家逐级核对为什么延迟了，哪些工作需要快速跟进等问题。
4. 每月第三周，由研发负责人和财务负责人共同开会，对本月实际达成做精准预估，保证项目进度的达成和财务费用的达成。
5. 每个月结账后的第三天，由财务出最终的上月结账表，汇总差异，明晰原因，持续改进。

就这样操作了两个季度，奇迹发生了。原来费用实际达成率仅为30%—40%的研发部门，现在的达成率竟然高达95%。研发和财务似乎都掌握了控制研发节奏的法门，甚至研发同事对财务入账标准也了如指掌。

最重要的是，经过这项管理之后，中国区研发部门的实际项目推进速度比原来提高了30%，甚至在世界各团队排名中进入了前三名。

我想，研发费用的管理，不仅要管住费用，更要管住节奏和管住进度，提高管理的可见性、可及性。研发的费用，绝对不是越省越好，而是产出越大，性价比越高越好。

资本化还是费用化

在研发费用预算过程中，还有一个实操难题，就是资本化还是费用化的问题。

根据会计准则，开发阶段是允许资本化的。资本化之后，费用计入无形资产，并在未来年份摊销。

这对我们的预算也提出了无限的挑战。假如公司一年的研发投入是100亿元，如果公司全部费用化，那就是100亿元全部计入公司利润表。如果是激进的资本化，当年可能只有50亿元进入利润表。这对公司利润表来说，就是玩一个"心跳"。

假如公司积累了10年，每年50亿元的资本化无形资产，公司就有500亿元的无形资产，非常容易发生资产减值损失。万一有一年资产减值损失250亿元，那就埋下了一颗"巨雷"，随时都有可能把利润表和股价带入万劫不复之地。

这个时候，研发预算到底要不要资本化，如何预测资本化的金额，成了摆在我们面前的一道难题。

关于这个问题，我采访了一些CFO他们的做法，有不同的模式供大家参考。

许多CFO表示，他们是全部费用化的。最主要的考虑是，IPO上市时，资本化可能会带来大量的问询，包括美国准则不适用等问题，另外对未来利润也是一个巨大的雷区，因此他们不愿冒险。

还有一些专家表示，他们区分了资本化和费用化。他们主要考虑以下三点。

第一，资本化的金额要控制，结合项目概率和实际可能确认的金额、审计师的重要性水平、对未来税收加计扣除的时间价值影响等因子，合理控制金额。

第二，在预算中建立研发费用化和摊销计入生产成本的联动机制。研发财务记录的费用，工厂财务要跟上，避免一笔费用凭空不见了的情况。

第三，在预算中放入资产减值损失科目，充分考虑可能的资产减值损失。

坦率说，这样的工作是相当繁复的，对于非重大金额的研发预算，不建议进行如此繁复的操作，应让预算更轻、更简单。

研发财务考核 KPI

研发财务自身团队的考核 KPI 有哪些呢？一位法国汽车企业的研发财务 BP 负责人分享如下：

1. 研发工时费率的优化，从研发成本和研发有效工时两方面着手。
2. 项目研发费用的管控，实际花费与预算之间差异不超过 10%。
3. 会计月结、预算等财务工作保证质量，按时完成。
4. 项目期间的客户付款和逾期款跟进，目标根据实际情况设置。
5. 三大项目的每月重点跟进，除财务指标外还要把控项目风险，避免减值。
6. 产品线新业务的报价审核、合同评审。
7. 研发加计扣除、审计、政府补贴等工作的准备和支持。

本节中，我们将"物"的配置从研发业务与财务的角度进行了分享，下面来到配置资源的最后一个模块：时间配置。

6.5 时间：最宝贵的资源

时间是所有资源里最稀缺的一种资源。某种程度上来说，它是"买不到"的资源。比如，一位富翁，即使再有钱，也无法将自己的寿命延长 10

年。时间在某种意义上对任何人都是公平的。生意又是一场漫长的旅程，必须坚持长期主义，因此如何有效地布局时间，形成最优解，成为管理中非常重要的一项课题。

可能许多朋友会说："配置人、配置财，我确实年年都在做，但是配置时间是什么工作？我从未做过。"事实上，配置时间的工作我们每个人每天都在做，而且驾轻就熟。小到早上如何在短时间内洗漱完毕并准时上班，大到高考前如何高效地利用时间顺利完成考卷，都是配置时间的好例子。

- 配置时间，是在有限的时间里决定做什么与不做什么；
- 配置时间，是决定多少比例的时间做这个，多少比例的时间做那个；
- 配置时间，是让时间的使用效率最高，每个后续步骤都有前序步骤的铺垫；
- 配置时间，是寻找一种最优模式、最优路径，让价值最大化。

基于此，时间配置的目的是达到三个"最优"：

1. 事件最优：学会取舍，去掉那些浪费时间的事，先取得阶段性的胜利；做自己力所能及的事；
2. 路径最优：慢即是快，一步一个脚印，不激进，不保守；
3. 效率最优：两步合一步，不浪费时间，效率最高。

其目的是在长期时间线内，形成全局最优而非局部最优，真正实现价值的最大化。我们应该有意识地去布局全局最优，有勇气为实现全局最优放弃局部最优。

以下是我工作中遇到的一些与时间配置相关的问题：

1. 如何有效规划新产品推出的时间？

2. 如何规划产品的生命周期？
3. 公司未来3年、5年、10年的阶段性目标描述是什么？
4. 拆分公司后，如何规划公司的市值曲线、上市节奏（几年上市）？
5. 如何将领导者的时间有效聚焦在战略上？
6. 鉴于研发周期大于10年，如何解决研发人员变现激励时间太长，长激励变短的问题？
7. 未来30年，若公司想达成国际化战略，需要几步走？怎么走？

案例：你做过养老规划吗

有一天，我听了一个养老医疗产业的讲座。讲座的老师先向我们提出了一个问题："大家做过自己的养老规划吗？"说实在的，我以前没有考虑过这个问题，因为总觉得自己还年轻。但是那段时间，家中老人重病，确实引发了我对养老的思考与讨论。他的问题一下子引起了我的注意。老师接着说："人的一生，有约1/4的时间是在退休之后度过的。养老是每个人的必修课，但是很少有人提前为自己的养老做规划。中国人说'养儿防老'，但实际上，现在养老规划已经完全不是生一个孩子就能防老这么简单了。"

接下来，他分享了养老的几个要点。比如，在什么样的地方养老最好？是海南，乡下，还是北上广？他认为北上广是最合适的养老地点，因为医疗资源丰富、人群集中，可以有效延长寿命。那么，在上海什么区域养老最合适呢？他认为是离三甲医院比较近的地方，房子最好是有电梯或在低楼层。他的话一下子触动了我，因为我家老人住在非电梯房的高楼层，因此老人生病的时候下楼一直是我们的一大困扰。我马上发微信给我先生，和他商量未来我们为自己买房是否要把养老问题也考虑进去。之后，老师又谈到养老最大的资源，是老人手里必须有钱。钱对于老人不是万能的，但是没有钱，或者早早把房产、现金都给子女却是万万不能的。因此，自己的理财规划对养老也非常重要。

坦言之，这次的讲座对我有很大的启示。我从未为自己的下半生做过详细的规划，也未曾想过应该提前为退休后的人生做准备。我们可以提前规划好未来的安排。这就和我们在年轻时规划自己何时结婚生子、如何平衡事业和家庭一样。如果我们能提前规划，可能会有完全不同品质的退休生活。

规划时间，就是站在更长远的时间维度来设定目标和路径，并给出更好的解决方案。其实对企业来说，最贵的也是时间。如果我们走错了路，可能就会浪费 5—10 年，届时对手已经远远赶超了我们。降本增效中大家常常谈到"防浪费"，我始终认为，最大的浪费不是多花了 20% 的价格买了什么，而是错失了良机，走了弯路，几年时间都白费了。因此，有的老板会请咨询公司为他们提供咨询服务，省下的最主要的是时间和自我摸索的成本。

案例：某集团的医疗国际化布局之路

某集团的三位创始人都有世界 500 强外企工作的经验，但是对于中国企业如何做好"出海"这件事，并不是很清晰。CEO 让 CFO 蔡澜带领团队好好研究研究中国其他同类企业"出海"的步骤、路径、模式，并初步拟定公司"出海"的路线图。接到这个任务之后，蔡澜团队进行了长达两个月的分析调研，也采访了业内多家企业的"出海"团队负责人，做了一份报告。

第一，经过调研，从公司的国际化顶层设计来看，国际化要三步走。

1. 铺路：理解国际化所需要的能力并提前构建；
2. 选路：选择合适的模式与线路；
3. 走路：选择目标市场，启动布局。

国际化是一项非常复杂且考验公司底层能力的工作，时间跨度也很长，可能长达 20—40 年。这个时候，顶层设计就非常重要，在如此长的时间线里，分几步走，怎么走？

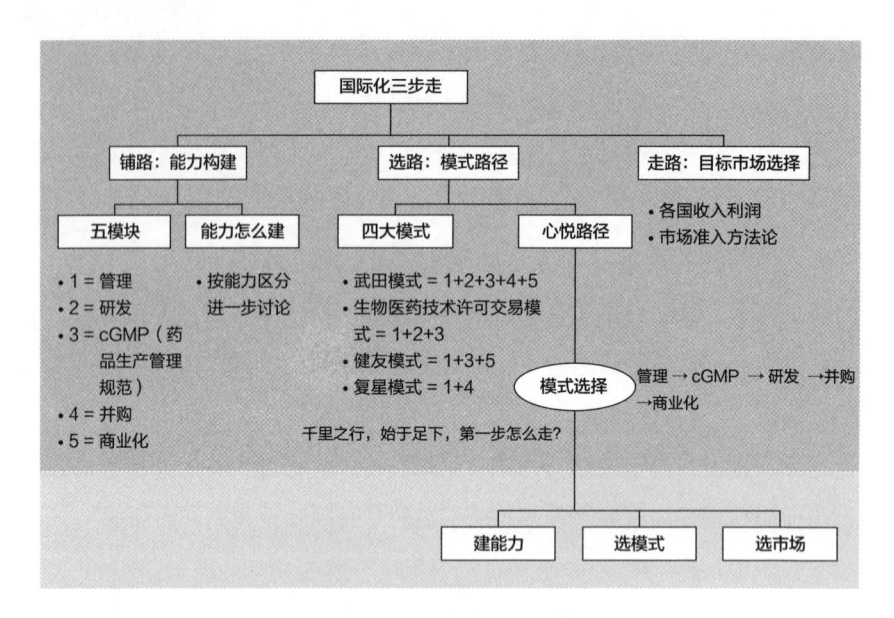

```
                    ┌─────────────────┐
                    │  国际化三步走    │
                    └─────────────────┘
          ┌──────────────┬──────────────┐
    铺路：能力构建    选路：模式路径    走路：目标市场选择
                                       • 各国收入利润
     五模块   能力怎么建   四大模式   心悦路径   • 市场准入方法论

 • 1 = 管理   • 按能力区分   • 武田模式 = 1+2+3+4+5
 • 2 = 研发   进一步讨论    • 生物医药技术许可交易模
 • 3 = cGMP（药              式 = 1+2+3
   品生产管理                • 健友模式 = 1+3+5      模式选择   管理→cGMP→研发→并购
   规范）                    • 复星模式 = 1+4                   →商业化
 • 4 = 并购
 • 5 = 商业化              千里之行，始于足下，第一步怎么走？

                            建能力    选模式    选市场
```

图 6-10　集团国际化鸟瞰图

蔡澜采访了多家"出海"失败的公司，请他们谈谈过去 3—5 年走过的弯路。有一家公司的人事表示："一开始，想从亚、非、拉开始做，结果招聘连人都招不到，合作伙伴也找不到，做了三年，亏了近亿元。后来我们才发现，还是要从欧、美、日市场开始做，前三年算是白走了。"还有一家公司的工厂厂长表示："公司一开始只关注销售的铺设，没有关注工厂质量与国际接轨，结果销售拿回了订单，对方国家一审计，工厂的质量标准没有按对方国家的标准来进行改造，改造时长需要一年，最后不仅损失了订单，还赔付了违约金。"

所有这些问题都是现实的问题。越是复杂的、长时间线的工作，就越需要对时间、线路、模式进行规划，不走弯路是最有效的降本方法。

第二，国际化到底需要哪些能力？开展国际化的前提，是具备多项能力，其中最重要的有 5 项：管理、研发、cGMP、并购、商业化。

从国际化模式来看，团队总结了四种国际化模式。

第一种模式是全链路，武田是其中的典范。武田是世界前十大药厂中唯一的非欧美药厂，其国际化收入大于 80%，高管 80% 是非日本人。武田集

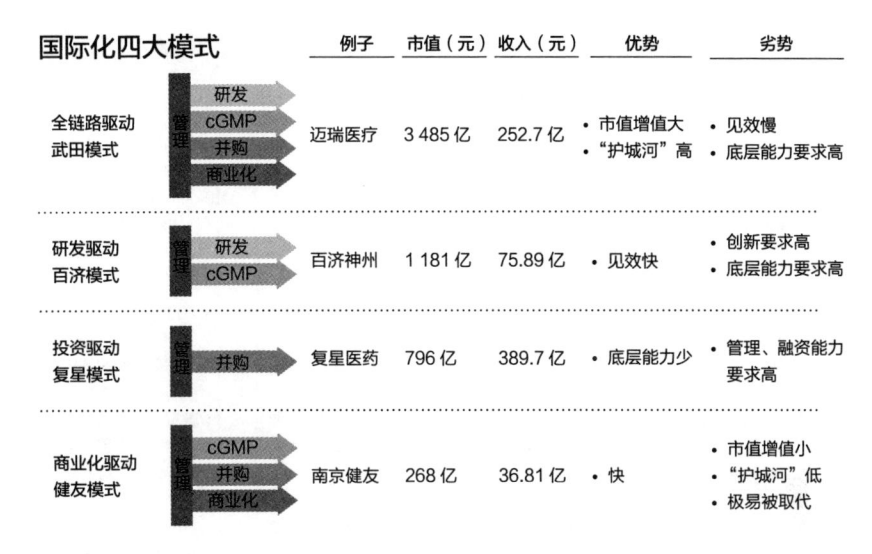

国际化四大模式		例子	市值（元）	收入（元）	优势	劣势
全链路驱动 武田模式	管理/研发/cGMP/并购/商业化	迈瑞医疗	3 485亿	252.7亿	• 市值增值大 • "护城河"高	• 见效慢 • 底层能力要求高
研发驱动 百济模式	管理/研发/cGMP	百济神州	1 181亿	75.89亿	• 见效快	• 创新要求高 • 底层能力要求高
投资驱动 复星模式	管理/并购	复星医药	796亿	389.7亿	• 底层能力少	• 管理、融资能力要求高
商业化驱动 健友模式	管理/cGMP/并购/商业化	南京健友	268亿	36.81亿	• 快	• 市值增值小 • "护城河"低 • 极易被取代

图6-11 国际化四大模式

合了管理、研发、cGMP、并购、商业化五大通路为一体。我国医疗器械行业的标杆企业迈瑞医疗的模式就类似于武田模式。2000—2017年，迈瑞医疗通过17年完成国际化之路，从低端到高端，从经销商到自营，从纳斯达克上市到退市，从海外团队中国化到属地化，迈瑞医疗走出了中国医疗器械公司的国际化典范。

第二种模式是研发驱动，以生物医药技术许可交易为主的百济神州是典范，其仅仅布局研发，并将产品和国外大厂合作做商业化。这种模式的特点是链路短、见效快。

第三种模式是投资驱动，可以参考复星医疗的做法。这一模式依靠投资驱动，对企业的资金、投资、投后管理能力有较高的要求。

第四种模式是营销驱动，可以参考南京健友，它依靠商业化端的国际布局，跳过研发，链路缩短了不少。

为什么要研究他人的模式？因为这是别人走成功了的路，而且不同模式有不同的走法。不同模式的选择，就决定了公司在哪里投钱，获得怎样的"护城河"。当然，我们也要从自身的能力出发，选择合适自己的、走得通的模式。

第三，某集团国际化具体方案。CEO听得饶有趣味，问道："那我们的国际化之路要如何搭建呢？"蔡澜用下图回答了问题。

第一步 国际化起步 0—1亿元	第二步 合资、合营、并购 1亿—10亿元	第三步 研发创新 10亿—50亿元	第四步 商业化扩张 50亿—100亿元
• 5年 • 路径：悦翔系列产品的国际化注册、非法规市场销售 • 建设底层能力：生产、注册、研发、质量、并购、投后管理（如：财务、人力）等	• 5年 • 路径：与国际化医疗公司合资、合营，并购国际化公司，拓展国际化能力 • 建设国际商业化能力：国际化人才储备、高管国际化、国家选择、市场准入方法论等	• 10年，海外占比15% • 路径：悦翔、悦腾等管线产品国际陆续上市、加大研发创新实现管线授权输出 • 强化国际商业化、布局海外生产能力	• 20年 • 路径：通过CSO（医药合同销售组织），逐步过渡到在重点国家区域进行自营销售团队和工厂建设，再到属地化员工和外籍高管的比例提升，实现真正的国际化 • 国际化运营管理能力

图6-12 某集团国际化四步走

以上案例，为我们展示了一家企业在未来20年的国际化之路中的布局。表面上，他们在讨论国际化的布局，实际上，他们在讨论：

- 未来，他们到底做什么，不做什么？比如，要不要自建商业化团队。
- 每一个阶段，时间如何按比例分配。提升并购及研发能力。
- 为了时间的使用效率最高，每个后续步骤都有前序步骤的铺垫和衔接。
- 寻找一种最优模式和最优路径，让价值最大化。

这样的讨论，可能会让他们少走好几年的弯路，并以最高效的方式，取得阶段性的胜利。

至此，我们将配资源中的人、财、物、时间全部分享完毕。配资源要紧紧抓住两个关键点：第一，按收入、按潜力、按能力配置资源；第二，做好盈利预测，让费用和收入在短、中、长期有效匹配，为增长助力。

配好了资源，是不是我们的预算就结束了呢？别急，还有最后一步：促行动。预算不能仅仅是定了目标，配置了资源，还要进一步牵拉"关键战役"，完成行动转化。接下来第 7 章，我们就来看看"促行动"的具体内容。

第 7 章
促行动

7.1 定义：行动为王，企业到底怎么动

在一次预算讨论会上，我提出一个问题："请问预算能提升企业业绩吗？"有人大声回应："不能。"大家哄堂大笑。我又问："预算的主要工作是做什么？"大部分人说："定目标。"我问："定了目标，业绩能提升吗？"有人回应："不能。"大家再次哄堂大笑。虽然这听起来像个笑话，但仔细想想，却是件值得深入思考的事。

有的人认为预算工作分两步：第一步，定收入目标；第二步，牵拉考核激励，把奖金政策定好。预算工作就结束了。但是，如果我们只是告诉销售部门收入目标，而没有匹配相应的团队、市场费用、产品，并且我们也没有针对战略落地，形成几个关键项目，持续跟进和布局，那么，所有的目标都只能是美好的"愿景"，预算便无法顺利帮助企业业绩得到提升。

王阳明说"知行合一"，强调知中有行，行中有知。他认为知行是一回事，不能分开。定目标更偏"知"的层面，表示管理者"想这样做"，而促行动更偏"行"的方向，表示管理者"在这样做"。

预算的过程不应只是定目标，预算的过程须分为三个阶段。

第一阶段：定目标，确定收入目标（KPI、金额、谈判）。

第二阶段：配资源，确定费用目标（包含主营业务成本、销售费用、研发费用、管理费用等），有效分配人、财、物、时间。

第三阶段：促行动，确定总体利润，打赢"关键战役"。

第一，促行动的关键是打好"关键战役"。那么，什么是"关键战役"？

"关键战役"是指对企业（或部门）未来1年、3年或5年成功的关键事项，是重要战略落地、关键能力建设或重大经营风险管理。"关键战役"不仅要关注"攻"，也要关注"守"。守，即风险管理，是指针对重大风险进行风险识别、应对、监控等。通过攻守结合，有效排序公司、事业部、团队的关键工作，并展开相应的项目管理。以"攻"提高上限，以"守"提升下限。当我们强出击、善防守，把两方面的"关键战役"结合起来时，就能发挥最大的威力。

第二，企业通常有哪些"关键战役"？

梳理"关键战役"，要从战略、经营计划出发。考虑的方面，可以从资源和效率两个方面入手。从人、财、物、战略、组织、机制等方面综合考量。也可以按部门：销售、市场、供应链、人事、财务等角度来收集"关键战役"。

一般来说，每一年的"关键战役"，在事业部层面3—5个，集团公司层面3—8个。"关键战役"贵精不贵多，不是每个部门都需要一个"关键战役"，公司层面可以筛选后排序对公司最为关键的，起决定性作用的，需要大面积牵拉各体系、各部门的项目，形成公司层面的项目管理组织，并在相应的会议体系中进行跟进。

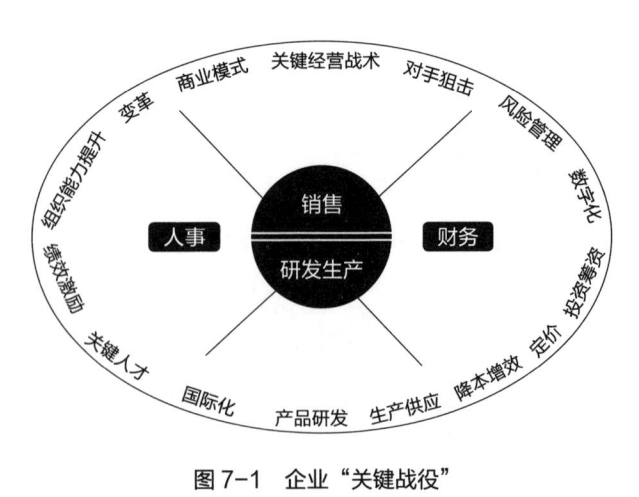

图 7-1 企业"关键战役"

第三,"关键战役"的 3 个关键步骤:

1. 评价:"关键战役",选择比行动更重要。通过定性、定量等科学的评价体系的构建,并有效构建财务盈利预测并计算投资回报,可以有效帮助企业了解不同"关键战役"对企业的作用及具体回报。
2. 筛选:通过筛选机制,有效筛选对企业发展最为关键的"关键战役"。
3. 项目管理:有效构建各个"关键战役"的项目管理组织,并合理匹配相应资源,形成持续跟踪、分析的机制,保证其落地执行。

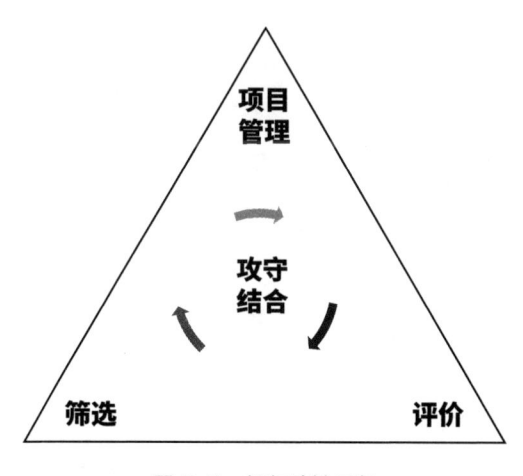

图 7-2　促行动铁三角

案例:"关键战役"评价体系最佳实践

我的朋友李伟,是一家颇具规模的医药上市公司 CFO。他们公司有一个非常著名的"关键战役"分析与评价机制。

月思: 当我们讨论什么样的公司需要财务 BP 时,有一种说法是,当公司规模到达一定程度,很难通过规模扩张获得边际效益时,公司需要通过"挖潜",找到那些"冰山下的机会"。因此,如何分析和评价成了财务 BP 最关键的技术之一。

李总：这个说法很有意思。我来介绍一下我们的管理工具——组合管理，它最主要的目的是帮助公司构建评价体系，筛选、排序内部项目。因为公司每天面对许多内部投资项目，这些项目或长期或短期、或战略或运营、或国内或国外，然而如此多的投资项目，资源却是有限的。

我们的 CEO 曾说，任何人都不可能有取之不尽用之不竭的资源，关键看你能否把好钢用在刀刃上。公司认为，评价体系是公司非常重要的管理体系，它保证了公司持续、透明的投资决策。同时，通过 PMO（项目管理部）的管理，把公司级、事业部级的关键项目进行科学管理，让关键项目落地，从而推动战略按计划实施。

月思：在贵公司的评价体系中，是仅仅用定量的财务测算吗？

李总：其实不是，是先分为定性和定量两种评价体系打分，之后再综合。定性部分，用现金流折现估值模型（DCF 模型）来计算每个项目的净现值，通过比较不同项目的风险与收益，寻找公司最关键的项目（"关键战役"）。

以下是他们公司在研发项目上的真实数据，公司 80% 的研发项目的净现值只集中在 5 个头部项目中，占总研发成本的 47%。而其余的 15 个研发项目仅贡献了 20% 的净现值，却消耗了 53% 的成本。公司通过组合管理，有效管理项目，投资头部项目，从而实现投资收益的最大化。

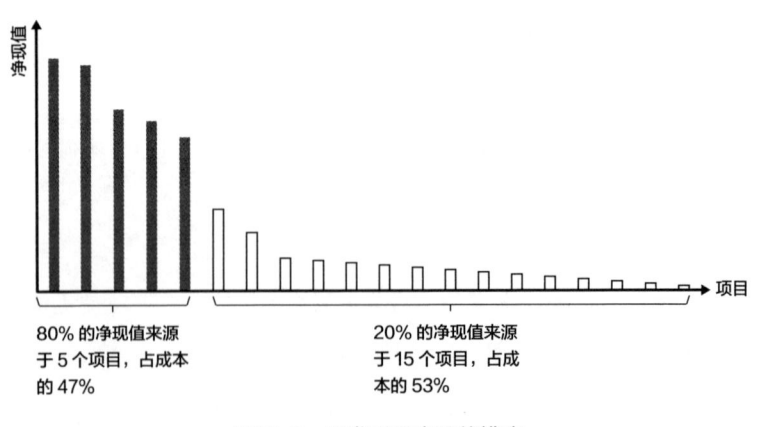

图 7-3　研发项目净现值排序

月思：您提到了定性与定量的评价。定性指标是怎样的？

李总：比如，上个月他们有一次新业务的评审。这一次的评审主要邀请了外部的专家，针对他们过往未涉及的内部新孵化的业务进行评审。这个内部评审有点儿像创业孵化器，他们在评审的过程中主要是以定性为主。

表7–1是他们的定性部分评审表：定性方面，他们主要以评委打分为主，更多涉及主观判断，尤其是在战略上的判断。因为他们认为，财务判断是第二步，第一步肯定先要判断生意行不行，做项目的人能否胜任。因为对战略的判断和对人的判断很难用财务指标来衡量，所以他们通常先用定性的、领导专家打分的方式来进行初评。

李总：在定性评价中，确认这个项目方向正确、团队合适后，筛选出来

表7-1　非量化打分表

01 赛道	02 人与组织	03 环境	时间
（1）赛道潜力 • 有效解决了客户的本质需求、痛点 • 细分市场潜力大 • 细分市场规模大 • 赛道竞争不过分激烈 • 主攻的细分市场清晰 项目评分： 主要建议： （2）商业模式与竞争优势 • 商业模式合理有效 • 可拥有动态"护城河" • 产品、服务、价格有绝对优势 • 拓展性、复制性高 • 盈利模式清晰、利润率高、规模化后项目投资回报高 • 商业模式产生可持续、可积累的系统能力，经过时间沉淀，产生放大效果 项目评分： 主要建议： （3）刚需 • 是否存在自然复购、复购率、转介绍 • 专注在更刚需的子赛道（子客户群） • 产品有望在1年内打磨到"市场–产品匹配"状态，完成从0到1，后续可实现快速放大效果 项目评分： 主要建议：	（1）业务负责人 • 团队背景、行业深耕 • 企业家精神（创造力、胆识、坚持、责任、道德） • 想做大事、能聚焦重点 • 洞察趋势、了解人性 • 组合要素、推动现实 • 创始人性格、稳定性 项目评分： 主要建议： （2）组织 • 愿景、使命、价值观 • 组织文化 • 治理结构、决策机制 • 治理流程、组织能力 • 充分焕发活力 项目评分： 主要建议：	（1）环境因素 • 符合未来10年政策监管趋势 • 符合人口、购买力、文化趋势 • 供给侧稳定 • 需求侧持续增长 • 未来10年产业上升期 • 经济周期、金融周期稳定 • 国际政治因素 项目评分： 主要建议： （2）生态协同 • 该业务与现有业务拥有明显的协同效应 • 该业务可辅助老业务获客 • 该业务有助于构建生态圈 • 该业务赛道对未来布局有战略意义 项目评分： 主要建议：	• 发挥时间的指数效益，形成复利 • 把时间真正投在长期价值点上，具备匠人精神 • 通过时间检验、复盘累积方法论 项目评分： 主要建议：

的项目将进入定量评价的环节。实际上，在一些创业孵化项目里，大部分的项目都在定性部分就被放弃了。印象最深的，是有一次公司内部孵化了一个项目，前期成长曲线特别好，他们找了在这个领域深耕多年的几位外部顾问，顾问们分享了自己过去孵化类似项目进行到2—3年，差不多销售收入1亿元之后会出现大额亏损的状况，他们公司高管团队反复研判这一商业模式，最后就停了这个项目。所以，定性的评价，找到明白人特别重要。

至于定量的评价也要根据项目的情况，在KPI库中选取不同的KPI，进行综合打分。

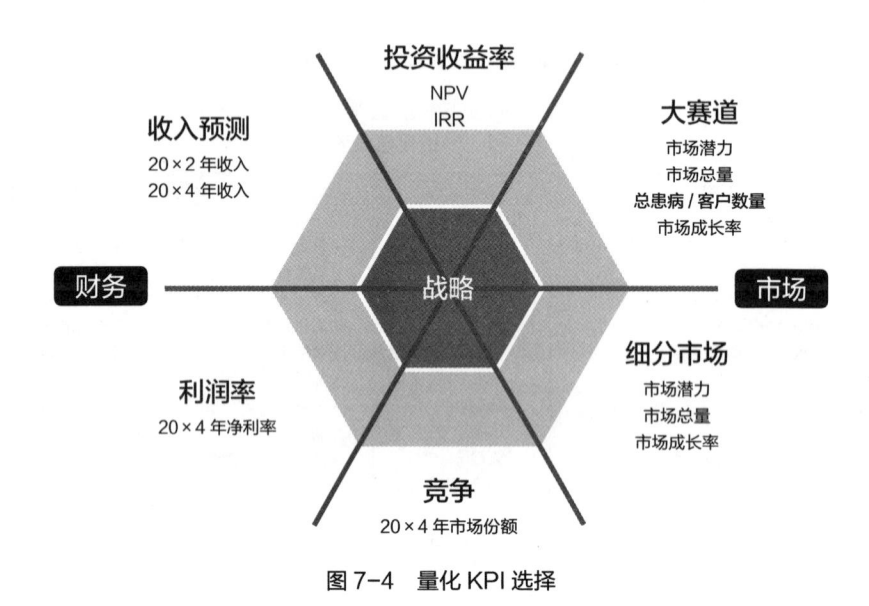

图7-4 量化KPI选择

对选取的KPI测量后进行综合打分，例如：NPV占到总分值的30%，如果NPV>5亿元，则得10分。这样，每个项目都会算出最后的得分。

表7-2 组合管理多维度综合打分表

分数	NPV（元）	20×2年收入（元）	20×4年收入（元）	市场成长率	利润率
10	>5亿	>3亿	>10亿	>40%	>40%
9	>4.5亿	>2.5亿	>9亿	>35%	>35%
8	>4亿	>2亿	>8亿	>30%	>30%

（续表）

分数	NPV（元）	20×2年收入（元）	20×4年收入（元）	市场成长率	利润率
7	>3.5亿	>1.7亿	>7亿	>25%	>28%
6	>3亿	>1.3亿	>6亿	>22%	>25%
5	>2.5亿	>1亿	>5亿	>20%	>22%
4	>2亿	>0.7亿	>4亿	>17%	>20%
3	>1.5亿	>0.5亿	>3亿	>15%	>18%
2	>1亿	>0.3亿	>2亿	>13%	>15%
1	>0.7亿	>0.15亿	>1亿	>10%	>13%
0	>0.5亿	>0.05亿	>0.5亿	>6%	>20%
比重	30%	20%	10%	30%	10%

把所有项目的得分都计算完毕后，再绘制气泡图。这样就有了进一步取舍的综合评价框架，对选取公司最重要的"关键战役"提供了有力的支撑。

月思：贵公司的组合管理是在怎样的流程中进行？

李总：我们是在战略规划流程中同步进行的。在战略规划流程中，我们要求各体系、各部门将关键的项目进行梳理，并进行财务建模，同时将关键项目填入我们组合管理的系统中。公司内的全球项目都可以汇总进来，今年我们共收到96份全球的项目。公司的关键研发项目、BD项目等都要走这样的评审流程，部分营销的项目也会纳入其中。

通过公司管理层的评审进入公司级别的项目，公司项目管理部会主持项目，帮忙打通各个部门，并将彼此确认的投资、项目进度等进行有效规划。这是一个公平的舞台，大家在公司的投资池里进行比拼，让最优秀的项目脱颖而出。

月思：如果成功晋级公司"关键战役"，接下来会怎样？

李总：定组织。路线一旦确立，干部就是关键因素。对于公司级的项目，成败的关键，还是领导团队，同时也包括资源的投入和激励的匹配。CEO每次在定公司级项目的负责人、项目管理部以及团队成员时，都需要耗费很长时间，会听取许多人的意见。有时，内部没有特别合适的人，项目管理部就会亲自去行业内拜访各种咨询顾问，拜访竞争对手的高管，给团队找"外脑"。

表 7-3 "关键战役"组织

项目团队	负责人	项目管理办公室	团队成员	备注
公司项目管理	首席执行官	首席运营官	×××	
研发登顶战	研发总监	A	×××	
新品上市	营销副总监	B	×××	
16省大会战	销售总监	C	×××	
人才阿波罗计划	人事总监	D	×××	
数字化及业绩体系	财务及IT总监	E	×××	关键岗位×× 财务BP2023年补充1人（外聘）

月思：组织定了，"关键战役"具体怎么打呢？

李总：我们是通过几级会议进行分析和事项跟进。比如，前几年我在营销做财务负责人的时候，那一年打了一场"关键战役"，是福建省的竞争对手狙击项目。当时福建的竞争对手起势非常快，投入也很大，福建又是我们最大的"粮仓"，不容有失。

确定项目之后，我们的销售负责人每个月带着团队去一趟福建，有时去福州，有时去莆田，有时去厦门。他们每个月，到当地听取销售团队的汇报，去见当地的合作伙伴，去拜访客户。他们把对手的情况、福建的市场情况摸得越来越透了。后来他们锁定了几个对手的关键客户，用整个中国的市场大会来吸引关键客户，最终，一举成功将对手的部分份额抢夺了过来。

对手没想到我们在福建有这么大的动作和投入。我们不仅没有失掉份额，那一年福建片区的产品销量反而上涨了30%，一下提升了3.5%的全国销量。通过这场"关键战役"，我们把福建的团队也给带起来了，几个优秀的销售都晋升了，团队士气大涨。不得不说，有时候，几个关键的省份把握住了，就形成了破局点。后来，我们又在江苏、浙江和陕西复制了福建的模式，也很成功。

生意上的赢，关键是找到破局点。通过筛选"关键战役"，并把资源投进去，有效取得一些关键胜利，同时又强化了组织能力，带动业务和能力的双双提升。接下来，再根据实践情况调整战略，形成闭环，进而带动了一次又一次地飞跃。

管理层的时间有限、资源有限，我们不可能用有限的时间去管理100个总监的800个目标。集中力量办大事才是制胜之道。李总的案例总结如下：

1. 评价：构建公司对于"关键战役"的评价体系，这个体系包含定性与定量两方面。构建定量评价的科学模型与组织，对各个项目进行财务测算、财务建模，计算出合理的收益目标、NPV，以及关键的定性指标。
2. 筛选：将公司不同的项目，通过打分体系，进行比较与筛选，确定公司或事业部的"关键战役"。
3. 项目管理：为每个"关键战役"项目定组织，为每个"关键战役"安排资源、时间、会议，定期跟进，通过"关键战役"推进业务，提升组织能力，重塑战略。

7.2 攻：降本增效，强化利润

企业的"关键战役"很多，在所有"关键战役"中，呼声最高的是降本增效。为什么？因为成本领先对于许多企业来说是核心竞争力，但是要获得这一竞争优势并不容易。因此，我以降本增效为例，分享这场"关键战役"的具体实施方法。

第一，降本增效的三个关键点：降本、增效、利润管理。降本增效绝不是单纯让成本降低，而是让利润提升（短期、中期、长期）。如果我们把降本增效集中到利润管理的维度，那么，我们就可以遵循利润表的5个关键要素（本书第1章第4节有详细介绍）进行逐项管理，真正提升企业业绩。

第二，降本增效的结果：形成成本领先的竞争优势，强化股东收益，使企业在激烈的竞争中立于不败之地。

第三，降本增效的本质：为利益相关者提供最大化的价值。始终以客户价值、股东价值为依归。假如你的产品可以为客户增加一部分收益，但是价格要高很多，从客户的角度来看，它的价值可能是下降的。

客户价值 = 客户的收益 - 客户的成本

第四，降本增效铁三角。当我们谈降本增效这一话题时，很容易陷入操作层。例如，讨论如何管控原材料的生产成本、如何降低人工成本等。这些管理虽然都非常有效，但是从我多年的实践来看，这样奇兵突围式地在执行层进行降本增效是远远不够的。我认为降本增效有三个层次，需要叠加使用。

首先，在战略层保证方向不发生大的偏差。无论是在战略上走了弯路，浪费了好几年，还是组织搭建错误，都会大大增加成本。如果这个组织本就不应建立，那我们去细纠多几个人或少几个人是毫无意义的。我们首要保证这个组织是应该建立的，大账不浪费，再来细纠能不能省下几个人的细账。

其次，在系统层，降本增效不能单靠各个执行点奇兵突围，必须有完善的管控体系、文化、机制等配套。这是企业长期维持成本优势的关键因素。一方面，公司必须能算"明白账"，也就是损益清晰。这个明白账要有足够细的颗粒度。例如，产品的利润情况、成本细节等。如果没有成本的细节，就很难判断到底是哪里多花了，也就很难找到降本增效的下手点。另一方面，要构建降本文化，形成利润考核机制。许多公司销售负责人只考核收入，不考核利润，公司缺乏利润文化，很难维持长期降本增效的持续成功。

最后，从操作层来看，降本的关键是成本管控，也就是刚刚我们谈的把控原料成本、人工成本等。"增效"还要做好价和量的管理，那就是价格最优和市场拓展。这样，我们就把降本、增效、利润管理的层次和干法梳理出来了。

降本增效，我们应该大处着眼，小处着手。既要从全局和长远的观点出发去考虑利润问题，又要在具体事情上一件件办好，形成企业成本领先的竞争优势。

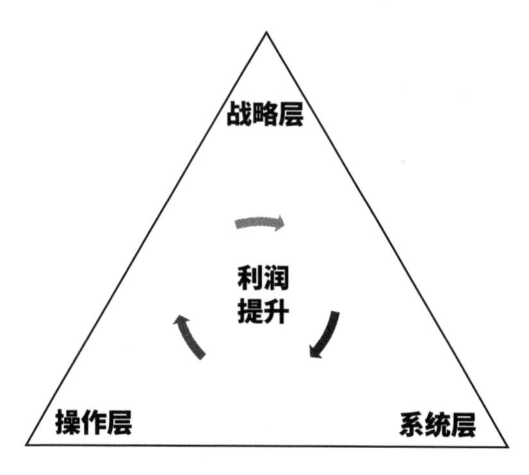

图 7-5 降本增效铁三角

降本增效可以总结为以下三个层次：

1. 战略层：战略正确、价值最大；
2. 系统层：损益清晰、利润考核；
3. 操作层：成本可控、价格最优。

接下来，我们来具体拆解这三个层次。

战略层：战略正确、价值最大

战略正确

对于降本而言，做对的事情，比把事情做对更重要。降本为的是强化核心竞争力，而不是削弱企业的核心竞争力。降本的本质为的是大大增加客户价值。

企业中最显著的成本增加，往往不是经营中多用了 1% 的物料，也不是某个采购价格高了 20%，而是战略上的浪费，在战略上走弯路。比如，成立了一个事业部，招聘了 100 人，过几天不做了又全部辞退。减少浪费的核心工作，首先要保证战略大致正确，业务清晰，时间规划得当（具体详见第 6

章第 5 节），组织能力可以有效匹配和承接公司战略，不贻误商机。在降本这件事上，我们首先要算大账，而不是抠细账。

案例：并购里，我喜欢算大账

我的朋友伍总是一家医疗器械公司的创始人。他擅长并购，有过成功的跨国并购经验，又经历了近 10 年的时间将投后管理做好。公司的市值不断攀升，国际化能力也不断增强。因此，我向他请教并购成功的秘诀。

伍总说，他不太算细账。A 子公司的并购当时看，是一个很"贵"的价格，但他买了。在并购中许多人都是冲着"低买高卖"去的，这是一种并购策略。但他是产业并购者，他思路很清晰，只想在 ×× 科室这一个领域做深耕。他不会盲目去看项目，只看这个领域里的项目，无论它是否有融资的需求，他都会去接触和跟进，一跟就是七八年。很多有潜质的公司都是老朋友了，伍总的公司也还没有机会入股。但是，一旦这些公司考虑出售，伍总的公司就会入围，会比其他竞争者有更强的优势。为什么？因为他专注在这个领域，大家都清楚他不是财务投资者，而是产业投资者、长期主义者，可以给企业更好的未来。

这样的并购对他自己的公司也产生了非常积极的影响。因为他们买的企业都能和自己的公司产生协同效应，1+1>2。也许购入的时候他多出了 1 个亿，但是经过 5 年、10 年，它为公司市值成长带来的是几十亿的帮助，这 1 个亿早就赚回来了。

所以他特别重视公司的战略规划工作。战略规划过程中，他始终问自己、问团队：我们要做什么领域，未来应该做哪些产品？投资的生态组合是怎样的？这个生态彼此赋能后，怎样提升用户、社会、政府的运作效率？并购这家企业如果仅仅是从 A 手里到 B 手里，那是很难为社会创造价值的。只有通过更好的商业模式组合、更优质的管理，提供给客户更低的价格，才能让并购真正为社会增加价值，也让公司的股价、利润得以提升。如果一家企业花几亿元甚至几百亿元做了失败的并购，定会元气大伤，甚至会走向衰败。

价值最大

除了战略大致正确之外，降本增效还需要从产品设计的角度来看，不能以"我"为出发点，一定要以客户、股东为出发点，尽可能为他们增加价值。如果他们希望要一个更经济实惠的产品，希望得到更多的短期或中期利润，我们就要尽全力从功能端、设计源头把成本降下来。那不意味着降低"导入装置"这一增值品的成本，而是彻底砍掉增值品。这样才能实现真正意义上的降本。

案例：客户真的愿意为增值品买单吗

有一次，公司推出了一款新产品，这款产品是一款医疗器械以及一根导入装置。这可谓是一个开创性的产品，考虑到医生使用过程中导入产品不方便，公司特意花重金研发了导入装置。因为该装置价格不菲，导致产品的总体价格涨了40%。

当这款产品进入市场的时候，医生对这个导入装置的设计很感兴趣，认为其增加了手术的便利性，但当医生们了解到其价格后，就都说不要了。为什么？医生说，这是他们喜欢的"增值品"，但他们不愿为其支付价格。如果这个导入装置是免费送的，他们一定会选择。

听到这样的市场反馈之后，公司所有人都很惊讶，这样一个高成本的导入装置，且非常有效地提升了手术的便利性，客户竟然不愿付费，只希望免费。最后，这个产品彻底失败，没有推向市场，所有人都非常沮丧。复盘这个项目的过程中，大家认识到一个关键问题：有时候，我们觉得客户需要这个，这是一个非常优秀的功能，但是我们忘记真正去询问客户是否愿意为它买单。获得这个额外价值和付出相应的成本之后，客户的价值真的增加了吗？客户价值并非以产品价值的最大化为唯一依据，客户付出的成本也是非常重要的依据。一个好产品，要真正做到增加客户价值才行。客户不想付钱，就坚决砍掉，让客户付出的成本最低。

后来，我们做了大量的市场调研，调研客户对该产品的需求。得出的结论竟然是客户希望产品价格可以再降一半，功能可以牺牲一部分。这个时候，研发同事从源头出发，把所有可简化的功能都简化了，可去掉的功能都去掉了。价格降下来后，产品在市场大获成功，成为公司的明星产品。

砍掉研发自己认为重要的功能，以客户的价值为依归，实际上是反人性的决策，因为出发点要变成"毫不利己，专门利人"。这个案例告诉我，降本的本质是你真的了解你的客户需要什么，不需要什么，愿意为什么而买单，不愿意为什么而买单，将所有"降低客户价值"的功能和支出都降下来。本着"以客户价值最大化，股东价值最大化"这份初心，方得始终。企业只有真正了解客户，始终为客户提供最大化的价值，才能立于不败之地。这也呼应了本书业绩模型之道：企业的业绩源自为利益相关者提供最大化的价值。

系统层：损益清晰、利润考核

损益清晰

如果战略正确，我们是不是就可以通过二八法则，找到关键可降的成本项了呢？不急。首先，要想找到关键可降的成本项，我们要知道各个项目的成本和利润情况，然后才能有效分析、对比、评估是否有可降的空间。但是，目前许多企业的账禁不起深究，本质上是一笔糊涂账，并不知道真正的盈亏，又何谈降本呢？这也成了降本过程中的一个关键卡点。

案例：不知赢亏，如何降本增效

赵总是西部某年收入20亿元的建筑公司的财务总监。她分享说："公司去年亏损很大，业绩最好的西安分公司收入3亿元，利润1亿元。但是沈阳分公司收入1亿元，还亏损了3 000万元，全国20多个子公司，大部分都是亏损的，这可怎么办？"

我让赵总别急，先把每个子公司的利润表拿出来。

赵总打开利润表，我请她翻到沈阳分公司的利润表，向我展示其细节。我问她："沈阳公司的主营业务成本率怎么会这么高？西安分公司的主营业务成本率只有30%，沈阳分公司怎么会有70%？两个分公司卖的不是相同的产品吗？"

赵总想了很久，说："你别看这个表了，这个表都是错的。我们西安分公司是用权责发生制来计量的，而沈阳分公司是按收付实现制来计量的。也就是说，西安分公司如果买了一台100万元的固定资产，一年可能计入20万元的折旧费在利润表中，但是沈阳分公司会将100万元全部一次性计入费用。核算方式不同，看起来的'亏损'也不同。"

我听了大吃一惊，问："如果都换成权责发生制，沈阳分公司实际亏损多少？"

"不知道亏损是多少。"她沉默了好久后继续说，"现在我明白了，其实现在所谈的公司亏了多少钱，并不是真实情况，因为真实的损益是多少，我并不知道。我现在要先回去重新梳理计算逻辑，制作新的报表，了解各个公司真实的损益，再来讨论下一步的干法。"

这样的降本咨询，不占少数。降本是水磨的功夫，战略层的大账算清了，如果我们还想和对手一分一分地比成本，就必须得算细账。这个时候企业的财务能力、组织能力、数字化能力就变得尤为重要。所以，降本增效这一企业核心竞争力的打造，是企业综合管理能力的体现。

其次，企业要形成利润文化，要以利润管理为导向，而不是一味追求市场扩张。这种文化需根植于公司的管理体系和底层认知之中。企业需要有效的利润考核机制，将利润与管理者个人利益相挂钩。几乎每个公司都会经历从不考核利润，到考核利润（或相关指标）的过程，并在此过程中实现一次组织能力的飞跃。

利润考核

利润考核，即以利润（或相关指标）作为预算、分析、激励等的考核KPI。利润考核通常会考核净利润、息税前利润、毛利率等。

利润中心是对利润负责的责任中心。利润中心建在哪个层级，这个层级也是责任中心、作战中心。组织的配套、系统的配套也围绕利润中心展开。

利润考核的目的是提升企业利润，增加经营现金流，增强企业利润文化，增强企业的业绩管理能力。仅做利润考核不能达到的目的是：击溃对手，增加市场份额，增加企业收入。

在以下环境中，企业适宜开启或强化利润考核：

- 企业与对手相比净利润低，企业管理水平落后；
- 企业市值受利润拖累严重；
- 企业在短中期现金流出现较大缺口；
- 企业进入管理变革阶段，希望加强业绩管理体系的搭建，进而牵引利润。

但如果存在这些情况，企业就不能单纯使用利润考核了：

- 企业竞争态势复杂，存在需要大量夺取市场份额或被竞争者攻击的情况；
- 企业处在多轮并购或大额资产交易的过程中，利润大幅波动；
- 企业核心产品价格波动较大，有大幅升降价的情况，需重新开拓市场以及配置资源的可能性；
- 企业有较大的市场开拓潜力或研发需求，需加大费用投入。

那么，如何判断企业自身能力是否达到利润考核的基本能力要求呢？

- 企业的组织清晰，底层利润中心明确；
- 企业能在一定层级上（如：按产品、按事业部、按销售区域等）算明白账，按月度、季度等形成有效的利润表；
- 企业的数字化程度（包括：ERP系统、预算系统）能有效支撑"算明白账"的决策；

- 企业在各利润中心，有相应的财务BP组织进行一对一的利润管理服务；
- 企业的组织、"土壤"等能推动变革，员工对利润考核总体上动力大于阻力等。

案例：利润考核，竟考出大乱子

老王是具备多年经验的老销售，在一家民企做事业部负责人。他和我说，公司这两年业务收入增长非常有限，现金流也很紧张，投资人和创始人的压力比较大。为了进一步改善公司的现金流，公司提出了全面利润、现金流导向的考核新方案。

关于让哪些干部扛起利润的责任，创始人反复思考，决定将利润考核下基层。具体方案如下：公司放弃过往的以收入考核作为销售团队主要考核指标的模式，取代以利润考核。利润考核以地区小团队为单元（人数20—30人），用1个月的时间把指标和奖金方案落实。也就是说，公司的利润中心，从过去的营销层，下降3层，跨过了事业部和大区，直接下到地区。

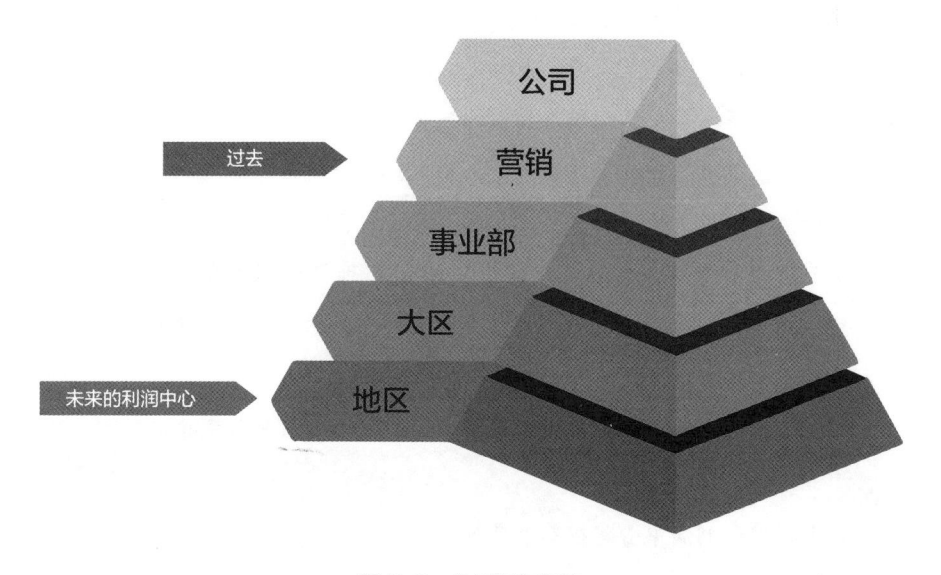

图 7-6　公司组织架构

结果，政策一出，一石激起千层浪，出了很多问题。

第一，利润问题。账算不出来。要算明年的利润指标，至少得知道今年的利润。如果不能给出每一区域今年的利润，那就只能按全国利润比例分配，这显然是不公平的。例如：全国只划为两个区域 A 和 B，今年收入各自为 100，A 和 B 区域是不知道自己的实际利润的，而 A 区域实际利润为 20，B 区域实际利润为 30，平均利润为 25。明年假设收入目标仍为 200，公司若一刀切：A、B 区域各自利润目标为 25，那会出现什么情况？B 区域"躺赢"，可以多招人，多花市场费用，但是 A 区域很可能会面临市场费用枯竭和开年就要缩减人员的情况。

第二，组织配套问题。再进一步算细账，各层都有很多公摊费用，这些要如何摊？比如，公司 CEO 的工资，要不要分给 A 区域。如果分，分多少？另外，中后台部门是不是要划入地区销售团队呢？例如：A 事业部有 8 位市场同事，那他们将来是不是要下到各个区域呢？还是他们仍可以留在中央部门？如果留在中央部门，他们的预算怎么分配？组织面临重组。

第三，责权利问题。如果中后台的同事都划入地区销售团队，那责权利如何确定？他们向谁汇报？地区销售经理吗？如果地区销售经理要为利润负责，利润不达标，对这些中后台的同事，他们又有多大的人事权？

第四，考核 KPI 问题。考核利润了，那收入还考核吗？如果不考核，那 A 区域收入持平甚至下降，通过大面积减员增效是不是可行？另外，地区经理是不是可以尽量把中长期的客户投入都砍掉来维持短期的利润？毕竟，销售可能干两三年就跳槽了。

第五，组织架构与层级问题。以后这 30 个地区经理到底归谁管？既然中央统一对接，制定指标，他们统一和中央沟通，原来的中国南北区域负责人和大区经理这些层级是不是形同虚设？

利润考核的实施是系统工程，在设计过程中要考虑 3 个关键问题：

1. 考核谁：利润中心建在哪个层级？

在企业真正实施利润考核的过程中，考核谁，在哪个层级背利润指标是需要考虑的第一个关键问题。

我在世界500强企业工作的时候,公司进行过一次轰轰烈烈的底层利润中心下移大辩论。辩论后得出了两个关键结论。

一是利润中心以事业部为单位,不再进一步下大区和小区。为什么?首先,利润管理是一项非常复杂的能力,大区和小区往往不具备此项能力。其次,利润中心需配套相应的组织和系统,管理复杂度增加,管理成本增加。最后,利润中心一旦变化,自然会带来责任中心的变化,权力自然重构。对公司而言,权力大面积下移,是审慎的决策。

二是底层利润中心的负责人,仅仅对自己能掌控的费用负责。例如:A事业部负责人作为销售负责人,仅为销售部分的利润负责,包含收入、主营业务成本、销售成本等,无须为研发费用、公司管理费用、税费等负责。

从老王的案例来看,公司一下子把利润中心下沉至地区肯定是不现实的,可以仍然放在营销层或事业部层,把过去仅仅考核营销负责人收入变为考核利润,同时建议公司围绕利润中心,进行三方面的配套建设:

- 进行预算—分析—激励体系的建设。
- 进行授权—行权—监管体系的建设。
- 财务 BP 组织的建设、信息系统的建设等。

通过这样的组织配套、数字化配套、能力配套,逐步构建利润文化,这是利润考核最重要的作用之一。

2.考核什么? 考核哪些指标(KPI群),以及选取怎样的利润指标作为利润考核依据?

首先,利润考核绝不意味着收入就不考核了。我在世界500强企业工作的时候,我的老板告诉我,公司经过多年论证,收入和利润考核比例为8:2。也就是说,80%考核收入,20%考核利润。为什么?因为公司的首要目的是攻城略地,抢占市场份额。没有市场份额,利润不会长久。虽然我的老板没有讲这 8:2 是如何计算而来,但是这背后折射了公司的战略目标与考核 KPI 之间的对应关系。也就是说,公司要的不是短期的利润最大化,而是长期的利润最大化。

从老王的情况来看,不能"一刀切"只考核利润,这会出大问题。可以先在过去考核的 KPI 之上,加一部分利润,然后再逐步加大利润的比重。经过几年的发展,利润考核比重仍小于收入考核比重,离开收入增长谈利润,是不现实的。

其次,利润有多种 KPI 供选择,未必需要一开始就考核净利润。净利润是一个终极概念,可以先以市场费用率、人均单产、销售费用率、毛利率等中间概念作为考核指标。

从老王的实际情况来看,公司过往的基础比较弱,可以采用"小步快跑"的形式。比如,分步骤、分阶段地实施利润考核。那么,在哪些维度来分步骤实施呢?

- 业务单元(BU):从产品角度,可以先以产品大类划分;
- 区域国家:从区域角度来看,是否在营销层或事业部层;
- 利润表项目:先选择销售费用率等作为考核指标;
- 期间:可以以全年或季度为结算单位,而不细化到月和周;
- 预算流程:可以从滚动预算,且不与考核挂钩开始,再逐步纳入年度预算,并与考核挂钩。

公司可以先培养利润文化,积累利润数据,夯实组织,完善系统,查缺补漏,再配合实际,适当进行改革。这样改革的阻力更小,成功率更高。

3.用利润考核来分权、夺权可行吗?

部分领导者希望通过利润考核变革来进行分权与夺权,暗中剥夺中间几层的权力,这个出发点我认为是本末倒置的。

分权与集权,是集团管控的重要组成部分,需经过精心设计。分权的关键在完善分权手册，把人权、财权和事权在各层级的流程、制度、权限厘清。如果公司没有分权手册，权力大范围集中在老板手中，但又通过利润考核下基层的方式大面积分权，将造成混乱以及决策质量的下降。

领导者需牢记遏制人性恶这一管理的底层哲学。利润考核是涉及众多人员利益的企业变革，面对复杂的变革，如何对症下药，才真正考验管理者的基本功。

操作层：成本可控、价格最优

到了实际操作层，降本增效的关键就在于数量（市场）、价格、成本三项利润表要素。在利润管理过程中，我会先调整价格，价格调整对利润的影响是非常有效的。对于成本的管控，我们要细化每一项具体成本项目，寻找成本动因，进行针对性的管控。

案例：企业降本之道

我的朋友安姐是资深的工厂财务总监，深谙降本增效之道。她认为，很多企业的发展战略的确都从几年前的不惜一切成本"跑马圈地"，调整成现在的降本增效保生存。原因也很简单，"跑马圈地"是为了增加收入，即开源，而当收入的不确定性增加时，就需要降低成本，即节流。她从7个方面介绍了企业如何合理降本。

研发：产品设计

以一瓶普普通通的矿泉水为例，材料清单很简单：原材料水＋瓶盖＋瓶身＋标签＋纸箱包装。作为大自然的搬运工，水的成本进一步降低的可能性不高，而且其本身的成本也不高，那么，重点就只能放在其他部分了。

从最普通的一瓶550毫升的水来看，瓶子重量从20世纪90年代的30

多克到10年前的20多克，再到现在的10多克，这几克的差距，可能通过手感无法感知，但却是成本降低的一个机会，甚至可以决定一个企业的成败。而这里的降本就需要研发部门大展身手了，因为降低瓶子重量就需要瓶子在吹制过程中，不仅薄厚均匀，同时还要考虑到瓶身设计的耐挤压和抗碰撞能力，所以免不了需要研发费用与设备改造。

在项目的初始阶段，财务、生产和研发部门共同研究和分析材料清单，从而确定企业成本中更有机会改善的部分。确定成本优化的方向后，如果牵涉固定资产投资的工作，财务BP就需要搭建财务模型，从量化的角度来评估项目的可行性。

采购：提高效率

除了像矿泉水这样，原材料来自大自然，大部分制造型企业的原材料都需要向产业链上游的企业购买。一般制造业中，原材料费包括辅材及包装材料等这些采购成本，往往占总成本的50%以上。因此，企业要想保持产品竞争力，必须努力降低产品采购成本。

举个例子，假设公司采购成本占总成本的50%，利润率是10%，综合采购成本每降低1%，可以增加0.5%利润率，这就是采购的杠杆作用。要知道，0.5%的利润率很有可能决定了一个企业能否存活下去。

在采购降本中，有几种常见的措施：

1. 最常见的就是降低采购价格。不少企业的采购部门，每年的KPI都是采购成本要降低百分之几。但是，因为上游企业也有成本压力，所以往往每年会有一个艰苦卓绝的谈判过程，而且降本幅度也有限。
2. 可以通过优化企业流程来改善采购模式。比如，看看能不能把备品备件标准化，通过大批量采购以获得更有利的价格，如一些大型集团采用集中采购制，并要求供应商直接配送到下属单位，这样既有价格优惠，又享受到了运输的便利。
3. 可以通过考虑材料替代来降低成本。比如，进口材料改国产材料，价格便宜的材料替代原有老的、价格较高的材料等。例如，这个矿泉水就从以往的纸箱包装，逐步改为塑封膜包装。

财务不仅通过计算能够知道我们最大的成本在哪里，还能够计算出采购杠杆，从而激励采购降低成本。同时，当采购和供应商谈判时，也少不了财务BP帮忙提供经济供货量的计算。

生产：提高效率

在过去几十年，中国制造大多是以低成本优势走向世界，依赖于相对便宜的材料成本和较低的人工成本。随着几十年的经济发展，人工成本逐年上升，而材料成本在降低到一定阶段后，进一步降低的空间也有限。

想要继续降本，就要通过技术创新来提高效率，包括从工艺创新上提高材料利用率、降低材料的损耗量、提高每道工序的合格率等。同时，还可以通过优化流程来提高劳动生产率，通过自动化方式来替代人工。比如，即使是以人力密集型著称的富士康，也在过去几年大力引进了自动化机器人来提高生产效率，降低成本。

当企业在提高效率的时候，财务的计算能够帮助工程师或生产部门更加直观地理解每道工序的成本改进的量化金额，以及对于企业最终的成本和利润有多大的帮助。

在做自动化替代人工时，还涉及固定资产的投资决策。除了技术层面，财务BP还需要从经济层面论证投资是否适合。若决定增加固定资产，是选择买还是长期租赁的方式，也是通过财务的计算得出的。

物流：隐性成本

除了生产成本，企业的物流成本虽然不起眼，却不容忽视。如何实现效率化的配送，减少运输次数，提高装载率及合理安排配车计划，选择最佳的运送手段来降低配送成本，也是企业必须考虑的。

此外，库存持有成本，包含资金成本、仓储租金、搬运费、仓库管理人员的薪酬福利，以及库存风险成本（废弃成本、损坏成本、损耗成本）等。根据行业不同，库存持有成本可能在25%—50%。加快周转往往是最简单粗暴的办法，假设企业的库存持有成本是24%，现有库存周转次数是6次，那么，单件产品持有成本就是4%，如果提高到8次，单件持有成本就下降到3%。

加快周转还能帮助企业减少库存风险，降低成本中的废弃成本或损坏成本。打个比方，如果这家矿泉水企业也生产瓶装咖啡饮料，而根据分析，部分瓶装咖啡饮料还有四个月就要到期报废，财务可以与销售、物流共同根据现有库存提供建议，比如买一箱水送两瓶咖啡。当你去超市时，可以看到很多生鲜产品经常会有不同形式的打折活动，其实也是促进周转的一种方式。

财务：人小力量大

说起降本增效，其实天天和数字打交道的财务人员也可以有自己的贡献。比如，与采购部门合作，尝试延长供应商账期或提前对客户收款等方式，以优化资金调度，提高资金使用效率。

认真研究税收政策，合理进行分公司的税收策划。这几年，国家为了鼓励制造业，给了不少优惠税收鼓励措施。比如，研发加计扣除，以及针对小微企业的一些支持。用好、用足这些优惠，节省的成本可能比上面几个大项都要多。

优化企业的资本结构也很重要。企业实现资本的扩张，以此来扩大生产规模、降低成本，提高市场占有率和竞争力，最终达到降本增产、增销增利的目的。

质量：不容小觑

产品质量听上去可能和降本没有太大关系。实际上，当竞争激烈的时候，产品质量才是第一竞争力。而且当我们在完成材料降本或者人工降本的时候，往往也要考虑这些降本措施有没有以质量为妥协的前提。因为好的产品才能占领市场，才能保证稳定的销售，而一个质量不稳定的制造型企业需要花更多的时间来做检查、管理，甚至召回有质量问题的产品。这会给企业带来很多有形或无形的经济压力。企业要进行现场质量改进，提高质量保证能力，使质量成本最小化。

流程：协同合作

企业降本的高级阶段是关注产品价值流的优化。产品价值流的优化不一定是企业与供应商之间的零和博弈，更多的是双赢的战略合作。同样，在企业内部，协同合作也非常重要。企业的内部沟通管理也是成本。沟通管理的成本越大，越会降低工作效率。比如，一份采购合同兜兜转转签了一个月，等签完仓库里已经断货了。又或企业没有完备的 ERP 系统，主要以手工记账，也难免会降低分析的时效性。而这一点是需要企业的管理层带领所有部门（如：生产、制造、研发、采购、物流、财务、人力等），共同秉承降本增效的理念，并且将其贯彻在日常工作中。

表7-4 制造业常见降本增效项目一览表

成本项目	成本驱动力	降本机会	方法
制造成本	降低材料费	设计阶段材料费降低	导入价值分析
		降低采购价格	供应商备选
			长期合约采购
			经济批量采购
		降低材料不良	确立验收检验规格和技术
		降低加工不良，减少返工	确立标准作业流程
			导入统计的品质管理方法
			防呆措施
			确立检验体制，确立不良发生处理体系
		加工阶段的产率提高	确立作业标准
			优化产线现场布局
		防止材料品质劣化	确立库存管理体系，防止呆滞物料
			改善保管方法
		防止随着设计变更而发生的材料浪费	设计变更管理程序
			跨部门沟通

（续表）

成本项目	成本驱动力	降本机会	方法
制造成本	提高设备运转率	适当的设备投资	确立适当的设备投资计划
		减少设备故障	确立设备保养制度及维修应急方案
		缩短换模时间	改善换模作业
		提高机器运转时间	采用多班制
制造成本	降低人工成本	机器自动化	通过机器自动化代替人工操作
		培训员工	提高员工技能和素质，使其能够胜任更高级别的工作，减少员工数量
		优化工作流程	减少重复性人工工作和浪费，提高生产效率
		引入新技术	引入新技术，如人工智能、大数据等，提高生产效率和质量，减少人工操作
		调整工作制度	通过调整工作制度，如加班制度、休假制度等，合理安排员工工作时间
		外包服务	将一些非核心业务外包给专业服务公司，减少内部员工数量
制造成本	降低能耗	采取新技术	利用太阳能发电可行性
		错峰运转	合理安排生产计划，尽量利用波谷电时
		办公室能源	办公室空调温度设置
		能源重复利用	利用水处理技术
制造成本	减少部门费用	预算控制	确立合理的预算及跟踪体系
		减少差旅费	机票、酒店集中采购
			制定合理差旅标准
		减少业务招待费	部门授权，总额控制，效果评估

安姐选取了7个降本角度，给了我们在执行层如何合理降本的借鉴与启发。我最有共鸣的是关于质量降本的内容。记得有一年，我们公司的生产降本搞得轰轰烈烈，成绩斐然。结果没过多久，客户投诉大幅度提升。销售团队每天疲于"救火"，奔走于各个客户之间。管理层一下子慌了神，做了十多年的产品，怎么可能出这么多客户投诉呢？结果一细查，因为工厂降本项目中，有一个团队减少了一道工序，结果产品质量出现了不稳定的问题，但若恢复这道工序，成本就降不下来，所以生产团队就进行了一次冒险降本之旅。

听到这里，我们创始人非常耐心地给生产团队讲了一段话，他说："我们从来不是只要成本低、利润高，我们要的是客户价值最高。什么是客户价值？就是客户的收益减去成本。如果我们牺牲质量，那客户收益就大大减少了，你们听懂了吗？"

这段话我一直牢记于心。我们要的不是降本，是客户价值最大化，即业绩管理之道：为利益相关者提供最大化的价值。

7.3 守：风险管理是创造大收益

每一位管理者在业绩管理的过程中，总是不断平衡风险与收益。组合管理中有一个经典的理论，人不是追求最大的收益，人是追求风险一定下最大的收益，或者收益一定下最小的风险。换句话说，管理风险本身，就是管理收益。

在我看来，风险不是一件坏事，相反，风险是推动企业进步的关键力量。所谓"穷则变，变则通，通则久"。意思是说：事物发展到了极点，就要发生变化，才会使事物的发展不受阻塞，事物更加长久。

在商场中，没有无风险的事，通常风险越高，收益相应的就越大。但同时，企业如果不能有效地管理风险，就很容易被风险击中，走向衰落甚至是灭亡。因此，在预算过程中，管理风险是一个关键的步骤，也是最容易被忽视的步骤。许多公司在制定"关键战役"的过程中，想得更多的是去"进攻"，却很少想如何"防守"。在我过往的实际工作中，如果我有3个"关键战役"，可能其中1—2个是风险管理；如果我有5—8个"关键战役"，可能3—4个是风险管理。在经营分析的过程中，我一直会做一项分析，即收入下降的总额与收入上升的总额进行对比。我会发现，往往下降了20%，上升了28%，最终只有8%的增长。如果我能将下降的20%缩减至10%，公司就能有 18% 的增长。

因此，在"关键战役"这一概念中，风险管理是"关键战役"两大方向之一。

企业面临的主要风险包括 6 种：

1. 政治风险：企业运营所在的国家的政治稳定性、政府更迭、货币体系等；
2. 行业风险：企业所在行业的生命周期、政策、替代品等；
3. 财务风险：资金短缺、汇率风险、利率风险等；
4. 供应链风险；
5. 法律合规风险；
6. 产品风险：产品老化、产品质量、价格下降等。

李伟公司的风险管理也非常有特色，这一天我在午餐会上遇到李总，再次向他请教了其风险管理的具体做法。以下是李总分享。

案例：风险管理

风险管理不仅要管理经营层面的风险（如：对手产品上市、员工流失等），更要管理战略层面的风险（如：行业及消费趋势、政策变化、国际形势等）。往往企业的兴衰和战略的选择，都与这些战略风险相关。

我们公司的风险管理，总共分为 6 个步骤：风险发现、风险评估、风险应对、风险沟通、风险报告、监控改进。

也就是说，我们整个风险管理，不仅贯穿在三大预算的过程中，而且贯穿在分析的过程中，形成了完整的从发现—报告—改进的全流程闭环。同时，我们不仅在事后管理风险，也更强调在事前管理风险。

比如，我们每年战略规划的第一次会议，就是进行外部环境分析，我们会请许多负责政府事务的同事、行业内的专家来进行务虚讨论。这些讨论主要专注在趋势和风险的预判上。这种务虚的讨论会大大开拓了我们的眼界，让我们对未来有更多的思考，对战略的制定非常有帮助。

另外，我们每个季度有风险工作坊。例如，在供应链上，我们最近在讨论国际供应链的风险规划。这是非常有意思的话题，对我们未来的国际供应链的投资布局有很大帮助。

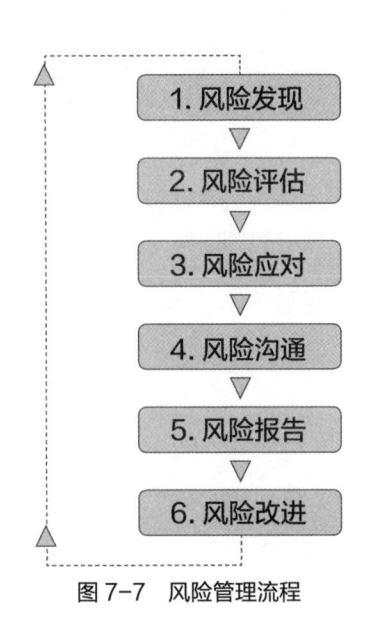

1. 风险发现
2. 风险评估
3. 风险应对
4. 风险沟通
5. 风险报告
6. 风险改进

图 7-7　风险管理流程

同时，我们还非常关注风险报告。年度预算过程中，我们会专门形成年度的风险报告，我们还会把这些报告中的关键内容放到我们的年报上，与投资者和二级市场分析师进行沟通。

至于风险管理的组织，是风险管理的核心保障。在组织上我们形成了一个 3+3 的阵型。

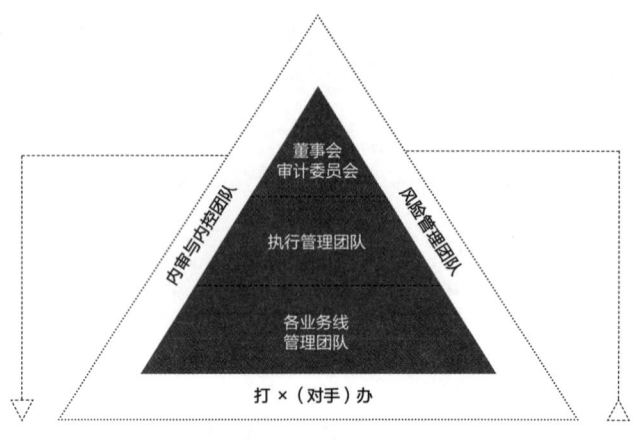

图 7-8 风险管理组织架构

公司风险管理的主体，是各层级的一号位管理风险。自上而下分别为：董事会、执行管理团队，以及各业务线管理团队。风险管理的 3 个支持部门分别是：内审团队与内控团队、风险管理团队，以及打 × 办。

- 董事会与审计委员会：整体管理公司战略与执行层面的风险。进行公司战略风险研讨，并审议其重要风险应对及解决方案。
- 执行管理团队：有效进行公司重大风险的发现，并制定相应的评估与应对方案，搭建合理的风险管理组织。
- 各业务线管理团队：有效管理日常经营活动风险，并在组织内有效沟通。执行风险管理举措，并定期进行内部培训、监督，以切实管理风险。
- 内审与内控团队：提供独立的审计服务，对风险进行有效评估，并对关键区域、事项进行专项审计，保证公司风险管控体系的有效运行。
- 风险管理团队：隶属于战略部，对公司各项风险进行综合的管理、记录、评估、跟进及监督。有效牵拉公司各体系，进行公司重大风险相关项目的实施。定期形成风险报告，向执行管理团队和董事会汇报。
- 打 × 办：隶属于战略部，针对公司重要对手，进行有针对性的调研、跟踪、分析，并制定相应的举措。是公司市场份额争夺、一线客户需求收集、研产销跟进协调中的关键部门。

打×办这个组织很有意思。这个组织的同事其实级别很高。他们会针对对手进行分析。比如，我们打×办的同事发现某对手在非洲市场的销量非常高，但是我们自己的销量低迷。他就带领团队进行了细致的调研，并一一拜访对手几个关键的当地管理团队以及经销商团队。

他发现，他们在非洲的产品都是专门针对非洲来定制的，去掉了许多在中国有用但可能在非洲用处不大的功能，且价格很便宜。回来之后，他把他的调研结果向管理团队进行了汇报，并快速组织我们的研发团队进行了有针对性的调研。我们的人事团队也积极地去吸引对手的相关人才。后来，针对非洲市场，我们进行了产品重塑，该产品在2015—2018年成为公司的关键增长引擎。

在年度预算的过程中，我们今年一共认定了8项重大风险，其中包括：公司持续经营的风险、人才风险、关键对手产品上市风险、产品老化风险、价格下降风险、外汇风险、全球供应链风险，以及并购风险。

风险：关键对手产品上市

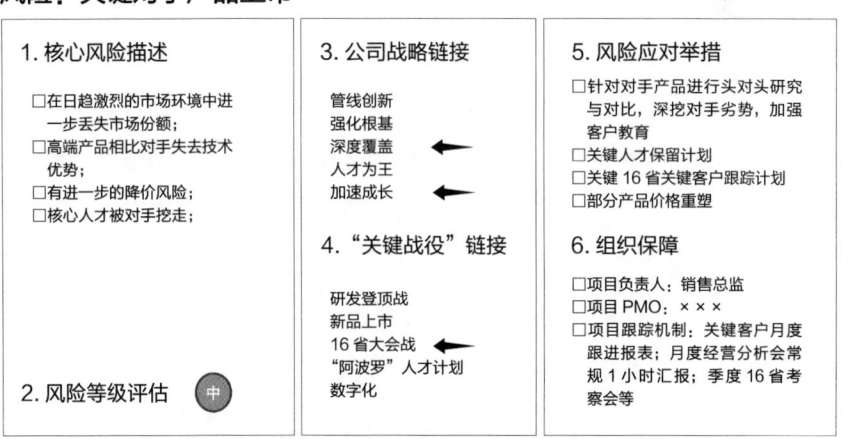

1. 核心风险描述	3. 公司战略链接	5. 风险应对举措
□在日趋激烈的市场环境中进一步丢失市场份额； □高端产品相比对手失去技术优势； □有进一步的降价风险； □核心人才被对手挖走；	管线创新 强化根基 ← 深度覆盖 人才为王 加速成长 ←	□针对对手产品进行头对头研究与对比，深挖对手劣势，加强客户教育 □关键人才保留计划 □关键16省关键客户跟踪计划 □部分产品价格重塑
	4."关键战役"链接	6. 组织保障
2. 风险等级评估 （中）	研发登顶战 新品上市 16省大会战 ← "阿波罗"人才计划 数字化	□项目负责人：销售总监 □项目PMO：××× □项目跟踪机制：关键客户月度跟进报表；月经营分析会常规1小时汇报；季度16省考察会等

图7-9　公司关键风险报告模板

其实，这些风险的发现，主要是在战略规划的第一步和第二步：外部分析与内部分析的过程。接下来，我们就针对这些风险来进行战略制定。例如，公司的现有产品已进入产品生命周期的成熟期与衰退期，我们亟须在未来5—10年进行新产品的更新换代。

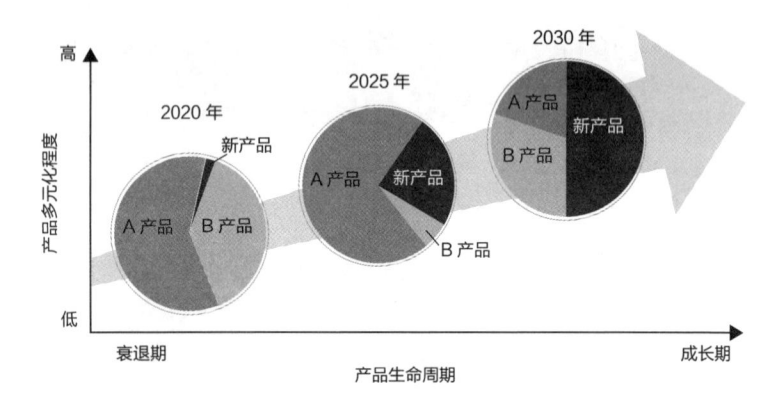

未来10年，公司产品组合将进一步年轻化、多元化

图 7-10　产品矩阵演化

因此，我们的五大战略的其中一条就是：强化管线。因为认识到了目前的风险，所以我们在加快推进公司内部研发的创新以及加大并购新产品的力度，从而使得我们的产品组合更加多元化，生命周期更加年轻化。

当然，在战略制定之后，我们在"关键战役"中也包含了关键风险举措。例如，今年我们的"五大战役"里，就有一项是并购。我们对此进行了非常具体的讨论，包括在组织上的完善，针对我们投后管理团队的布局，在短期、中期、长期项目的合理化推进，以及在财务融资方面的提前布局，等等。

因此，风险管理在预算过程中是贯穿始终的。从最早的战略规划分析，到战略制定，到"关键战役"，再到持续跟进，重塑战略。

《孙子兵法》上说，守正出奇。我觉得，风险管理就是关键的守正，我们只有先保证基本盘不漏，才能出奇。许多人把"关键战役"都放在出奇上，我觉得这样就本末倒置了。

李总的案例给了我非常大的启发。坦率说，许多公司在预算管理过程中，对风险的管理是非常弱的或是不成体系的。这种不成体系主要体现在其风险管理的意识层面。但是李总所在的公司，无论是在风险管理的流程、组织搭建，还是在关键风险的识别、举措，都形成了有机的组合。这样的组合，这样的意识，很好地保证了公司的平稳运行，值得我们学习借鉴。

第 8 章
滚动预测

我们完成了预算三步走：定目标、配资源、促行动的分享，大致勾勒了年度预算的总体过程。接下来，我们将三大预算中的两大预算进一步做详细介绍。还记得三大预算具体指什么吗？三大预算主要包含：业务计划（年度预算）、滚动预测（滚动预算）、战略规划（战略预算）。我们接下来了解一下滚动预测。

有一次，预算讨论会上一位同事提出一个问题："年初预算定了 1.2 亿元年度收入目标（每个月 1 000 万元）。然而计划赶不上变化，三月结束，公司本该完成 3 000 万元目标，但一共只完成了 2 400 万元（每月 800 万元）。以此估算，二季度预计也只能完成约 2 400 万元，这个时候该不该调指标呢？"

若调目标，会影响公司业绩达成；若不调目标，则影响销售拿奖金，将严重影响销售的积极性。

A 说："这涉及预算刚性的问题。确实，计划赶不上变化，但是假如预算是随时可以变的，那它的刚性和严肃性在哪里？员工认为奖金指标可以随时改，更扰乱了公司纪律。因此，我觉得不应该修改。"

B 说："刚刚提问的同事提到，调目标会影响达成，这句话是真的吗？二季度的实际销售如果只能做 2 400 万元的话，那么，定 3 000 万元的目标和定 2 500 万元的目标，哪个可能达成更高呢？可能是 2 500 万元的目标吧，因为它更切合实际。"

这是一个非常经典的问题：预算的刚性和柔性如何平衡？在不打破刚

性原则的情况下，如何通过柔性来提升销量和业绩？如果年度预算代表刚性，谁来体现柔性？这就引入了一个新概念：滚动预算。

虽然年度预算的目标（同时挂钩奖金指标）需要刚性，但是对于季度、月度我们可以进行滚动预算的调整。例如，我可以把二季度的滚动预算目标调整为 2 500 万元，但是算奖金还是要按 3 000 万元目标来计算。如果二季度预测实际可达成 3 500 万元，我也可以把目标调整为 3 500 万元，但是奖金按 3 000 万元指标来算。

还有一位伙伴提出另一个问题："年度的费用预算，所有部门都抱着越多越好的心态，作为财务应该怎么办？"他身边的伙伴马上建议："费用预算不建议只做年度预算，要结合季度、月度做滚动预算。作为财务，要明确告知业务，费用是你自己'赚'的，要和收入相匹配。你进账的收入多，费用自然拿得多。滚动预算非常重要的作用，就是根据最新的业务情况，匹配资源，调整资源投放。"

这样看来，滚动预算在实际工作中非常重要。那么，接下来这一章，我们就一起进入滚动预算，感受柔性预算的魅力。

8.1 定义：什么是滚动预测

滚动预测与滚动预算

滚动预测是按月或季度滚动至本年度或下年度结束，根据最新情况，调整业务预测，并据此匹配资源的过程。因为滚动预测频率高，编制过程随着时间的推移不断向前滚动，因此称为"滚动预测"。

滚动预算根植于滚动预测流程之中，属于滚动预测的子项目。滚动预算主要指滚动预测中相关的财务产出，如：未来 4—8 个季度的利润表、现金流量表等。

滚动预算的特点：柔性与时效性

柔性（可变）：滚动预算为了对抗预算刚性而生。在预算中，刚性和柔性各自的特点是什么呢？刚性保证了目标的清晰，资源配置的连续性。保持刚性，能让企业不断向前突破，取得阶段性胜利，同时不留退路，不找借口，坚决执行。柔性的存在，不是为了给自己找借口、找退路，而是因时因势而动。通过企业对环境的适应，建立动态的竞争优势，把握最新市场机遇，取得更大胜利。

把握了刚性与柔性的特点，我们就进一步清晰了滚动预测的关键点：滚动预测的目的，是增加预算对环境的适应性，更多攫取市场机会，合理排兵布阵，最大化其业绩。滚动预算绝不是人治的借口，肆意修改，破坏规则，成为人治的遮羞布，大幅度招人和减人，造成资源浪费。

时效性（及时）：与战略预算和年度预算相比，滚动预算在配资源、控成本、促行动方面有明显优势。同时，滚动预算与分析的完美结合，每个月在业务分析会上总结分析上一期的业务情况，快速调整下一期的目标、打法、资源，是业绩铁三角预算与分析结合的典范。此部分内容我们在本书第4章第3节中有详细介绍。

实施滚动预算的过程中有哪些注意事项

滚动预算使用较为复杂，管理成本高。与一年一次的年度预算相比，一年8—12次的滚动预算大大增加了企业预算的频次、复杂度和沟通成本，容易让企业陷入预算陷阱。因此，平衡滚动预算的效率和效果，让滚动预算变轻，切实关注滚动预算对企业实际资源配置、销量拉动、项目推进等的影响，才是重要考量。根据管理成本最小化是管理滚动预算成本的关键这一原则，管理水平越高的公司，滚动预算对业绩提升越有效。管理水平相对初级的公司，可弱化（不做或少做）滚动预算，一方面减少管理成本，另一方面加强企业预算的严肃性和规范性。

滚动预算更需要系统支持。如果企业仅仅实施年度预算，不使用预算系统，还是相对容易操作的。但是，若企业一年要做8—12次滚动预算，有非常多个版本的滚动预算，这时候再使用手工表格就相对困难。同时，因为滚动预算要将已发生月份的实际数字进行更新，也要求预算系统与ERP实际发生数相连接，所以对企业的数字化水平要求也更高。

滚动预算对组织能力要求高。滚动预算需要相对完善的财务组织支撑（例如：全职的财务BP同事），同时对业务同事的预测、资源配置能力也提出了更高的要求。

对于年度预算主导的预算模式，原则上滚动预算不影响其奖金目标。对于年度预算主导的预算模式，年度指标一旦制定，其成为销售人员的奖金指标后，原则上不根据滚动预算调整其指标。举个例子，假如年初我们制定了奖金指标为每个季度100万元，3月底我们预测二季度最新的收入滚动预测为120万元。这时候，我们不会改变100万元的指标，我们会以120万元为最新滚动预测目标来衡量团队销售进度并配置资源。但是，对于滚动预算主导型公司，他们的奖金目标按季度下达，会和滚动预算更接近。

预算日历的3种模式

有人问："能不能介绍一下滚动预算到底是如何滚动的？企业没有实操过，不知道具体的时间和节奏。"

确实，因为滚动预算编制频次高，到底如何滚动，三大预算如何衔接，就成了重要的管理课题。预算日历是规划日历的一部分，是企业管理文化和管理方法论的外在体现。实际工作中，不同公司的预算日历大有不同。

在第1章第3节，我们分享了年度规划日历。在年度规划日历中，我们按照年度预算主导型进行了滚动预算的日历演示。在实际工作中，预算日历主要分为年度预算主导型、战略预算主导型、滚动预算主导型等不同类型。

我们选取了3个世界500强公司的真实预算日历，为您详细展示。

A公司：年度预算主导型。年度预算主导型是目前我国应用最广泛的类型。我国的滚动预算往往是滚动一年的。但是，在国际上许多公司滚动预算是做未来4—8个季度，也就是至少两年。如果组织成熟度较高，可以考虑滚动两年这一做法。

表8-1 年度预算主导型预算日历

月份	预算类别	第一年 一季度	二季度	三季度	四季度	第二年 全年	第三年 全年	第四年 全年	第五年 全年
2月、3月	滚动预算	■	■	■	■				
4—7月	战略预算	■	■	■	■	■	■	■	■
5月、6月	滚动预算		■	■	■	■			
8月、9月	滚动预算			■	■	■			
10—12月	年度预算				■	■			
11月、12月	滚动预算				■	■			

每个季度，它做两次滚动预算，是在当季度的第二、第三个月。其实际做法是，一季度滚动至第一年年末；二季度、三季度滚动至第二年年末；四季度滚动至第一年年末。

为什么要这么滚动呢？因为一季度刚开年，主要做好开门红的各项工作。从4月开启5年战略规划，各个部门才开始考虑下一年和未来5年的数字。从那时开始，就开始讨论第二年的数字。在5年战略规划、二季度、三季度都分别提交第二年的预算，也为其年度预算进行了铺垫。也就是说当年度预算开启时，公司已经讨论了3次明年的数字，那么，年度预算的谈判会有效得多。这就是滚动两年的优势。

鉴于年度预算会最终明确第二年预算，因此，在11—12月的四季度滚动预算中不再重复进行讨论。为什么该公司在10月才启动年度财务预算？因为它要等三季度关账，滚动预算做好，这样能对第一年的实际发生数做一个相对准确的基础数据预估，再最终确定第二年的数据，其年度预算的指标会更准确。如果以年度预算为主导的企业，可以参考这一类日历，作为基础模型。

B公司：战略预算主导型。B公司的预算节奏和A公司总体上比较接近，但是细节略有不同。首先，A公司一年进行8次滚动预算，B公司进行12次。另外，B公司将战略预算与年度预算二合一，在流程上更简洁，避免多次汇报减少管理成本。

表8-2 战略预算主导型预算日历

月份	预算类别	第一年 1月	2月	3月	4月	5月	…	9月	10月	11月	12月	第二年 全年	第三年 全年	第四年 全年
1月	滚动预算	至第一年年底滚动预算												
2月	滚动预算													
3月	滚动预算													
3—8月	战略预算+年度预算	3年战略预算（第二年数字自动为年度预算数）												
4月	滚动预算													
5月	滚动预算													
6月	滚动预算													
7月	滚动预算													
8月	滚动预算													
9月	滚动预算													
10月	滚动预算													
11月	滚动预算													
12月	滚动预算													

C公司：滚动预算主导型。在三家公司中，C公司的预算是最轻的，但公司历史也最悠久，公司体量最大。如今，世界上越来越多的大规模公司，向滚动预算主导型的方式进行改革，让预算更灵活。在这个案例中，该公司没有明显的战略预算流程，甚至没有明显的年度预算流程，以4次滚动预算代替。其销售奖金也不是一次性下达4个季度的，而是年度有一个指导大纲后，每季度下达。这样的预算会更灵活，但实操下来，其对战略规划的重视度相对较低。通常每年三季度的滚动预算会做得比较重，相当于年度预算。

C公司的分权相比A、B公司分权度更高，组织更接近于联邦制，因此其灵活度更高。由此可见，预算管理的频次与其组织、权力架构等也紧密相连。

目前，国际上有一个比较热门的预算概念为"超越预算"，是在传统预算基础上让预算更轻、更高效的过程。这是预算发展到一定阶段后的必然趋势。但对于目前我国大部分企业现状来看，可以先学习A公司的经典模型，理解和运用好，把预算系统做好，组织匹配好，之后再进一步将预算变轻、变薄，让管理成本更低。

表8-3 滚动预算主导型预算日历

月份	预算类别	第一年 一季度	第一年 二季度	第一年 三季度	第一年 四季度	第二年 一季度	第二年 二季度	第二年 三季度	第二年 四季度
3月底（或4月初）	滚动预算	至第二年年底滚动预算							
6月底	滚动预算								
9月底	滚动预算（年度预算）								
12月底	滚动预算								

决定企业预算周期、频率的关键因素

在考虑制定本公司的预算周期、频率的预算日历过程中，我们可以考虑以下因素：

- 外部市场环境变化剧烈程度；
- 收入、成本的可预测性；
- 企业预算实际达成率；
- 企业预算相关的组织配备，例如：财务BP组织；
- 企业信息化水平，如：预算系统、ERP系统的使用程度；
- 预算对企业的实际作用等。

企业上了年度预算后，是先上战略预算还是滚动预算

目前我国许多企业只实施了年度预算，有人问，如果进一步完善三大预算，是先实施战略预算还是滚动预算？这个问题要根据本企业的实际情况而定。

战略预算先推行的好处：通常适用于大型集团公司，且有一定的历史和基础，但战略不够清晰的情况。其一，某些大型集团上预算体系的目的是改善企业业绩，而改善企业业绩的根本方法还是要从战略、组织、机制入手。通过战略预算流程厘清战略，可以做到方向大致正确，少走弯路，这往往比精细化管理的成本收益要更高。其二，滚动预算偏微观管理，其对整个集团公司的系统支持和组织支撑要求更高，对于刚上预算的公司，其能力需逐步搭建，先从宏观管理开始更符合企业组织能力的现实条件。

滚动预算先推行的好处：适用于初创企业，商业模式不清晰，业务不稳定。可缩短预算周期，从定量目标出发，先走一步。资源配置与市场、收入等相匹配。从业务的痛点出发，从管理层的认知水平出发，集中力量办大事，先通过预算管理，帮助企业实现一部分"战略、组织、机制"层的提升，再一步步搭建完整的预算、分析、激励体系。

案例：滚动预测助力销量提升10%

这一年，心悦集团的业绩遭遇了不小的挑战。

新产品因质量问题遭遇大范围的产品召回。这给公司声誉、股票价格都造成了不小的影响。影响最大的是公司的现金流，因为要再投入资金进行重新生产，同时已经投入的新品销售团队和市场资源也无法有效回收。CEO、销售副总裁、CFO等几位销售老板都心急如焚。

某月第一天，销售总监把销售经理都召集起来，进行销量统计和预测。早上，销售副总裁孙总、销售总监曹总、蔡澜、财务BP四个人先开了个小会。

销售副总裁孙总说："这次的产品召回确实是始料未及。公司的业绩预告，这个季度是3亿元的销售额，其中老产品2.2亿元，新产品0.8亿元。但是，目前看来，公司新产品不会有任何收入。经测算这个季度销量必须达到2.5亿元，否则现金流就会出现危机。现在创始人和CFO已经每天奔走在投资人与银行之间，希望能融资续命。从销售的角度来看，也必须尽最大可能把销量提升至2.5亿元，挽救公司于危急时刻。"

销售副总裁孙总对他的下属销售总监曹总耐心地说:"老曹,我知道你只负责老产品,新产品是小刘的活。你的指标是2.2亿元,年初就定好了。但是现在肯定是不能按2.2亿元来'跑'了,如果这个季度的滚动预测销售目标提升至2.5个亿,有没有可能?"

老曹面有难色,来回踱步。他提出了3个问题:

1. 如果滚动预测的销售目标提升至2.5亿元,那奖金怎么算?
2. 公司会以怎样的费用投入,支持销量的达成?
3. 明年的销售指标怎么算?

老曹说:"孙总,这次的事情是质量的问题,确实和销售团队没有任何关系。问题最后怎么能由销售承担呢?"显然,老曹有些不满和激动。毕竟,多做3 000万元对他来说,是一个几近不可能的任务。如果没有足够的激励配套和资源配套,是很难完成的。另外,老曹也有自己的"小算盘",毕竟如果这个季度真的冲上去了,那以后资本市场以及公司领导对他的预期就大幅提高了。销售副总裁孙总执掌销售团队多年,他深知其中的弯弯绕绕。

他和老曹商量道:"是这样的。销售奖金计划是不会改变的,销售奖金指标也不改变。"他帮老曹算了一笔账,这个季度如果达成2.5亿元,那对比2.2亿元的目标,实际达成就是114%。季度目标奖金是15万元,实际奖金就是29万元。当老曹听到自己这个月可以多拿14万元的奖金时,不禁有些心动。但是这个金额还不足以打动他,毕竟要增加3 000万元的销售额。

"那明年销售指标呢?"老曹追问道,"如果今年多了3 000万元,那明年的计算基数就多了3 000万元,这不是一个小数目。"孙总说:"明年的销售指标,我向CEO和财务都申请了,你这个季度多做的不算基数。也就是说,这个季度,超过2.2亿元的,按2.2亿元计算基数。"

总的来说,老曹对这次滚动预测加指标很不满。他觉得这确实不是他的责任,孙总让老曹组织销售经理们先把这个季度最新的滚动预测报上来。在管理滚动预测的过程中,孙总不是单纯地压指标,而是要把奖金、资源甚至明年指标都帮团队考虑进去。他擅长抓机遇，尤其是那些转瞬即逝的商机。

下午3点多，老曹把他们汇总的新一版的数字给销售副总裁孙总发了过来。他和孙总说，经过团队不懈努力，本季度可以多做1 300万元，这离多做3 000万元还有不小的差距。

表8-4 团队提报的第一版滚动预算

区域	滚动预测（亿元）			年度指标			去年同期		
	7月	8月	9月	Q3（亿元）	差距（亿元）	达成率	Q3（亿元）	成长金额（亿元）	成长率
北区									
东区					0				
南区					−0.3				
西区					0.4				
中区									
全国总计				2.33	2.2	0.13	105.9%		
关键16省									
浙江									
江苏									
广东									
北京									
上海									
湖北									
⋮									

孙总看着表格，火气慢慢升腾，但隐忍不发。他深吸一口气，笑着说："老曹啊，我看了数字，大家都很不容易。这样吧，你帮我把大家的风险机遇表格收一下，按省份、关键医院、经销商都收一下。明天晚上咱们再碰一下。针对关键的机遇，让大家写清楚需要的支援。"

老曹按照孙总说的，连夜带领团队一个一个过，准备了机遇风险表，第二天一大早，就给孙总传了过去，里面详细罗列了1 580万元的市场机遇。

表8-5 机遇风险汇总表

机遇	项目	金额（万元）	客户	经销商	可能性	负责人	所需支持
浙江	对手××产品短缺，我公司产品可临时入院	300	客户1、2、3	A	中等	大区经理××	经销商临时激励政策，销售代表支援，销售临时奖金政策
江苏	经销商超额买货	1 200		B	较大	商务经理××	稀缺型号放货，会触及高额返利快速审批

(续表)

机遇	项目	金额（万元）	客户	经销商	可能性	负责人	所需支持
湖北	××医院入院	30	客户9		较小	市场总监××	全年全国活动计划与客户确认，商务团队入院跟进
广东	××产品促销计划	50		13家	较大	市场+商务	针对xx高价产品进行年度促销
机遇总计		1 580					

风险	项目	金额（万元）	客户	经销商	可能性	负责人	所需支持
北京	××客户被对手转换	100	客户11、12	M	中等	地区+市场	对手对客户11猛攻半年，已基本谈妥，需大市场计划支持
上海	3个重点客户无法完成销量	450	客户15、16	L	中等	地区经理	全国经理介入进行辅导
湖北	2个销售空岗区域无法完成销量	200			中等	地区经理	人事、大区经理进行人员划拨
风险总计		750					

孙总马上邀请所有销售经理开会，商量具体的解决办法，就每一个机遇风险进行充分讨论。

首先汇报的是浙江大区经理。他说，竞品最近在浙江有缺货的情况，部分客户允许临时采购补货，但浙江团队显然动力不足。因为他觉得经销商和销售团队临时入院要一家家跑，有200多家医院，人手不够。但他估计对手缺货会持续半年以上，如果真的可以抓住机遇，总销量的提升可以超千万元，甚至未来每年还能转化对手300万元以上的销量。

孙总立刻拍板："我把新产品那边的新人拨6个人给你，培训团队马上跟上，给新人培训3天。培训团队老师也跟着下一线。"孙总顿了顿，又说："我们浙江项目组成一个工作组，销售总监老曹做组长，主抓具体工作。另外，因为这里涉及大量激励计划的更改，财务BP和人事BP作为副组长，帮你在公司内部协调资源和政策审批。这个项目组每个星期排1.5小时，汇报各个客户的具体进展。"

"关于激励政策大家怎么看？"孙总看向人事BP和财务BP。人事BP说："这个可以做临时销售奖金计划，按临时入院数量进行激励。"财务BP想了想说："经销商政策方面，可以出一个特殊返利，入院达到多少，给一次性返利，具体的金额回去详细测算。""太好了！"老孙在笔记本上飞快地记着。

这个会持续了整整12个小时，他们深入讨论每一个机遇和风险，搭组织、调政策、找市场费用，每个人都列了许多任务。晚上9点了，会议进行到最后一项。销售副总裁孙总说："大家非常辛苦，我们每个人都把自己这个月要做的最重要的三件事汇总一下，现在给到记录人，我们再讨论一下每个人的三件事。接下来，我们就按照这三件事来跟进进度。"

这个第三季度特别漫长，经历了多个起伏，最后老产品团队以2.52亿元完成了当季度的滚动预测。CEO说："自从公司开始创业，每一年都有几个'坎'感觉过不去，但是走着走着，又冲过去了。冲的次数多了，人生的历练也多了，内心也更坚毅了。如果没有每个月的滚动预测，没有如此细致的管理和布局，不可能打出这么好的结果。"孙总说："如果只有年度预算不做滚动预算，那就被年度预算的指标束缚住了。滚动预算让我们根据最新的市场情况逼自己一把，拿回更多的销量，根据对手的情况，对症下药。滚动预算必须狠抓机会和风险管理，把握住每个机会，将每个风险都尽量化解，才能让销量最大化。"

心悦集团的案例非常好地展示了滚动预测的实操过程。滚动预测在年度预算的基础上，根据最新的市场情况进一步定目标、配资源、促行动。如果你问我，要在短期提升销量最有效的武器是什么？那我会毫不犹豫地回答"滚动预测"。

既然预算对心悦集团帮助这么大，我们是不是在所有组织都应该强化预算管理呢？不一定，我们来看看初创业务的案例。

8.2 迷思：初创业务要不要做预算

滚动预测的另一个常用的场景，是在快速变化的外部环境，或是初创业务混沌不清时使用，对资源配置进行指导。外部环境越稳定，内部结构就越正式。稳定的环境适合做更多的计划，不稳定的环境，计划赶不上变化，就要及时变更预测。

比如，在初创业务的产品—市场匹配阶段，业务混沌不清，无论你做多少收入预算，最后可能都会颗粒无收。这个时候，也需要加快预算频率，针对最新情况，进行人员、费用调整，不断优化产品。因此，常有人说初创业务最应该先上滚动预算，但上了滚动预算后，又出现更多问题。那么，初创业务到底要不要上滚动预算？初创业务应该如何做预算？

对于初创业务，我的实践是强化现金流预算，弱化收入预算。为什么要弱化收入预算？我们来看看庆姐的案例。

案例：某集团初创孵化业务的艰难探索

庆姐是一家大型集团公司的高管，她所在的公司历经十余年的发展，"第一曲线"的业务已经趋于稳定与饱和。公司成功 IPO 上市之后，老板意识到公司缺乏后劲，不能这样发展下去。三年前的夏天，他带领公司转型开辟"第二曲线"。

最开始的时候，他们开了一次高管动员大会。她记得很清楚，老板鼓励大家要有二次创业的精神，重新出发。那时，公司围绕上下游产业及其他相关行业，进行了大规模的探索。

他们开辟了一个新的事业群，叫孵化业务中心。这个中心，开辟了近 10 条新业务线。轰轰烈烈干了一年半，走了 8 个事业部负责人，只做了不到 1 000 万元的收入，累积亏损接近 5 000 万元。剩下的 2 个事业部奄奄一息。

庆姐问我，初创业务要不要做预算，这个问题在业界一直争论不断。

我觉得不需要，或者说初创业务要"预"多于"算"。意思是，在达到"市场—产品匹配"之前，不需要过多定量的收入预算，而应关注在产品打磨、商业模式打造、形成爆款上。

实际上，在达到"市场—产品匹配"之前，就算做再多的"算"，预测收入 500 万元、5 000 万元、5 亿元，本质上都是无根据的。因为你的产品、商业模式、团队没有经历市场的检验，还处在一个"不完全可预测"的状态。这个时候，是深度打磨产品、打磨团队的过程，而不是只盯着数字。

庆姐问我，什么是"市场—产品匹配"？

"市场—产品匹配"是产品可以完成市场检验，形成良性的复购、转介绍状态，商业模式在一定程度上被验证，用通俗的语言来说就是产品确实"能打"了。比如，教育类的产品转介绍、复购率达到80%以上，这就可以证明这个产品完成了"市场—产品匹配"。在达到这样的状态之前，初创公司不应该把时间和精力花在预算的"算"上面，而是要做好两件事：打磨产品（包括团队）+ 形成有效商业模式。这个过程耗时可能是几个月、几年，甚至是十几年。在这期间，不能大面积铺团队，因为打样没有完成。一旦完成打样，就可以展开大规模的复制。

那么，如何让产品快速达到"市场—产品匹配"呢？我认为，要和客户在一起。

我曾经听过几位创始人分享他们创业成功的故事。有一位教育行业的创始人说，在他们创业的过程中，一直有许多学员选择他们公司的课程。他们深入研究了用户购买的关键因素。他们机构的成功秘诀是寻找最优秀的老师，并且花了大量时间与老师磨合、复盘，形成教学体系，然后大量复制。这位创始人后来做了投资人，投资了不少成人教育公司。他说："如果我去这家公司，发现他们的客户不够多，创始人的时间没有花在客户上，我就不会投资。"

无独有偶，一位医药企业的创始人也和我分享了他成功的案例。他说，在他探索的十余年里，销量总是起不来。后来，他们和患者深度接触和随访，从患者早上5点从南通的家里起来，到上海的医院看诊，看完病，拿到处方，再回家和家人商量是否要买这么贵的药，之后来买药、拿药，再回家把药放进冰箱，最后用药以及复购用药。他们跟进了几十位客户，发现这其中有几个环节是存在服务缺失的，包括患者在家的用药管理、如何用药、如何复购等。于是，他们重新梳理了商业模式布局，把缺失的环节补齐，3年时间销量翻了10倍。

我自己的故事和他们也差不多。我常年混迹于数十个微信群中。我总是用业余时间认真看他们的问题，并针对有特点的案例进行解答。同时，我还经常发布问卷，了解读者的真实问题。在每一篇悦财文章发表之前，我会将其发至核心读者群进行小规模读者的阅读反馈和修改。我和出版社的编辑开玩笑说："我是这个时代拣选的作者。不是因为我会了别人不会的财务知识，我的文笔也并非多么优美，而是我愿意花更多时间与读者在一起。我了解这个时代读者的需求和一线问题，并为他们寻找答案。"

这也印证了这本书业绩模型里面的"道"，即企业的目标，是为利益相关者提供价值：长期的、疯狂的、最大化的价值。

一切以客户价值为依归，一切从客户出发，与客户在一起，是管理之本。

一开始，在资源配置过程中，庆姐的公司大量辞退和招聘人员，形成了巨额亏损和浪费。但后来，他们公司的"第二曲线"有了一定的进展。我问庆姐，他们的经验是什么？

庆姐总结了3条经验：

1. 在未形成"市场—产品匹配"之前，小规模投资（包括人、财、物、时间）进行试水，如果可以跑通再继续投资。对于商业模式不清晰的项目，不要盲目大规模投资。
2. 在投资之前，要先彻底对标对手，了解对手的商业模式、利润表结构、组织布局、盈利模式，给自己的资源配置形成强有力的对标支撑。
3. 在产品规模化增长，即快速放量阶段，有效形成滚动预测机制，不断滚动式进行资源投入。

在未形成"市场—产品匹配"之前，小规模投资这一点我比较好奇。那么，具体如何判断可以大规模投资了呢？

有的公司把盈亏平衡作为一个关键的目标，也有团队把复购率达到一定比例（如70%）作为关键指标。而我相信，这个时间点往往是很显而易见的，是你能明确感受到这个生意能做,并且能做成。

再如,业内某成功孵化多家子公司的集团,他们的孵化机制是这样的:

- 在正式立项前,投资多在500万—2 000万元,超过后便不再投资;
- 研发须形成原型机,并通过公司技术委员会评审,方可立项;
- 股改后,公司开放20%左右股权给核心员工认购股权;
- 员工投入资金,一定年限后若离职可保留部分股权;若不满足条件,离职时公司全额回购股权;子公司上市后,员工解禁期后可市场化交易。

他们给自己的第一期投资设定了一个限额,即不超过2 000万元。这是一个关键的止损机制。如果在2 000万元以内,团队能研发出原型机,集团就继续投资;如果不能,集团就不投资了。这也是一个很好的案例。

我又问庆姐,在投资之前,要先彻底对标对手,了解对手的商业模式、利润表结构、组织布局、盈利模式,给自己的资源配置形成强有力的对标支撑。这一条他们是如何操作的。

庆姐说,他们公司有一个战略分析团队,这个团队有专家专门做对标研究。比如,有一次,他们研究了一个对标对手的招股说明书(该对手上市未成功),研究了几个关键问题:收入规模、收入成长率、毛利率、净利率、销售费用率、研发费用率、公司人数、公司人均单产、公司收入细节(按产品、按团队、按区域)、公司主营业务成本结构细节、公司销售、研发费用细节、公司在研产品管线布局、公司研发节奏、公司详细组织架构、公司可被招聘的关键人才。

接下来,按照他们的商业模式,公司仔细研究了未来3年的利润表,进行了深度研判。

这对公司进一步安排多少人(可以对标对手人均单产)和管线研发节奏等有非常重要的意义。同时,将对手的关键市场和核心团队研究透,对自己的打法也有很强的帮助。

在初创业务的管理过程中，一些大型集团公司仍然会沿用传统的预算管理办法，陷入一管就死的困局。初创业务的预算管理要点在于以下 6 点：

1. 在达到"市场—产品匹配"之前，关注商业模式探索和产品打磨，尽快形成"爆款"，也就是说这一阶段的主要目标并非获得短期多么高的收入或利润，而是形成中长期的产品和组织能力的"基石"。收入等定量指标可以"少一点"。
2. 在达到"市场—产品匹配"之前，可以先投入有限资源进行"打样"，而非盲目大量投入资源。另外，投入资源的过程中，时间是非常重要的。有时候，再等待一段时间，事情就有了不一样的变化。长期主义永远伴随创业者。
3. 在投入资源的过程中，可参考对手的商业模式、关键指标（包含人效、利润率等），进行充分学习和对标后，再形成自己的商业模式与打法。
4. 和客户在一起，以客户价值为依归，是好产品的来源。
5. 集团公司进行初创业务孵化，机制相当重要。我国不同行业中的龙头企业，有许多成功模式为我们提供有益的参考。
6. 早期看不清的业务，可以利用滚动预算的模式，把预算周期缩短一些，资源投放紧跟业务现状来进行。待业务更稳定、可预测，组织能力也相对成熟后，再进行年度预算，甚至是战略预算。

总的来说，滚动预算更灵活、更准确，为现实的资源配置进行了有益的指导。但在实操过程中，切忌"政令天天变"，指标不明确，造成一线业务的混乱。

第 9 章
战略规划

9.1 定义：什么是战略规划

在分享了业务计划与年度预算、滚动预测与滚动预算后，我们进入三大预算中的最难的，也最为关键的预算：战略规划与战略预算。

战略规划是系统性地梳理组织的使命、目标、战略，以及行动方案的工作。制定未来 3 年、5 年、10 年的战略方向和项目投资计划，达成组织战略清晰、资源匹配、行动部署的目的。战略规划是制定战略的重要流程。战略规划的产出可具体表现为：公司战略、中长期财务预测、"关键战役"等。

战略预算根植于战略规划流程之中，属于战略规划的子项目。主要指战略规划中相关的财务产出，如 5 年利润表、现金流量表等。

什么样的企业需要战略规划

如果企业有以下的情形，可以考虑战略规划流程：

1. 公司具备一定的规模和发展时间；
2. 公司处在高度竞争或者快速变化的市场环境中，公司在未来 10 年面临生死劫；
3. 公司核心竞争力较弱；

4. 公司看不清未来的方向，不知去向何方；
5. 公司急需发展"第二曲线"或"第三曲线"；
6. 公司组织混乱，变化很快；
7. 公司资源分配规则不清晰等。

如何制定战略

战略规划的首要产出就是公司战略。那么，如何制定战略呢？

首先，战略需要回答"去哪儿"的问题，其中包含目标与路径。目标，即企业的使命、愿景、价值观，以及财务目标。路径，即企业提供哪些产品和服务；企业的商业模式是怎样的。这就需要我们明晰：我的客户是谁、市场与产品的选择、产品矩阵的构建、竞争分析等。商业模式包含了收入来源、成本结构、客户与通路、核心资源等。

这里企业要回答的核心问题包括以下5个：

1. 我是谁？我为什么而存在？
2. 我的客户是谁？我的客户应该是谁？
3. 我（现在与未来）为客户提供哪些产品？卖点是什么？为客户带来哪些价值？
4. 我的盈利模式是怎样的？我能赚钱吗？多久能赚钱？多大规模能赚钱？能赚多少钱？
5. 未来5年，我的主要目标（财务与非财务目标）是什么？

其次，战略要审视"能去哪儿"。企业围绕目标不断构建核心竞争力，形成"护城河"。目标与能力是一体两面，绩效是能力的综合体现。能力是"事中练"出来的，企业如果仅仅打胜仗，但是没有获得相应的能力，就等于打败仗。

企业的核心竞争力包括：战略竞争力、品牌竞争力、资本竞争力、创新竞争力、组织竞争力、价格竞争力、渠道竞争力、国际化竞争力等。

识别核心竞争力主要从其价值性、稀缺性、模仿门槛等方面去识别。同时，企业估值深度反映企业核心竞争力，是企业核心竞争力的重要体现。

这里企业要回答的核心问题包括以下5个：

1. 我（现在与未来）真正的竞争对手是谁？对手与我最大的区别是什么？客户为何选择我（或者我的对手）？
2. 公司的主要风险是什么？风险有多大？
3. 我公司（现在与未来）估值是多少？估值逻辑是什么？哪些是我的核心资产与竞争力？
4. 我（现在和未来）的哪些核心竞争力不容易被对手模仿？我的哪些核心竞争力是市场稀缺的？我的核心竞争力是依赖于个人还是组织？
5. 要实现我未来的目标，哪些能力必不可少？哪些我此刻没有？这些能力我需要自己构建？还是借用他人？如何构建这些能力？

最后，战略执行"怎么去"。战略执行是战略的关键组成部分。在战略执行的过程中，企业往往会聚集3—5个"关键战役"，集公司之力办大事，研发核心产品，抢夺关键市场，构建相应组织及能力等。

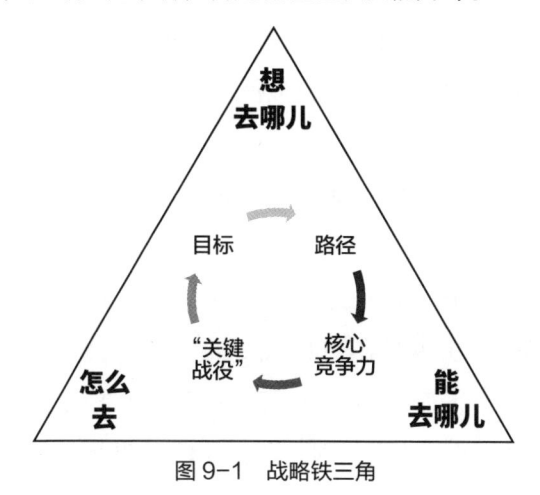

图 9-1 战略铁三角

这里企业要回答的核心问题包括以下 5 个：

1. 要实现未来的目标，我需要做哪几件事？分别是什么？
2. 如果只做 3 件事？会是哪 3 件？
3. 如何匹配组织、机制、资源来完成"关键战役"？
4. "关键战役"的项目负责人是谁？关键项目成员是谁？关键任务与时间表是怎样的？
5. 如果"关键战役"成功（或者不成功），公司会是怎样的？

战略规划流程

从流程上看，战略规划主要分为 5 个步骤：

1. 外部分析：主要包含战略假设研判与讨论、国内政策研讨、技术研讨、国际形势分析、国家区域分析、市场模型构建与市场规划等；
2. 内部分析：主要包含公司历史梳理、使命愿景价值观梳理、成功因子、历史业绩分析、历史复盘与问题发现等；
3. 战略制定：主要包含公司战略方向、主攻市场、产品矩阵、核心竞争力打造等；
4. 财务规划：未来 5 年利润表、现金流量表等；
5. 战略执行：主要包括"关键战役"、投资规划、组织匹配等。

从流程上看，仍然沿袭自上而下、自下而上、再自上而下的流程。

1. 公司层（自上而下）：公司层确定公司未来战略方向、财务规划（自上而下）并展开前期讨论等；
2. 部门层（自下而上）：部门层根据公司未来战略，规划部门（区域）战略、形成财务规划（自下而上），以及确定"关键战役"与投资计划等；

3. 公司层（再自上而下）：公司层进行战略修正、确认公司财务规划，并经过谈判将指标分配，确认公司层"关键战役"并配套相应组织推进。

		公司层 自上而下 4—5月	部门层 自下而上 6—7月	公司层 自上而下 7—8月
1	外部分析	· 战略规划启动会，组织构建完成 · 战略假设的研判与讨论 · 国内政策研讨/技术研讨 · 国际形势分析/国家区域分析 · 市场模型构建与市场规划	· 公司各部门组织部门战略规划：研发、商务拓展、供应链、营销（中国、海外各区域）、人事、财务（中长期发展规划） · 部门启动会，组织构建完成 · 部门战略分析 · 部门历史复盘等	· 公司研报汇总合议定稿
2	内部分析	· 公司使命愿景价值观 · 历史业绩分析 · 历史复盘与问题发现		
3	战略制定	· 公司战略规划初稿 · 公司战略规划核心班子讨论 · 公司战略规划扩大范围讨论 · 公司层战略规划研讨会	· 部门战略规划研讨 · 部门具体5年财务规划 · 部门当年战略规划财务预测与往年对比	· 公司战略方向确定 · 各部门5年财务规划汇总 · 公司核心领导班子评审 · 公司整体10年数字定稿（10年利润表、现金流量表）
4	财务规划	· 公司整体财务目标（收入、利润、现金流等） · 公司各板块总体目标	· 部门差距分析与解决方案 · 战略规划汇报会 · 公司核心班子评审会	· 公司战略规划发布 · 各部门5年指标数字分配谈判 · 其中第一年指标数字进入明年年度预算
5	战略执行		· 部门"关键战役"讨论 · 投资规划 · 组织匹配	· 各部门"关键战役"评审立项 · "关键战役"评审会 · 资源匹配 · 组织匹配

图 9-2　战略规划流程示意图

其中关键会议包括：战略规划启动会（含组织任命）、战略研讨会、战略规划汇报会、战略规划发布会、"关键战役"（重点项目）评审会等。

案例：揭秘心悦集团战略规划会

2023年是心悦集团成立的第五年，也是公司的产品刚刚推向市场的第一年，公司规模在300人左右，主要包括研发、生产和销售。

第一场会议：战略规划启动会

4月的第一个周一早上，在公司高管会上，CFO蔡澜提出了战略规划这个议题。

蔡澜说："每年4月都是开启战略规划流程的月份。自从创业以来，公司经历了重重考验，一直也没有真正践行这个流程。今年，公司销售逐渐展开，我建议公司正式开展战略规划流程，至少跑起来。一方面，解决公司战略模糊、组织匹配慢等现实问题；另一方面，也更详细地规划下一步具体的销售计划，方便公司融资以及内部资源配置。"

销售副总裁孙总说："我赞同。现在确实需要坐下来厘清方向、资源、销量，改变混沌的局面。"于是，蔡澜开始分享当天会议的四部分内容：

1. 讨论和澄清本次战略规划的目的；
2. 确定本次战略规划的范围；
3. 梳理战略问题清单；
4. 确认战略规划团队。

首先，关于今年的战略规划目的，需要讨论以下几点：

1. 对公司战略进行讨论与澄清：尤其是把我们做什么、不做什么进行明确；进一步明确公司的能力差距，把重点能力的建设清晰化，同时匹配资源；
2. 明确未来的销售目标以及差距，其中包括：收入、利润、现金流以及市值，并分配到各个体系；
3. 进一步完善公司长期股权激励方案，激活组织；
4. 明确3个战略落地的"关键战役"，落实好项目负责人，高质量完成公司战略项目。
5. 整体打通公司各组织各体系，力出一孔，使命必达。

其次，关于战略规划范围，蔡澜提出需要讨论的 4 个问题：

1. 战略规划到底做几年，3 年？5 年？还是 10 年？
2. 是仅仅做公司层面的战略规划，还是要一起做研发、生产、销售的战略规划？
3. 财务数字分解的程度要多细？
4. "关键战役"是什么？

第一个问题，这一次做战略规划是做 3 年的，5 年的还是 10 年的？

销售副总裁孙总说，他觉得做个 3 年的就行，做多了也没用。市场情况瞬息万变，此刻也预测不了那么远。

CEO 郭总有不同意见，他建议至少需要做一个 5 年的，甚至可能要做一个 10 年的。因为目前有好几个研发管线都在非常早期的阶段，要产生收入至少要 5 年，如果做的时间太短，那管线的投入产出就不能覆盖了。

蔡澜考虑他们说的都有道理，提出了这样的建议：是否可以先按 5 年来做，覆盖公司主要的管线周期。同时，在做收入预测时，主要把精力放在前 3 年的收入上，后面用比例来预测，简单一些。

大家表示同意。

第二个问题，这一次的战略规划仅仅做公司层面的，还是加上研发、生产、销售的？这个问题抛出来，大家都默不作声了。

蔡澜看场面有些尴尬，稍微顿了顿，转向身边的销售总监老曹，请他来说说。老曹说，还是做公司的吧，这些文字工作，他不会做。另外，销售同事天天跑客户、开发客户也很辛苦。战略规划的工作比较宏观，对他们的帮助也不大。到时候需要做销售预测，包括人数、市场费用预测等，他再积极配合。在实际工作中，推行战略规划绝不是一件容易的事，因此蔡澜先将此问题搁置下来。

战略问题清单的讨论也异常激烈。最后，大家把战略问题归纳为 8 条：

1. 财经：公司未来 5 年，销售额的目标是多少？市值目标是多少？
2. 方向：公司要布局哪些产品研发管线？
3. 国际化：公司是否要打通国际市场？什么时点、以怎样的方式打通？
4. 核心竞争力：公司的核心竞争力是什么？
5. 商业模式：如果将公司的研发、生产、销售作为一个独立的公司，那这个公司的目标是什么？商业逻辑怎样？估值会如何？
6. 战略：未来 5 年公司只做 3 件事，是哪 3 件事？
7. 组织：公司未来的组织如何承接战略？组织能力如何逐步增强？
8. 资源配置：公司的资源配置的规则是怎样的？

终于来到本次会议的最后一个环节，也是最重要的环节：组织搭建。最近，蔡澜参加了一次外部的创始人研讨会，蔡澜对其中一个创始人分享的内容特别有感触。这位创始人说，去年他学习了战略规划流程，就开始请咨询公司跑起来了。结果跑着跑着，就发现自己的团队懂规划、会规划的人实在太少了。于是就停下来，开始抓招聘，招聘了半年，组织完善了不少，但都快到年底了。今年的战略规划流程，他第一件事就是做了人才盘点，看看现在组织人才"厚度"够不够。先招人，后启动战略规划。

关于组织这个部分，蔡澜提出了 4 个问题：

1. 项目的总负责人是谁？
2. 项目的 PMO 是谁？
3. 项目组主要成员是谁？他们是全职还是兼职？
4. 战略的"虚"，要如何搭配落地的"实"，让战略起效？

CEO 郭总建议让蔡澜做项目总的负责人，然后他的秘书梅姐做 PMO。

蔡澜不同意郭总的看法，直截了当地说："这个项目的负责人，必须是公司一号位，我可以做 PMO。""需要这么高规格吗？"郭总疑惑地看着蔡澜。蔡澜说："需要。公司定战略，肯定要一把手挂帅，否则战略肯定会跑偏。PMO 的工作，也绝不是一个秘书的职责，而是整体协调公司的资源，推动公司变革落地的重要先锋。早年华为的 PMO，就是后来的轮值董事长郭平，他当时是 IT 等部门的总裁。"郭总点了点头对蔡澜说："同意。"

第二场会议：战略制定会

时间过去了两个星期，战略规划工作在紧锣密鼓地推进中。心悦集团召开了第二次内部战略规划的重要研讨会，蔡澜作为 PMO 依旧是主持人。本次会议包含 3 个主要议题：

1. 政策与市场研讨；
2. 公司历史问题复盘；
3. 公司战略制定。

蔡澜分享当天会议的目标是共同制定公司的战略，但是在制定战略之前，肯定要先看清大势。所谓大势，还是要看清公司所在的市场。

因此，关于政策与市场研讨部分，需要先请市场总监把细分市场、客户需求趋势、市场数据进行分享。

市场总监把市场做了如下细分：

1. 按产品分：植入式可磁共振产品和植入式不可磁共振两类市场；
2. 按市场分：一线城市市场、二线城市市场，以及下沉市场；
3. 按价格分：10 万元以上和 10 万元以下；
4. 按中心分：整个市场的手术分布在年手术 500 台以上的超大型中心、200—500 台的大型中心、50—200 台的中型中心、50 台以下的小型中心，以及没有手术仅转诊的广阔中心之中等。

从市场的规模与成长率来看：

1. 手术台数超过 500 台的中心占市场 40%，成长率为 16%；
2. 手术台数在 200—500 台的中心占市场 35%，成长率为 30%。

销售副总裁孙总说："这个信息非常重要，对手在那些超过 500 台超大型中心的客户上投入非常大，但是对于那些 200—500 台的大型中心，他们投入就少了不少。现在就定下来，未来公司主攻的方向是 200—500 台的大中心，全国就 108 家。里面所有的客户，对手投入的资源，都要了解清楚。心悦把资源投到这一细分市场，2 年内目标获得 30% 以上的份额，5 年内逐渐扩展到 50%。"

经过梳理，心悦集团的目标客户是：

1. 按产品分：只做植入式可磁共振产品；
2. 按市场分：只做一线、二线城市市场；
3. 按中心分：关注年手术 500 台以上的超大型中心、重点投入 200—500 台的大型中心。

通过讨论，心悦集团的目标客户清晰了，资源投入方向也清晰了。

下午 2 点，会议重新开始，这一次参会的同事少了，聊一个比较"沉重"的话题，即公司历史问题复盘。郭总带领大家总结了 5 个方面的问题：

1. 资源累积方面，对资金的吸引还不够，公司上市进程需进一步加快。
2. 公司产品管线比较单一，后续产品没有跟上，需要进一步加快产品布局。
3. 公司商业化能力起步晚，目前能力和竞争对手差距大，未来 5 年商业化的成功还有很艰巨的任务。

4. 公司人才"厚度"不够，需进一步加强销售、市场、人事、财务、准入等专业团队建设。
5. 公司管理水平较弱，需强化数字化及整体管理体系搭建。

"坦率说，这些问题过去大家心里也都知道，但是没有真正写下来。"蔡澜此时站起来总结道，"其实是两大类的问题。第一类，是产品管线；第二类，是能力建设。包括吸引资金的能力、商业化能力、人事能力、管理能力等。"

接下来，主要的工作也分为两个方面：一是"前台"，即强化商业化能力、强化管线建设；二是"后台"，即加速上市进程、加速人才发展、加速管理体系的搭建。

经过激烈讨论，大家决定"先人后事"，先找到合适的、优秀的人，然后再发展业务。大家将公司接下来的重点工作顺序排列如下：

1. 寻访优秀人才，搭建活力组织；
2. 商业化成功；
3. 研发管线有效扩充；
4. 加速公司 IPO 上市进程；
5. 有效搭建管理体系。

本来对于未来5年战略，公司高管的脑中并没有非常清晰的轮廓，但是现在经过市场分析、历史复盘，大家对去哪里，做哪些事，有了更清晰的认知。

对于未来战略的提炼，大家开始头脑风暴，先写下了几项关键点：

1. 商业成功；
2. 公司上市；
3. 组织人才管线扩充；
4. 数字化；

5. 管理体系；
6. 能力建设。

最后，郭总带领大家定下来三大战略：

1. 商业成功：公司在 5 年内，专注"头部""腰部"医院的拓展，在本领域市场份额超过 30%。在 3 年内实现公司上市，并且市盈率超过 50 倍，公司市值突破 120 亿元。
2. 产品梯队：公司在未来 5 年内，再上市两款符合中国市场需求的产品，并获得 FDA 认证，为国际化做准备。
3. 能力建设：公司进一步加强商业化、研发、人事、财务等领域的人才建设，以及公司整体数字化、管理体系的能力搭建，向世界一流企业的管理看齐，为我们 10 年发展打下坚实基础。

当天的讨论一气呵成，在战略的部分，感觉很顺利，没有太多的争执。

销售副总裁孙总问："蔡澜，接下来战略规划还要做什么？"

蔡澜说："接下来，要对整个战略进行文字细化。细化之后，会在公司进行战略工作坊，将战略达成统一共识。然后会进行财务预测，编制未来 5 年的利润表和现金流量表。再接下来，就是组成专项工作小组，来拆解战略形成关键项目（或者称为"关键战役"、关键举措），以项目管理的形式进行推进。"

"太好了！"郭总说道。当天开了差不多 6 个多小时的会议，收获满满。他现在已经对未来要做的事情看得更清晰了。接下来，就是尽快推进财务预测，以及各个部门对商业化成功、产品梯队、能力建设这三方面战略细节的梳理，进一步推进战略落地工作。

第三场会议：财务规划会

一转眼过去了 3 年，心悦集团在 2022 年成功登陆科创板，收入首次超 10 亿元，市值达到 100 多亿元。

这也是心悦集团第四年做战略规划，今天是财务预测研讨专题。9点整，蔡澜开始了整体的汇报。

"大家早上好。经过半个多月的数据整合工作，今天由我来分享一下第一稿的财务数据。首先，在开始财务目标共识之前，我想先谈谈心悦的KPI是什么。也许多伙伴会想，这还用谈吗？财务目标不就是收入吗？过去几年，目标10个亿，去年顺利达成了，KPI还需要再讨论吗？

"过去，心悦刚刚攻占市场，利用风投的资金来快速获取市场，是亏损的。去年，心悦登陆科创板，收入首次破10亿元，利润也首次为正。可以说，迈入了心悦历史发展的新纪元。在这样的情况下，我想将过去以收入为财务主要目标，转化为以收入、利润、市值和现金流为未来财务目标。"

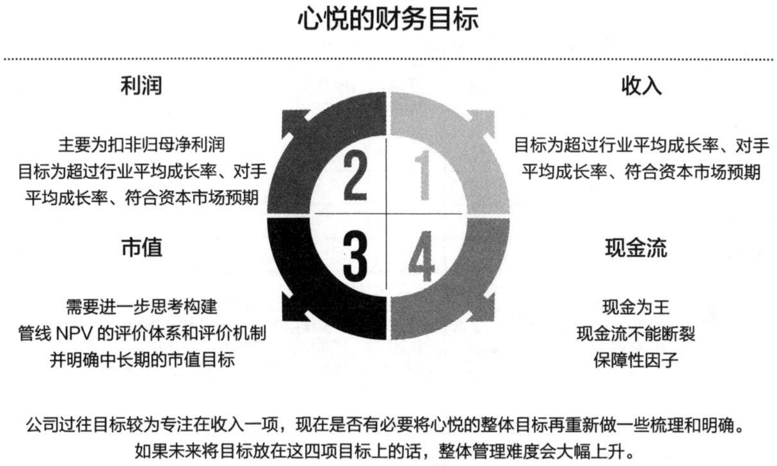

心悦的财务目标

利润
主要为扣非归母净利润
目标为超过行业平均成长率、对手平均成长率、符合资本市场预期

收入
目标为超过行业平均成长率、对手平均成长率、符合资本市场预期

市值
需要进一步思考构建
管线NPV的评价体系和评价机制
并明确中长期的市值目标

现金流
现金为王
现金流不能断裂
保障性因子

公司过往目标较为专注在收入一项，现在是否有必要将心悦的整体目标再重新做一些梳理和明确。如果未来将目标放在这四项目标上的话，整体管理难度会大幅上升。

图9-3　心悦集团新的KPI

郭总想了想，向蔡澜提问道："你说的我基本同意，可是我也有自己的顾虑。心悦过去一心冲销量和研发，虽然遇到不少困难，但也熬过来了。现在这么多的考核方向，会不会太多了？另外，构建利润管理机制确实不是一朝一夕之功。这件事咱们后面继续讨论，先不影响蔡澜的分享，基本上我是同意的。"

"好的。这是一个开放式的讨论，大家群策群力做最适合目前情况的决策。"蔡澜笑着说。

接下来，蔡澜进入收入预测的部分。

"必须先把收入定下来，再来谈利润和现金流。今天的讨论是自上而下来看收入目标。首先，看行业的成长率。目前根据××咨询公司的研报，心悦所在的细分行业成长率在10%左右。其次，再来看分析师的预期。根据38家机构对心悦的预测，未来三年心悦的收入成长率预测分别为31%、28%和25%。最后，再看对标企业的收入预期。"蔡澜选择了6个对标企业。"选择对标企业，最重要的不是他们的收入利润的成长率是怎样的，而是到底目标是谁，我们应该对标准。"说到这里，销售副总裁孙总说："这句话我赞同。"

她找了两位二级市场首席分析师，来了解他们对心悦集团市盈率和对标

表9-1 对标分析

对标公司	入围原因	2020年收入实际	2021年收入实际	2022年收入实际	2023年收入预测	2024年收入预测	2025年收入预测	2020—2023年收入3年复合成长率	2023—2025年收入3年复合成长率
A	直接对手								
B	直接对手								
C	创新型器械							19%	12%
D	创新型器械							23%	22%
E	医疗器械龙头							42%	36%
F	医药行业龙头								

对标公司		2020年利润实际	2021年利润实际	2022年利润实际	2023年利润预测	2024年利润预测	2025年利润预测	2020—2023年利润3年复合成长率	2023—2025年利润3年复合成长率
A									
B									
C								16%	12%
D								30%	22%
E								62%	36%
F									

对标公司		2020年市盈率实际	2021年市盈率实际	2022年市盈率实际	2023年市盈率预测	2024年市盈率预测	2025年市盈率预测
A							
B		71	41	30	25	21	20
C							
D							
E							
F		62	41	33	26	30	33

公司的看法。最终，对标公司入围标准：一是分析师推荐的对标公司；二是直接对手；三是经历了100亿—300亿元实际过程的公司；四是国内医药市盈率排名靠前的公司。

从对标公司的收入、利润、市盈率来看，目前产品还在快速放量阶段。因此，心悦集团目前情况可以总结为3点：

1. 收入成长率基本高于对标企业；
2. 从净利率看，净利润水平以及利润3年复合成长率还远低于对手；
3. 从市盈率看，未来市盈率预计逐步下降至行业水平，如果没有创新产品，我们的市盈率很难维持。

总的来说，根据分析师和对标企业的预测，预计做到30%的成长率会是令市场满意的。也就是说，5年之后心悦集团可以做到37亿元的收入。

蔡澜说："仅仅自上而下分析还不够，接下来，请销售副总裁孙总来分享一下他们目前自下而上做的数字。"

表9-2 心悦集团战略规划收入预测

| 心悦集团2023年5年战略规划收入预测 ||||||||||||||
| 收入 | 实际收入 ||| 预测（亿元） ||||| 成长率（%） ||||| 复合成长率（%） |||
年份	2020	2021	2022	2023	2024	2025	2026	2027	2023	2024	2025	2026	2027	2020—2022	2022—2027	变化
产品1																
产品2																
产品3																
合计	2.500	7.000	10.000	13.500	17.550	22.113	26.093	30.007	35.0%	30.0%	26.0%	18.0%	15.0%	100.0%	24.6%	-75.4%
北区																
东区																
西区																
南区																
中区																
合计	2.500	7.000	10.000	13.500	17.550	22.113	26.093	30.007	35.0%	30.0%	26.0%	18.0%	15.0%	100.0%	24.6%	-75.4%

孙总带领销售团队自下而上预计，2027年公司可以达到30亿元的收入，但是其中难度不小。

1. 2024年的新品上市是未来5年的"关键战役";
2. 从时间角度来看,前3年成长率高,后两年(2026—2027年)成长率低;
3. 我们需要进一步考虑国际化及其他产品等,以增加我们后续的竞争力;
4. 东区和南区,是我们未来的重点布局区域,3年翻番的目标不能动摇。

郭总分析道:"可以说,分析师对于2024年30%的预期成长率,并不算高,毕竟公司刚刚上市,还有新品。若按30%的复合成长率,5年收入就是37亿元。按销售团队自下而上的预测,5年复合成长率是24.6%,收入预测是30亿元。仅仅差了约5个百分点,但是公司要差7个亿的销售额,这是一个本质的差别。"

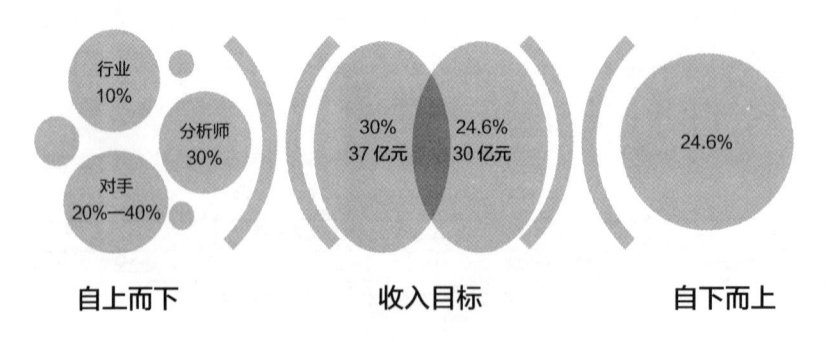

图9-4 自上而下与自下而上汇总

即使是24.6%这个数字,郭总觉得也是相当具有挑战性的。每一步都不能行差踏错,5年时间这么长,也很难保证完成。郭总请蔡澜看看,如果公司的复合成长率调整到20%,5年后的收入是多少。

蔡澜拿着电脑快速计算:10亿元×$(1+20\%)^5$≈24.88亿元。销售副总裁说:"我觉得25亿元作为中位值还是可以的,有信心。"郭总说:"这个数字今天还没办法拍板,但是可能要做一个保底目标和一个挑战目标。比如,把保底目标设为28亿元,再把挑战目标设为37亿元,然后公司按着这两个方向,来进一步讨论我们的方法和路径。"

9.2 痛点：做预算没数据

我在内资公司主持战略规划从 0 到 1 的实施，实际推进战略规划的过程中遇到了 3 个问题，分别是：

问题 1：缺乏制定战略必要的组织；
问题 2：战略规划落地难；
问题 3：企业数据底子差，基础仍须夯实。

问题 1：缺乏制定战略必要的组织

战略组织如何搭建？人才如何搜寻？都是困扰企业的关键问题。战略组织要各层级一把手挂帅，形成三层次的组织。

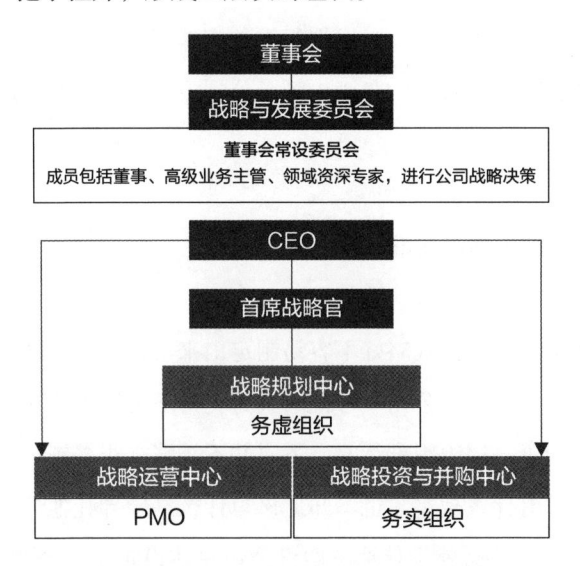

图 9-5 某公司战略组织架构案例

1.战略与发展委员会：董事会常设委员会之一。董事长任主席，董事、高级业务主管、领域资深专家等作为核心成员，进行公司重大战略决策。

2. 战略规划中心（务虚组织）：虚拟组织。由 CEO 或首席战略官领导，进行战略分析（包括：市场分析、政策分析、行业分析、技术分析等）、战略制定、战略文件撰写等工作。

3. 战略执行中心（务实组织，包括战略运营中心、投资并购中心、打×办等）：实体组织。可归属于战略部、总经办等，进行战略运营、PMO、投资并购等工作。

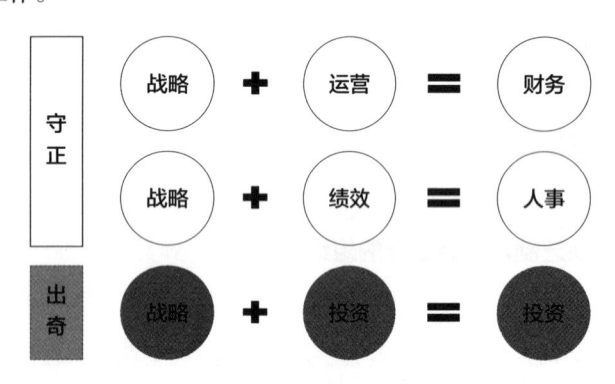

图 9-6 战略组织的虚实结合

通过虚实结合，上下同欲，虚拟组织与实体组织等多种方式实现公司战略工作。当然，如果是较大的集团，各子公司或事业部也有相应的战略组织向下延展。

问题 2：战略规划落地难

组织问题解决之后，战略好不容易制定出来了，但是发现怎么推都推不下去。比如，公司层面在公司一号位的大力支持下可以做公司层面的战略规划，但是向公司下一层组织推行时，下属并不买账。很多销售同事、生产同事都觉得自己没有什么战略，也不知道该写什么。领导让他们写什么就写什么，领导让他们干什么就干什么。假设公司总体设定了一个 30 亿元的目标，但是分解下来怎么干，大家不知道，这样 30 亿元的目标就很容易落空。这个时候怎么办呢？

先实施长期股权激励，长期股权激励之后，所有高管的目标与收入都和长期的股价与业绩挂钩。过去，不关心 5 年收入利润规划的高管，也非常关心公司的长期业绩目标了。这个时候，是推行战略规划下部门的好时机，也就是利用业绩铁三角来解决问题。预算推不动，就推激励，通过激励来推进预算的落地实施。

问题 3：企业数据底子差，基础仍须夯实

组织和流程的问题都解决了，还有一道坎儿，就是数据支撑。因为许多决策的背后，都需要算数字。比如，算人工成本、算市场份额、算每个产品的单位成本等。但是，往往许多企业数据底子比较差，决策质量就会大幅度降低。有些企业算了一半，觉得自己什么数字也没有，也算不下去了，预算也就停滞了。

在从 0 到 1 实施战略规划的过程中，有一天我和老板谈到了数据质量问题。我和他说，现在的数据质量确实很差，做 5 年利润表非常有难度。他就笑着说："月思，你不要捡芝麻而不抱西瓜。"我就好奇地问他："那我应该如何'抱西瓜'呢？"老板说："10 亿元以下的数字你就不要纠结了，这下你能做 5 年利润表了吗？"我恍然大悟说道："老板，能了！"我们相视一笑。哪个企业家不是模糊决策的高手？谁说一定要万事俱备，才能做预算呢？

我反复想着老板说的话，突然想到了我的朋友李吉。他可是模糊决策的高手，我约了李吉，来向他取经。

案例：战略规划没有数据支持怎么办

每年 4—6 月是战略规划的忙季，李吉的公司也热火朝天地忙活着。作为公司的 CFO，李吉负责牵头这次以财务为牵引的战略规划。5 月的第一周，李吉主持了公司战略规划周会，向董事长和各位领导汇报了战略规划的进度。

李吉开心地分享道："经过 4 月的努力，公司层面自上而下的战略规划

取得了不小的进展。战略方面，公司确定了今年战略规划最重要的问题，即，明确了下一个要打造的产品。我们已经规划了3—5个可能的产品方向，研发同事也在积极推进MVP（最小可行产品）的构建。财务方面，公司把目前可能的销售收入和利润做了预估。目前已经定了未来5年的收入目标，也明确了5年后收入可能的差距在15亿元左右。行动方面，针对公司现在最大的差距，即研发领军人才的差距，HR团队已经开启了全球招募，希望3个月内可以遴选到部分候选人。可以说，战略规划的第一步，即战略分析的工作，在4月已经紧锣密鼓地完成了。"

董事长老蒋点了点头："是的，公司今年的战略规划工作开了一个好头。接下来要开展各体系的战略规划工作。各体系去年第一次做战略规划，做得太粗了。大家都只是简单说了一下战略，根本没算收入和利润。今年公司不能这么搞，要把各个产品、各个研发管线都算出收入、利润、净现值，切实做到财务牵引战略。"

李吉听了眉头紧锁，但是他并未吭声。

这时候销售部门负责人开口了："老板，我理解您说的。公司现在做财务牵引困难确实不小。就说我自己这边吧，上周才准备开始招聘营销的财务BP，现在也没有人算这些收入和利润。另外，要是算十几条业务线的，今年年初做预算的时候也试过了，历史数据拆分不了。公司数据过去都是一盘总账，也没分过产品和团队，再加上财务都是会计，和业务部门也配合不起来。我手下的业务部门负责人，冲锋在前没问题，让他们坐在家里算账，倒是难为他们了。"

生产部门负责人听了，也谈了谈生产的问题："老板，生产这边能不能晚点做。产量是跟着销售跑的，现在公司5年后的销量，卖什么产品没细化，这产量也很难规划。我想等销售都做了，生产再做。"

老板听了，一言不发，点了一支烟。

人事部门负责人来打圆场说："特别理解大家现在的困难，但是公司过去吃了太多业务亏损的亏。没有财务规划，就像无头苍蝇，觉得挺好的方向，去做了才发现都是坑。公司要快速补齐能力，我让我们OD（组织发展）团队加快帮李吉规划组织，招聘骨干力量。"

董事长老蒋有点儿不悦，坚定地说："有困难必须克服。如果公司不测算财务指标，把家底盘清，接下来的规划工作就都要停滞了。各团队要尽快开会讨论，看看这个问题怎么解决。"

会后，老蒋找了李吉，和他深入地把问题盘点了一番。老蒋认识到，现在这个盘家底算账的工作，远比他想象的要复杂得多。他问李吉："有没有什么办法？"

李吉问了他一个问题："蒋总，您觉得盘家底的目的是什么？"

老蒋一愣，陷入了沉思。他说："你怎么考虑？说说看。"

李吉说，做战略规划的目的，最主要有3个：找到战略方向、强化落地执行、布局组织能力。

盘家底的工作，是其中重要的一环，它的真实目的有4个：

1. 了解：了解未来具体的收入、利润、现金流、组织人数等重要财务业务指标；
2. 规划：针对具体的差距，详细规划实现路径；
3. 管理提升：提炼重要的管理指标和方法思路，让管理上轨道；
4. 指标谈判：启动公司指标谈判，将公司5年的收入、利润、投资等具体落实，并将5年战略规划中明年的指标直接落入年度预算中，形成战略规划与业务计划的串联。许多人问，如何让战略落地？实际上，将5年的财务数字中的第二年落入年度预算就是非常好的战略规划与业务计划衔接与落地的方式。

老蒋点了一支烟，陷入了沉思："李吉你说下去。"

李吉说，在业内，盘家底的工作盘不好，不仅不会给公司带来更多收益，反而会造成一些负面影响。

1. 盘家底变成了跑流程、跑数字的过程，没有以终为始地去考虑盘家底最终的目的是促执行、提升管理能力；
2. 数字游戏：总部与各业务之间玩猫捉老鼠的游戏，下级单位先把数字报低一点，再谈合理指标；
3. 浪费了公司各级管理者的时间，没有产出业务真实结果：花 1—2 个月的时间去关注汇报，延误了正常业务的开展；
4. 内部各体系之间，业务与支持部门之间协调困难，矛盾激化等。

李吉继续说，他朋友的公司，老板跟着华为系的咨询顾问花了上千万元跑了战略规划流程，最后还是没做出来真正的战略。做的过程中，发现了财务部门业务能力、业务部门的财务敏锐度都有极大差距，大家不是静下心来找差距，而变成了业务指责财务不行，财务反击业务的危险局面。半年战略规划做下来，财务和业务水火不容，陷入了僵局。

李吉的朋友说，他们董事长意味深长地说了一句话："以前公司不算账，也做了这么多年，业内也是前三名。现在反而是细账算不出来，大家都不干了。公司花上千万元买来一堆流程，却把生意和时间给耽误了。"

这句话戳到了老蒋的痛处。生意本来已经遇到很多挑战，再引发内斗，会让组织更加不稳定。

"现在如何推进比较合适呢？"老蒋问。

李吉也陷入了沉思，问题真的比想象的棘手：公司业务逐步萎缩，被对手围攻，急需找到新的产品和增长点，公司几次尝试新产品都是巨亏。但是，公司财务常年仅做核算业务，也不舍得投入。进一步万丈深渊，退一步万劫不复，真可谓进退两难。

"蒋总，咱们回到战略规划流程的目的：找到战略方向，强化落地执行，布局组织能力。首先，现在公司战略方向已经明确，即根据规划明确了 3—5 个可能的产品方向。其次，各个体系最主要的工作是要强化落地执行，也就是干法。最后，布局组织能力，把短板补齐。盘家底的工作是为了明确差距，是中间过程，不是最终目的。"

李吉举了个例子，有一个考生准备备考注册会计师考试，希望 60 分通过。盘家底的工作就是模拟考试，知道自己大概最后能考几分，哪个模块不行。假如考生仅是模拟考试，知道自己大概可以考 40 分。但是他不练习，最后考了 38 分。预估是准确了，但还是没过。如果另一个考生没有模拟考试的卷子，他大概对自己各个模块盘点了一下，了解自己的主要差距还是合并报表这部分内容。他抓紧练习，最后考了 61 分。这个人就是赢家。

想不是办法，干才是出路。家底可以盘得粗糙一点，加上管理团队对业务和领域多年的理解，找到主要差距，查漏补缺，抓紧制定干法，财务再加以一定程度的辅助。

也就是说，算账的工作不一定都要算到一分一毛，就算费了九牛二虎之力，真的算出来了，那也是一个概算，也不是百分之百准确。可以将颗粒度变粗，时间缩短，把重点问题给盘出来。接下来的时间，把精力集中在重点项目的跟进、组织能力建设、管理能力的提升上。

时钟已经到了凌晨 1 点，老蒋和李吉却讨论得很兴奋。

他们把要做的最主要的事情一项项列出来，哪些可以粗略算的，哪些可以直接下判断不用算了的，详细梳理。最后，他们决定对 3 个新产线做详细财务测算，只算 3 年内的数据，短期聘请一些外部顾问做咨询。剩下的，做一个公司总利润表、现金流量表即可。

李吉继续说："公司现在提升组织财务的能力已经迫在眉睫。根据杨国安先生组织能力的'杨三角'理论，提升组织能力先要提升个人能力，公司目前没有，就要出去买。得加快财务组织明白人的布局，也要规划起来数字化系统的实施。"

"是的，这件事找人事负责人，明天就开会启动一轮新的评估。"老蒋说，"除此之外，几个重要战略方向的项目该怎么干也要尽快琢磨。"

"是的，蒋总，这几个项目，得先把组织聚拢一下，把组长任命起来，5月争取把这几个项目理出头绪。"李吉喝了一口咖啡继续说，"其实做盘家底的工作，除了了解差距之外，还有就是系统性提高管理水平。比如，一直以来，销售的 KPI 就是收入，从来不看利润。公司研发，主要就是控制成本，但事实上研发最应该看的是价值产出。这些重要 KPI 的梳理和追踪，以及体系的建设也要提到日程上来。"

"是的，同意。"老蒋语气坚定，"咱们不走形式，就踏踏实实把管理的每一步走好，战略方向定清楚，管理水平提起来，组织丰满起来，不管道路再曲折，前途一定是光明的。"

李吉的案例告诉我们，现实世界里，不是只有完美基础的公司才能上预算。即使公司基础薄弱，为了尽快提高业绩，也可以先走一步。开始的时候，可以模糊决策，抓大放小，把战略方向梳理出来。即使是模糊决策做出的预算，也比没有预算要好得多。在这样的过程里，公司才能不断积累组织能力、数字化能力，完善底层数据治理，以战代练，小步快跑。

9.3 系统：好预算，要配好系统

什么是预算系统

预算系统的正式名称是企业绩效管理（EPM，Enterprise Performance Management）系统，目的是使财务和运营的计划和预算过程尽可能高效。EPM 的主要功能有三个方面：

1. 预算：提供战略预算、年度预算、滚动预算的利润表与现金流量表模拟。
2. 分析：与 ERP 系统对接，提供涵盖过去与未来数据的一体化分析报表。
3. 合并报表：关账、合并报表、信息披露等。

而未来 EPM 的软件方向将是集成人工智能和机器学习等各种新兴技术，通过系统地分析与计算，提供收入、费用、现金流等方面的预测，为决策提供更加及时、有效的依据。

目前，EPM 在我国仍较少被关注和使用。据悦财问卷结果来看，我国企业 EPM 的普及率不足 5%，许多财务同行从未听说过 EPM。

而在世界 500 强公司，EPM 已经有多年的使用历史，甚至许多公司的会计团队只掌握 ERP 账号，财务 BP 团队只掌握 EPM 账号，成为一种普遍情况。没有 EPM，财务 BP 就无法工作了。

EPM 被称为"CEO 旁"的系统，也就是说 CEO 的绝大部分商业决策数据是由 EPM 的底层数据决定的。为什么呢？企业财务部所用的数据总的来说分为两种：一种是面向过去的，一种是面向未来的。面向过去的数据可能存储在许多系统中，主要以 ERP 为主。面向未来的数据主要存储在 EPM 中。而同时，EPM 和 ERP 打通后，也包含了面向过去的关键数据。这就是为什么 EPM 被称为"CEO 旁"的系统，因为管理者 70% 的工作是面向未来的，他每天要做的工作是为未来明确方向、匹配资源、搭建组织，因此未来数据就至关重要。

传统的观点认为，企业财务相关的系统主要分为 4 个层次。

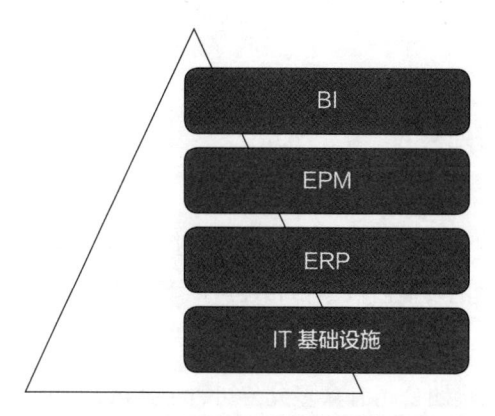

图 9-7　企业财务相关的信息系统层级

第一层是 IT 基础设施，包括硬件设备、网络、人员等；第二层是 ERP；第三层是 EPM；第四层是 BI。这种观点我认可，但从决策角度，可以划分为3个层次：将面向过去的信息和面向未来的信息合并到第二个层面，最上面就是分析展示的层面。判断企业是否跨越财务组织的第二阶段，数字化转型是否成功，至少需要看其 ERP 和 EPM 两个系统的使用程度，都用起来了，才能算是进阶了。

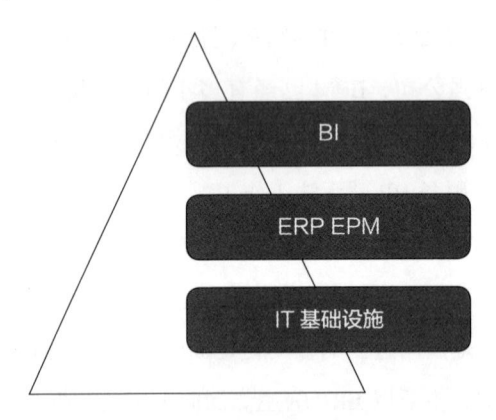

图9-8　从决策角度重新划分信息系统层级

为什么从决策层面，我把 ERP 和 EPM 合并到一个层次呢？因为数据的重要程度不在于其数据量的大小或者复杂程度，关键在于其对决策的价值。虽然预算软件 EPM 系统中所承载的数据量远小于 ERP 系统中的数据量，但是其对决策起到了至关重要的作用，因此我把 EPM 看成企业财务体系中的关键系统之一。

应用场景与好处

但不是每个公司都需要预算软件，现在预算软件之所以普及率低，与我国预算和业绩管理的发展阶段紧密相连。以下，我举几个简单的应用场景供大家参考。

场景1。一家集团公司有众多分公司、子公司、事业部，过往是按会计主体、法人主体的口径上报预算，无法汇总公司各个事业部的预算。通过 EPM，将企业的管理口径与会计口径进行有效区隔，得到按管理口径（各事业部）的历史数据，并按事业部进行预算填报。将管理口径与会计口径区隔，是企业走向成熟管理的必经之路。

场景2。有一位伙伴说，他们公司的奖金计算很混乱。为什么呢？因为他们公司年初制定了一个指标之后，是用 Excel 存在销售运营总监的电脑里的。而销售运营总监是向销售负责人汇报的。一季度结束要发放奖金了，部分销售人员哭诉自己指标不合理，销售负责人特批后，销售运营总监就修改了指标的文档，而财务和人事的同事并不知道，审计同事面对数千名员工也无法一一核对，后来奖金指标就成了一笔糊涂账，助长了人治的氛围。这就是我们常说的，系统能规范企业机制，数字化也是企业机制的一部分。当有了 EPM 之后，公司下指标不再通过邮件，而是在 EPM 里完成。一旦预算方案锁定，这个数字不同层级的财务与业务人员都会了解，指标也就自然下达了。

场景3。一家企业有120家子公司，该公司的预算是各个子公司用 Excel 填表上报后由中央财务分析团队汇总的。每次汇总都需要一周的时间，这样，留给业务负责人决策的时间就大大减少了。如果是战略规划这样的5年数字还好，如果是滚动预测的1个月数字，减少了一周的决策时间就真的影响生意了。

场景4。一家公司有十多个事业部，每个季度做事业部的利润表都是一项烦琐的工作，通过 EPM，可以很快生成事业部利润表，让老板清楚哪个事业部亏钱，要尽快止损，进而有效提升了公司的利润。

场景5。一家制造业公司，销售财务 BP 可以在 EPM 中清晰地了解明年数万种产品新的标准成本，又不会看到过多的制造成本等保密信息，大大减少了部门之间的沟通成本和时间成本。同时，生产财务 BP 可以查看最近一个月、一个季度、一年、5年的按产品的销售数量的有效预测信息，进而与做供应链计划的同事对接，有效排产和进行固定资产投资。

总的说来，预算软件有效提供了以下服务：

1. 让预算更高效、更准确、更集成：缩短大型企业的预算编制、整合、部门沟通、上下传递的时间。

2. 让决策更快、更精准：实现企业不同系统，尤其是 ERP 与 EPM 系统的集成，成功将分析与预算有机整合，快速提供分国家、分事业部、分产品等详细的分析报表。

3. 助力财务与运营组织转型：系统的实施有效提升了团队成员对流程的深度认知，规范了底层数据的录入，推动了人员培训，以及进一步为业务领导者赋能。同时，通过减少手工作业，财务 BP 团队的时间更专注于业务建议，而不是进行数据处理、分析、报表整理，节约了财务 BP 的时间与成本。

4. 企业管理标准化、规范化：实现多版本的预算迭代、锁定、对比，公司预算管理更规范。

选择预算软件厂商需要考虑的关键因素

1. 企业的真实需求、预算管理的成熟度、组织匹配性。我认为，对于许多年收入数十亿元的公司来说，花百万元购买一个软件并不算重大花销。毕竟与上千万元甚至上亿元的 ERP 实施费用相比，这笔费用少很多。但是，预算软件的使用，前提是公司已经有预算领域的明白人，能够有效牵拉流程和组织。我们要始终清楚，预算软件的目的，是为更好地决策服务。

2. 产品：这里包含产品的成熟度、稳定性、功能、服务、实施、集成、更新等，其中还要考虑实施过程中的团队与专业人员。

3. 价格：价格与部署方式有关，也与使用年限有关。部署方式主要分为本地部署和 SaaS（软件运营服务）两种。当然，我们不仅要考虑首年支付的费用，还要考虑以后每年支付的费用，以及增长的订阅用户数等因素。

4. 数据安全：该系统内含大量保密信息，因此数据安全相当重要，内部权限也要谨慎设置。

5. 分析联动：预算软件为决策提供 10% 的信息，而 90% 都是靠分析。

搭建有效的分析团队与分析报表同样至关重要。

可能存在的问题

不同企业的规模和需求不同，价格差异也较大。举个例子，如果一家中小规模的公司，购买一个国产的 SaaS 的 EPM，首年的费用可能在 50 万元（产品订阅费 15 万元，实施费 35 万元），实施 6 个月左右。而同一个公司，如果购买一个进口的本地部署 EPM，首年的费用可能为 200 万元。之后无论是 SaaS 软件还是本地部署软件都需要每年继续支付费用。当然，许多大型公司购买本地部署软件的费用可能是千万元级别起。

我曾在一个 CFO 的饭局上听到一个真实的故事。据说某大型公司花了 1 500 万元上了一套预算软件，结果发现收效甚微。为什么？因为其财务 BP 组织并不完善，财务同事算不准未来的收入和利润。数据都是错的，老板一看就知道这些数据没办法辅助决策，就弃用了。毕竟软件是死的，人是活的，组织和人才是软件使用的底层"土壤"。

当然，还有另一个无法用起来的原因，许多公司把预算软件作为一个上传下载数据的仓库，而他们发现，如果不保存在软件里而是保存在 Excel 里，其实是一样的。我在世界 500 强企业的工作实践中发现，预算软件的数据只是底层数据，他们还会构建大量的适应本公司的分析套表。我在新加坡工作时，亚太区会有一位报表设计的资深专家，负责设计适应本公司的整体的报表（其中嵌套了预算软件的数据）。财务 BP 基本上无须自行设计报表，只需要一秒刷新后，专注于与业务部门沟通目前发现的问题和解决方案即可。

另外，许多企业反映软件不好用。我曾和一位在美国工作的财务 BP 吃饭，我问她："你们采购预算软件的标准是什么？"她不假思索地回答道："有 Excel 插件，不需要通过网页下载数据，直接在 Excel 里即刷即用。"我笑着和她说："我和你的答案一模一样。但是，这个要求目前国内的软件厂商能做到的寥寥无几，这是一个更高的需求。"她笑着说："咱们要这么算账——多请几个财务 BP 下载数据的工资，可比软件贵多了。"

而实际上，舍得付费的公司，又有几个？既然大家都不付费，厂商又怎么可能有动力去开发这样的功能？或许我国预算软件厂商的发展，还有很长的路要走。

有一天，在微信群里，大家激烈地讨论公司预算管理能力如何快速提升的问题。有一位群友 A 提出，现在公司预算管理能力非常落后，要先把系统上起来，再慢慢补短板。有一位群友 B 表示反对，认为 A 的想法无异于给一个缺乏化妆技术的女生配一把高级化妆刷，这无法从本质上提升这位女生的化妆效果。

我基本同意 B 的看法，我们是使用 Excel 还是 EPM，都不是最关键的问题。最关键的，是我们要先理解和掌握预算的干法，构建内部组织。先有明白人，后在合适的时机匹配 EPM，从而进一步提升组织能力。有些公司虽然配了"高大上"的数字化系统，但是并未展现效果，因为其本身对预算的理解和运用还不到位。但是未来 5—10 年，随着我国企业预算管理的工作趋于成熟，预算软件的使用和普及率会大大提升，相关专业人才也会逐步增加。

正如我们在预算篇分享了预算的六重境界，企业的预算经历了漫长的时间演化，我们要耐心地推进，并做好顶层设计。从预算概念上，把握好三大预算＋三步走：从战略预算、年度预算、滚动预算的角度，将预算体系完整整合，同时通过定目标、配资源、促行动三步走，才能将预算的流程进一步完善。

4

激励篇

"分好钱"一直是企业成功的关键秘诀。也常有人说，把钱分好了，一半的管理工作就做完了。足见"分钱""论功行赏""利益驱动"的关键作用。在我看来，分好钱不仅体现了管理的水平，而且能反映公司的发展趋势。因为分钱本身蕴含了"反人性"的机制，反映了管理者对欲望的克制和其道德底色。要知道，公司中长期的趋势，是公司管理者对人性理解和运用的外部表现。如果想预测一家公司未来的股价，先看看其钱分得怎么样，就能略知一二。

一天，我和几位朋友一起喝下午茶，有人谈到业内的一位知名创始人，说到他把一起打天下的功臣清出局的事。这位知名创始人考虑到过去几年公司股价飙升，功臣手中的股权激励已经超过10亿元，为了拿回这部分股权，他不惜和这位功臣对簿公堂，打起旷日持久的官司。这时有人说，这家公司的目标是3年收入翻五番，达到数百亿元应该没有问题。因为公司还有重磅产品要上市，上市后确实有收入超百亿元的潜力。我并非局中人，但当我听到这些故事的时候，却暗自为这家公司担忧。试想，圈里人都知道了这家公司"飞鸟尽、良弓藏"的故事，并以此为茶余饭后的谈资，这样口碑的公司又有几个人敢加入？就算真的加入了，又有几个人会为自己的股权激励而奋力拼搏？所以说，公司的发展趋势，就藏在员工、业界的口碑之中。

由此可见，激励不仅仅是管理中的重要环节，也是反复与人性博弈的修罗场。激励最真实地承载了预算的权与责，是预算落地的最佳工具之一。本章我们进入业绩铁三角的最后"一角"，详细拆解短期与长期激励。在具体展开激励之前，我们先来谈一谈激励的前置环节"绩效"。

第 10 章
奖金

10.1 定义：什么是绩效

绩效是从事某一种活动所产生的结果。组织通过构建多维度体系，观察和测量工作行为，评定工作结果。绩效可包括个人绩效和组织绩效等。

实际上，绩效是一个非常宏观的概念。"绩效"和"业绩"一词的英文都是 Performance，因此广义的绩效管理就是本书所述的业绩管理。但在中文中，绩效一词更偏个人维度，因此狭义的绩效包含个人绩效目标的制定、绩效辅导、绩效实施后的考核、绩效面谈、绩效反馈、绩效分析与改进等一系列工作的总和。

有人问，绩效和薪酬是一回事吗？当然不是。举个例子，销售代表小王全年的销售指标是 100 万元，实际达成 105 万元，那么，小王的实际达成率是 105%。这个 105% 就是绩效考核的结果。105% 的达成对应多少奖金呢？假设小王的目标奖金是 1 万元，超过 100% 的部分斜率为 5，105% 的绩效达成率可以支付 125% 的奖金。那么，小王的奖金是 1.25 万元，这部分是薪酬。原则上，绩效是薪酬的前置条件。根据绩效达成的结果和奖金计算的规则，可以计算出最后的奖金。

也就是说，我们把计算小王奖金的过程分为两步：第一步，是他的实际达成率 105%；第二步，是算出最后实际发放的奖金 1.25 万元。前一步（绩效）的关键是设定目标，评价其结果；后一步（薪酬）的关键是设计奖金计划的规则，并根据规则计算出最后的奖金发放额。因此，绩效和奖金并不是一回事，他们彼此互相连接，同时发力。

绩效的作用

业绩管理流程分为 5 步：厘战略、定目标、拿结果、评业绩、分利益。在整个闭环中，绩效扮演了怎样的角色呢？绩效主要是为薪酬和晋升等提供评价依据。

好的绩效可能为个人带来：总体薪酬的提升、高额奖金的支付、长期股权的激励、职位的晋升、职权范围的扩大等。而差的绩效还可能导致：人员的被动离职、股权激励的失效等。

有人又问："好的绩效一定会让一个人名利双收吗？"不一定。即便一个人带领公司拿到业内销量第一，但是他也很可能拿不到股权激励。因为绩效仅仅作为评价一个人工作的依据，而非发放最终奖金的依据。公司的激励机制、老板的好恶、公司的现金流状况等都可能影响最终的激励发放结果。但不可否认，绩效高低是影响激励的关键环节。

案例：一个小公司 20 年的绩效变迁

老谢是某汽车零部件制造厂的厂长。公司成立 20 多年，年收入 10 亿元，没有上市，也没有合资，一个老板，一个股东，一直稳步经营。20 世纪 90 年代进入这个行业的都是先驱，那个时候，汽车量少，但是利润高，质量标准低，企业赚得盆满钵满。

10 年前，工厂现金流充足，甚至都没有贷过款。公司的经理和高管基本上都是创业元老，原来身份多是裁缝、屠户、石匠、砖匠。要么是和老板一个生产队的，要么是朋友过来帮忙的，才一起创业的。

那个时候，绩效怎么搞？简单粗暴，就一条：主观判断。今年赚钱了，年底根据老板的主观感受发钱：一线同事干得辛苦就多拿点，后勤没那么辛苦就少拿点。就这样分配，大家也都还挺满意，十多年也没红过脸，没闹过矛盾。

老谢总结："老板自己天天都在车间干活，他眼睛看到的，比耳朵听到的和数据算出来得更可靠。作为绩效的主要评价者，如何验证评价的可靠性，的确是个问题。为什么老板最有发言权？因为他天天和大家一起干活，他要是说谁最辛苦，谁第二辛苦，可能别人无法反驳。"

就这样，工厂发展到2008年，汽车行业开始有了一些变化，国家鼓励"汽车下乡"。于是，汽车公司如雨后春笋，大大小小几千家成立了。2008年上半年，材料价格暴涨，汽车生产得多，材料积压更多。那一年，可把老板愁坏了，后来不得不在过年前第一次贷了款。

这个时候绩效又怎么做？今年都亏本了，怎么算绩效？老板说，不管今年亏不亏，大家都还是很辛苦，他还是要表示一下自己的心意，于是依旧把年终奖发到了大家手上。

有人说，这个老板好，有格局。但也有人说，这样做不对，公司都亏本，凭什么还要发奖金？老谢觉得老板没做错，员工也没做错。没有完成目标是公司没完成目标，但是对于一线的兄弟们来说，他们的目标完成了。公司要求今年做10万辆，同事们加班加点做出来了。虽然老板的目标没实现，但是大多数员工的工作做到了。这里包含了现在很流行的观点：阿米巴经营。还有一点，业务目标和财务目标并不一定非得同时存在。

过了2008年，公司考虑，这么搞下去不行，要被拖死。零部件公司也在想，明年继续这么赔本赚吆喝，恐怕要"一夜回到解放前"。降价归降价，有能力的汽车公司开始思变：要从商用车往乘用车发展。各种新型轿车就出现了。汽车公司要升级和转型，结果老谢的厂各方面都跟不上，客户天天抱怨：不能拿搞面包车那套来搞轿车。汽车公司领导天天开会："你们这帮人，搞面包车搞习惯了，你们要么转变，要么被淘汰。"

这碗饭都吃了这么多年了，大家谁想被淘汰呢？于是，大家都要改变，这一年，公司引进了职业经理人。老板想，自己搞不好的，外面总有能干的人。于是，从丰田公司挖了一个日本高管，日本高管又带了几个手下过来。

日本高管来了就说，这么搞不行，必须搞绩效。至于绩效的基础，就是丰田的"精益生产"。面对一群从一个乡里走出来的裁缝、石匠、砖匠、屠户，要以精益生产为基础搞绩效，难度可想而知。日本高管来了，用了几个月分析了所有问题，然后一一列出几十个绩效指标，包括OEE（设备综合效率）、工位加工效率、存货周转率等，这些指标都是第一次吹进大家的耳朵里。当时，不光员工不理解，就连最基本的数据如何收集都是大问题。结果可想而知，日本高管干了不到一年就走人了。

这件事，站在现在的立场来看，日本高管没错，但是和当时企业发展的阶段不匹配。如果放到他们今天的公司发展阶段，日本高管的想法也许能实施。但是，当时存在的两个问题，即脱离群众基础和数据很难采集，年底直接就闹成了一锅粥。

日本高管走后，老板想，请日本高管是不对的，他们做得虽然好，但距离公司实际太远了，还是要请熟悉本地环境的人来搞。于是，又从长安和长城汽车挖了几个高管过来。

这些高管的确要务实很多，也就是这个时候，跟随长城公司的价值理念"每天进步一点点"，大家进行了广泛的讨论。如何做到每天进步一点点？进步一点点是多少？进步了之后怎么奖励？大家讨论了许久，进步一点点，就每天多节约一点点，你要是节约了一点点，我就分给你一点点。于是，公司掀起了工艺创新工作。

大家献言献策，这个说"厕所手纸要节约一点点"，那个说"灯光照明时间要节约一点点"，还有的说"产品材料可以节约一点点"。公司门口的合理化建议的箱子都要填满了，几个专门负责核算的人都累趴下了。老板又说了，以后不要给我提"手纸要节约一点点"，你们要去现场给我提"操作时间节约一点点，材料节约一点点，发货多装一点点"。

当年发奖金，提"下料尺寸节约一点点"的员工拿到了几十万元，提"手纸节约一点点"的员工拿到了5块钱。你看，老板虽然没读过书是不是也很聪明，手纸节约一点点没有错，但不是关键指标，还是要把时间花在关键的节约项目上。

这样搞起来大家都还挺开心的。2008—2014年，随着几个头部汽车公司的崛起，行业中搞并购、搞分厂的热潮纷纷而起。长安汽车搞了一个"五国九地"，长城汽车也在泰州、平湖、重庆找地建厂，上海大众甚至把工厂从成都开到了新疆。

分公司的建设问题也摆在了他们面前，分公司如何管理？先不说制度流程统一的事，老板首先要求分公司运转起来，不要出大问题。怎样才能不出大问题呢？公司几个大领导关起门来讨论了半天。老板说，第一不准出事故，第二不准高风险，第三不准回来"要饭"，第四不能有罢工。什么"进步一点点"，暂时先不考虑。

这就是动态的绩效指标。这些指标放到现在也不过时，虽然简单粗暴，但好理解、好评价。分公司总经理每天睡觉都在担心：晚上不要出事情。这样一来，他敢不多去现场走走看看？他去了，下面的人去不去？当然都要去。

大家都知道，汽车行业这20年一直红红火火，没怎么降温。近年，中国汽车市场的销量每年都有2 000多万辆，头部企业的能力也越来越强，对于零部件供应商而言，跟对了汽车公司，其实业务是不愁的，赚钱也是不愁的。

所以他们一直没有把赚多少作为绩效目标，反而随着分公司越来越多，新车型越来越多，他们的负债在不断上涨。从财务指标来看，30%左右的负债率并不高，从流动性来看也没多大问题。但是，指标都是会骗人的，尽管他们的模具设备也算资产，然而这些资产在破产时一文不值。如果算流动性的话，那么，破产时现场的存货只能当废铁卖。

老板是农民出身，这辈子哪里贷过这么多款。他说，每天想到身上的1个多亿的负债，实在睡不着。2018年，他开了两天闭门会，大家达成一致意见：这两年主要的目标就是降负债。

于是，经过两年的调整，负债从1个多亿降到了3 000多万元。2021年，刚好遇到原材料价格暴涨，负债低的他们逃过一劫，公司没有被原材料价格暴涨这根"稻草"压死，活了下来。可见，"高大上"的绩效要跟着战略的变动而变动。

公司活下来了，没有被压死，但以后怎么做？如何看待新能源汽车的发展？未来的投资怎么投？继续一条道走到黑吗？2019年时，老谢在公司内部说，要关注新能源，这是国家的未来。大家没怎么重视，都说新能源还早。这两年，他逮住机会就给老板吹风，新能源是国家的未来。老板最终同意针对这个问题深度讨论一下。

这两年的绩效怎么搞，他们大致也有了初稿：关注每年的新车型开发进度，关注新车型投资所带来的现金流压力，关注新车型上市后的半年表现，关注新车型投产后的年度回报。这里面有战略目标，也有财务目标，还有市场目标。换句话说，他们战略目标用平衡计分卡的方式落地。

老谢的故事告诉我们，绩效不仅要与战略相契合，还要与组织发展的阶段相契合。组织还在发展初期，请了丰田的高管来搞"精益生产"是不行的，因为阶段不匹配。战略的指挥棒变了，绩效也要跟着变。当搞分公司成为主流趋势，"每天节约一点点"就不是绩效的关键KPI了。这个故事非常好地诠释了业绩铁三角中，战略、组织、机制的螺旋上升过程。在历史发展的长河中，只有不同时段匹配不同的战略、组织、机制，经过不断进化，才能实现组织真正的变革与转型。

10.2　定义：什么是奖金

奖金对于每个人而言都不陌生。还记得我参加工作的第一年，年底得到了1万元奖金，开心得不得了。实际上，奖金设计在我国企业的经营中遇到不少真实的困难。

案例：由奖金引发的资本市场"地震"

某年5月，某公司在核算一季度奖金时发现，一季度目标设定不够合理，且奖金没有封顶机制，导致部分年薪不到20万元的销售同事的一季度奖金竟高达120万元。公司立刻出台一季度奖金新政，将一季度奖金以10万元封顶。奖金新政一出，顿时引发销售同事的强烈不满，毕竟许多销售同事一季度披星戴月才做出了这样的业绩。于是，销售同事全部"躺平"，5月业绩跌入谷底。屋漏偏逢连夜雨，奖金政策的变化被敏锐的二级市场分析师捕获。在6月底前，分析师预测该公司二季度业绩会不及预期，给出了投资者应抛售该公司股票的建议。进而导致公司股票跌停，公司因"奖金风波"引发了一次资本市场的"地震"。

奖金设计"八宗罪"

公司的管理一环扣一环，因为奖金牵涉着广大员工的关键利益，所以奖金设计纰漏会对公司业绩，甚至资本市场股价都会造成影响。那么，目前我国奖金设计的过程中有哪些关键问题呢？我将一线的问题整理成"奖金八宗罪"。

一宗罪：目标太高。

目标太高或频繁变动，奖金目标与预算不挂钩。奖金三要素里，最重要的不是奖金计划本身，而是目标。这里的目标包含了三层含义：KPI、金额、谈判。

许多公司目标常常设置比可实现的目标高出30%，甚至高出100%以上的"愿景目标"，这会让整个目标全部失效。试想，如果一位销售员工负责的区域预计明年达成500万元，领导给他定一个1 000万元的目标，并且鼓励他说："小王，如果你达成了1 000万元，我就奖励你一台超级跑车。"你觉得小王会怎么想？目标一旦不可及，就等于没有目标，奖金也就彻底泡汤了。

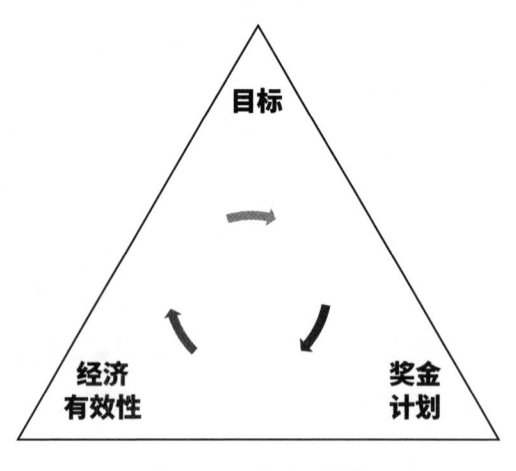

图 10-1　奖金三要素

二宗罪：预算与奖金割裂。

在部分公司的实践过程中，预算与奖金是割裂的。这种割裂首先表现在组织和人才上：在我国部分企业中，普遍的情况是老板对财务的要求是管预算，或者管预算+绩效，但是奖金财务完全不需要管。因此，奖金的目标很可能和预算是不挂钩的，财务同事也不清楚奖金的计算规则和设计流程。

谁来管奖金呢？运营、人事、业务等一起管。而这些同事，也可能根本不清楚预算目标，搞出"两层皮"。2015 年，我在新加坡子公司做财务 BP 的时候，那一年我们公司开了一次亚太区域财务 BP 大会。各国子公司的财务 BP 齐聚新加坡，分享自己的最佳实践。当天有三个主要的话题：一是市场分析（日本团队分享），二是业务分析（欧洲专家分享），三是奖金设计（澳大利亚团队分享）。

三个子会议结束后，奖金设计的部分被评为当日最佳分享，亚太区的 CFO 给他们颁了奖。

这件事给我最大的启示是，我的财务老板非常重视财务同事对奖金设计的参与，并希望财务 BP 成为奖金设计专家，同时牵拉预算、定目标、配资源、分利益，形成完整的预算闭环。

我从那时起开始钻研奖金设计，并努力成为该领域的专家。而在我国，这样的人才与氛围并不多见。往往是人事只管奖金，财务只管预算；业务既懂奖金又懂预算，但也可能是既不懂奖金又不懂预算。

2016年，美国总部开了一场奖金设计分享大会，公司的CEO等高管全部参与。当天获得大奖的分享人是分管50亿美元业务的一位业务负责人。这位高管详细分享了涉及奖金设计的8个因子，包括设计案例、复盘案例、战略牵引KPI等内容。试想，一位分管50亿美元业务的负责人都能对奖金细节如此了如指掌，证明其在此工作上的钻研程度。但是，在我国部分企业，各级业务一号位对奖金的整体脉络并不完全清晰，对下属的指导也并不系统，甚至提出一些有违常理的设计方法。

我们常说，要回归管理的"笨功夫"。这个笨功夫，就是对每一项管理细节、底层逻辑的熟练掌握及运用。同时，我们必须鼓励核心管理人员（包括财务、人事、业务、运营等）全方位参与管理流程，而非割裂地提出管理建议，从根本上促进管理闭环的完善与管理水平的提升。

三宗罪：激励设计的组织经常变、不专业。

奖金的设计，是一项非常专业的工作。我的闺密是一位资深的HRBP（人力资源业务合作伙伴）。我问她，HR领域里，最难的是什么？她说，有的人觉得是OD，但她觉得是薪酬。因为这项工作的技术难度最高，没有多年的深耕和积累，很难做出高水平的薪酬体系。而在一些公司，老板却视奖金设计的组织为儿戏：一会儿让新招聘的运营同事试试，一会儿让业务同事来主导，一会儿让财务同事来挑战，一会儿让负责薪酬的同事来"背锅"。

我曾听过一家公司，在年底短短3个月时间里，换了三拨团队来轮番负责奖金方案设计，每个团队都推翻前人的工作，大调奖金结构。

部分公司没有把所有负责薪酬的同事集合在HR等专业团队，而是让他们向业务负责人、销售负责人、财务等汇报，形成了公司两派阵营对峙的状况。

另外，在本应该专业化的薪酬领域，公司却舍不得开价招人。公司总觉得高薪聘请销售或研发人才都可以，但是人事和财务最多请一个负责人就行。涉及薪酬和绩效，请个专员或经理就可以服务几十亿元，甚至几百亿元的业务盘子了。

人的积极性调动不起来，管理混乱，业绩从何而来？

四宗罪：KPI 错配。

有人说："年度奖金 KPI 一错毁一年，股权激励 KPI 一错毁十年。"足见 KPI 作为指挥棒的威力。

奖金是一项重要的资源分配活动，它强有力地指导了员工的时间分配和资源分配，是一项关键机制。

有一年，一家创新型公司在讨论高管股权激励时，内部各部门发生了激烈的争吵。销售负责人认为，要承接未来公司三年收入翻番和利润翻番的任务，唯有靠销售，因此销售应该拿公司绝大部分的股权激励。研发负责人认为，研发才是创新型公司的生命线，研发老总才是公司最应该激励和留住的人。

后来，鉴于销售强有力的争取，他们团队拿走了大部分的股权激励。一年之后，公司在战略复盘的过程中，重新梳理了自身的核心竞争力，得出了结论：无论是从构建公司的"护城河"，还是从长期超额利润的取得来看，公司只能依靠创新研发，甚至可以将销售外包，来进一步聚焦主业。

得出这个结论时，所有的高管都愣了。因为他们知道，公司在股权激励的分配上出现了严重偏差。

一个无法认清公司战略和核心竞争力的团队，是不可能进行有效的资源分配的。

这个故事告诉我们，无论是股权激励也好，奖金也罢，对公司战略和核心竞争力的把握才是关键。

五宗罪：奖金包分配混乱。

奖金包，是一个实操层面非常普遍的概念。部分企业把奖金包变成了一种"自治"的工具。

老板认为，我已经高度放权给你了，只和你们各个部门的主要负责人结算，结算一个所谓的"包"即可，主要负责人再继续放权给各中小区域，并认为，我只和各中小区域负责人结算，至于你们团队怎么分，我都不管。

这样一层层地放权下去，最后会出现什么结果？

有一位 HR 负责人说，他们花了 3 个多月的时间，只做了 12 位高管的奖金方案，还占用了七八个人，进行了十余次汇报。结果，基层员工的奖金完全没有人管。最后，员工的奖金设计没有任何人事参与，仅仅是当地的销售经理自己设计。

可以说，销售经理既是不懂奖金，又是最懂奖金的人。销售经理简单地设计了几种非专业的奖金制度，或大幅度利好团队，或对部分人利好、部分人利空，然后就这样实施了。有的区域甚至大部分员工的奖金计算也由销售团队自己计算，给财务和人事复核。结果，一季度，某年薪 35 万的销售人员拿到了 140 万元的奖金。

也就是说，公司超过 90% 的员工奖金制度，没有框架，没有监督，没有战略牵引，甚至到奖金发放的时候还不清楚规则。仅有 12 位主要业务负责人的奖金经历了无数的审核。

奖金包成了奖金设计不作为的借口，成了节省设置人事薪酬团队的借口。

这里的关键点有二：其一，奖金设计、审查的权力要彻底放下去吗？奖金可以由业务牵头设计，但是审核权、统筹权、支付权必须在人事和总部。公司的权责体系应该经过专业的设计，不该放的权不能放。其二，在奖金设计的组织上，应该形成一个强有力的团队，并相互配合。

- 薪酬统筹，公布公司奖金设计整体框架和规则；
- 业务牵头，设计适合本部门的 KPI、目标等，并对奖金计划的部分因子在公司规则之内进行调整；
- 财务跟进审核，对 KPI、目标、奖金的经济有效性进行复盘；
- 各团队配合有效跟踪奖金的实施效果，进行反馈。

如此重要的激励流程，必须要有完善的组织和流程进行保障。

六宗罪：经济有效性差。

拿到奖金包后，部分销售经理在制定奖金分配规则的时候是如何操作的呢？部分销售经理制定了6—7个重叠的奖金：新开一个订单，可以拿2 000元高额提成，新开订单就有了新客户，有了新客户又可以拿1 200元提成。一份奖金，销售部门拿一遍，市场部门拿一遍，经理拿一遍。奖金最高的一次，我见过一笔1 280元的销售订单，竟然付出了5 600元的销售奖金，真是令人啼笑皆非。

我想，但凡有小学数学计算能力的人，都能算出一笔订单的实际支付奖金。那么，为什么没有人考虑过这些奖金的经济有效性呢？

奖金的目的是激励团队是没错，但绝不能拖垮公司，形成巨额的财务亏空。

七宗罪：反复拖延奖金发放。

在部分公司，我们时而听说奖金拖延的情况。这种拖延有许多种形式：有的拖延公布奖金政策，有时候到了3月末，一季度的奖金政策还没出来。有的在吸引候选人入职时，为了能许诺诱人的薪资，故意夸大整体奖金。这个时候，他们通过设定高目标或故意推迟奖金发放等方式，达到不支付的目的。

行业内的市场信息是流通的，公司要在这方面注重积累口碑。管理的高手，必是那些能够把握人性、高度利他、造福社会的人。

八宗罪：薪酬与岗位不匹配。

有些公司的岗位是浮动的；有的公司，组织变动非常频繁，甚至出现了"组织按季变，职责全靠猜"的情况。例如，A当了6个月的某事业部负责人，又换了B。最后计算奖金时，也不知道该给A按什么岗位来算。

有的公司内部职级体系混乱，看似有职级体系，实则无职级体系。例如，某公司生产负责人作为公司的核心高管，因为入职早，职级仅为总监，而研发部门则有大量的副总裁、高级总监等职位。因此，奖金设计无法匹配职级，需要大量的人为判断。

一家公司，如果不能把人岗匹配厘清，不能把授权厘清，不能把职级体系厘清，管理体系就成了空谈。

人事、财务的底层框架搭建非常重要，空中楼阁不可造。

奖金，是一家公司的"照妖镜"，最能反映公司管理者的格局、公司"土壤"、人治程度、流程体系等情况。如果你听到一家公司的奖金、股权等出现大量的争议，这样的公司管理水平可见一斑。透过奖金的八宗罪，也折射出几个关键的问题：

1. 人治的氛围导致奖金不透明：老板嘴上说透明，内心却迷恋权术，把本该合理分配的奖金变成了拿捏员工的工具。员工不清楚自己到底如何努力可以多拿奖金；
2. 缺乏对员工的尊重、对规则的尊重、对专业的尊重；
3. 缺乏对公司战略的深度理解与转化；
4. 缺乏流程体系的支撑。

奖金是非常专业的工作，需要专业的团队密切配合，形成专业的解决方案。而奖金设计的成功之道，是能够深度理解人性，知道如何激励人，发挥人的主观能动性，把组织激活。

如果你遇到一个能通人性，又能理解公司战略，将公司战略进行政策落地的奖金专家，无论他是事业部负责人、人事负责人，还是财务负责人，请务必珍惜，这样的人才可遇不可求。

管理的工作，如果不能回归敬畏之心，不能回归专业性，不把格局打开，那么，终将成为一场闹剧，也终将以各种形式反映在企业的业绩之中。

奖金的基础

奖金目前的乱象，很大程度与奖金设计者的专业化程度不足有关。接下来，我们先进入奖金的基础知识内容。奖金属于薪酬的一部分，我们先从全面薪酬开始。

从全面薪酬的结构来看，全面薪酬包含薪酬与福利两部分。薪酬又分为：固定薪酬、短期激励、长期激励、高管津贴等。固定薪酬，主要为每月固定发放的部分。短期激励，主要与短期业绩挂钩，激励员工的行为，并分享短期业绩的回报。长期激励，所涉及的对象主要为高管、早期员工与核心员工。长期激励风险较高，获得长期激励的员工可分享公司市值相关的收益，亦可分享公司的长期业绩。

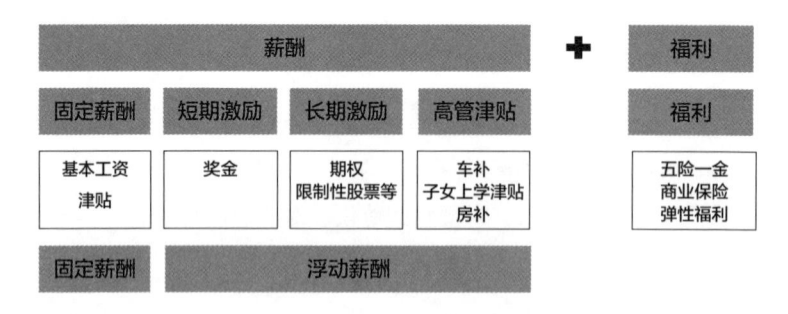

图 10-2　全面薪酬组成

通常，考虑到短期激励、长期激励、高管津贴等有其浮动属性，我们统称之浮动薪酬。固定薪酬与浮动薪酬的比例，称为固浮比。假设某位销售同事仅有固定薪酬与奖金两项，固定部分为 80%，则其薪酬比例示意图如下。

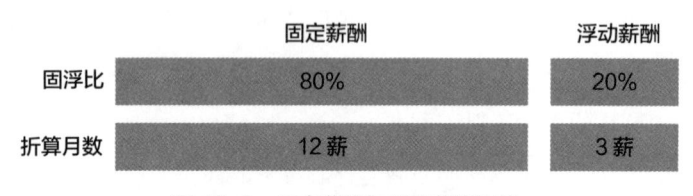

图 10-3　固定薪酬与浮动薪酬比例

固浮比是奖金计算的基础，因此也是奖金设计中重要的概念。

那么，如何制定一位员工的全面薪酬？人事部门会从组织架构出发，进行职位分析、职位评估（称重），以及职等架构确定后，再进行全面薪酬的设计和制定，包括制定固定薪酬与浮动薪酬。

固定薪酬的特点是，它不与目标和业绩挂钩，是完全固定的。只有浮动薪酬与目标和业绩挂钩,也会与预算和绩效相联系。从业绩管理角度出发,本书暂不涉及固定薪酬,只阐述浮动薪酬。

浮动薪酬包含奖金与股权激励。同时,鉴于销售业务的奖金与目标关联性较强,我们以销售业务奖金设计为主。在实操过程中,还会涉及研发部门、职能部门,以及管理层的奖金设计等。

长期激励与短期激励统称为激励。激励除了可以按时间线划分之外,也可以分为物质激励与非物质激励(精神激励)。

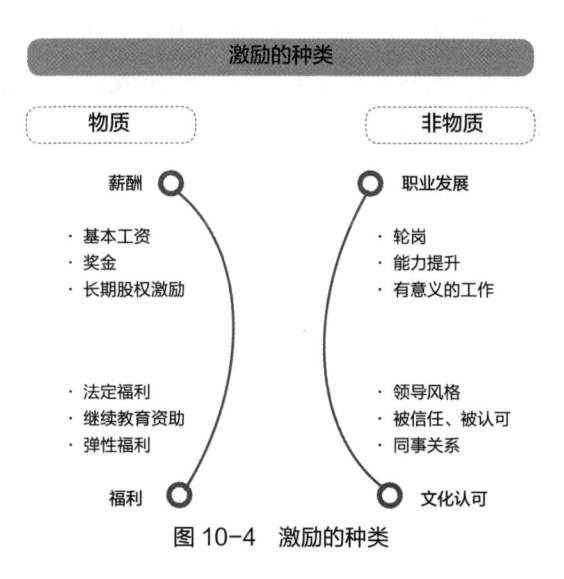

激励的种类

物质
- 薪酬
  - 基本工资
  - 奖金
  - 长期股权激励
- 福利
  - 法定福利
  - 继续教育资助
  - 弹性福利

非物质
- 职业发展
  - 轮岗
  - 能力提升
  - 有意义的工作
- 文化认可
  - 领导风格
  - 被信任、被认可
  - 同事关系

图 10-4 激励的种类

试想,在工作中,我们是不是仅仅想拿到工资?不一定。升职、加薪、出国或旅游福利、拿到最佳员工奖、学到新知识、得到老板的信任、节日收到公司发的礼物,都是对员工的奖励。现在,许多公司提倡全方位的员工体验,促进更有意义的工作,宣扬合作共赢的文化,给员工提供弹性空间等,都是不错的企业激励文化。

短期激励的种类:按是否与目标挂钩,可以分为提成或奖金。

1. 提成:根据达成的销售收入、数量、利润等的百分比进行提成。例如,如果每销售 100 万元销售额,销售人员可获得 10% 的提成,即 10 万元。

2. 奖金：基于业绩目标的奖金。例如，双方事先约定某一目标，如目标为 100 万元，达成 100 万元销售业绩后，该销售人员可以获得 10 万元。

提成和奖金的区别在于是否存在销售目标。可以看到，提成体系是不需要制定目标的，只要销售人员完成一定的销售额，就可以提成。但是，奖金体系是需要设定销售目标的。

奖金有许多不同的表现形式。最为广泛使用的表现形式为销售奖金，主要是一种直接与销量、利润等 KPI 挂钩的奖金计算模式，其与目标挂钩最为直接，对目标的精度要求较高（组织业绩管理成熟度高）。

另一种广泛使用的表现形式为绩效奖金，其本质与销售奖金并无二致，主要是先将绩效进行分档，例如：分为 A、B、C、D、E 不同的档位，不同档位的绩效对应不同的支付比例（比如，A 档可以得到 150% 的目标奖金支付）。这种形式多适用于对目标精度要求相对降低（组织业绩管理成熟度要求中到高）的企业或岗位。

可以说，不同公司的奖金计划都有其独特性，但又一通百通。只要你深入理解了一种类型的奖金，融会贯通，稍加学习，你就可以使用不同的奖金计划。因此，本章以销售奖金为主进行举例。

销售奖金设计三要素是，目标（金额 +KPI+ 谈判）、奖金计划、经济有效性。

有经验的销售人员，在面试一家公司的时候，他不会问："你们奖金的计算方式是怎样的？超出目标的部分，斜率是多少？"他们会问："你们的区域有多大，目标多少？目标成长率是多少？目标达成有望吗？"基于指标的奖金方案中，方案本身永远不是第一位的，目标才是。

什么是经济有效性呢？举个例子，有一次，我们拆解了一个新收购团队的销售奖金曲线。我们惊讶地发现，在某一个点上（总目标的 96%），这位销售同事多为公司带来 4 700 美元的销售额，将会得到 7 000 多美元的个

```
        目标
       ↗   ↘
  经济         奖金
  有效性       计划
```

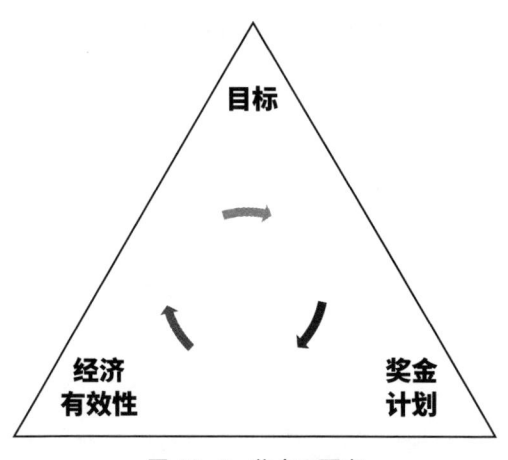

图 10-5　奖金三要素

人销售奖金。当时我倒吸一口冷气，希望这位销售同事不要恰巧做到这个点，如果做到的话，公司还要倒贴钱给这位同事发奖金。这就是经济有效性的重要性。奖金设计，要考虑到公司的经济效益的可负担性和投资回报，这一点是财务要把握的。

奖金的主要目的，是提高人的主观能动性。因为在人、财、物、时间四项资源中，人是最特别的资源。财的投入，往往是拼量，投入资金越多，业绩越高。但是，对于人，既要求数量，又要求质量。尽管投入足够多的人，但若他们的能力不足、意愿不足、位置不对、配合不足，仍会导致最终的失败。因此，激励应运而生。激励的目的，是提高人的主观能动性和意愿。而意愿的提升，往往又带动了能力的提升、配合的充分等。因此，奖金设计必须把握人性。

但在四项资源中，人的能力是具有明显天花板的。因为人受到其体力、精力、能力的局限，人的能力并不能像财一样无限提高，其边际效用是递减的，不能过度激励。同时，奖金不能作为唯一的激励手段，还必须配合市场的投入、产品的投入、时间的沉淀，才能共同产生高业绩。奖金既能激发人的主观能动性，又有自身局限性。如果我们能够认清这一点，就更深刻地理解了奖金能做什么、不能做什么，并且灵活应用它。

10.3　本质：奖金要激发人性善

刚刚我们从内容上了解了奖金，接下来我们上升至哲学层面来进一步理解奖金。

我曾主持过很多激励方案的设计，既有短期的奖金设计，又有长期的股权激励。在这些激励方案的设计过程中，我长期跟踪员工的行为变化和激励效果，并持续进行调整，在此领域积累了丰富的理论与实战经验。

激励方案的设计，是预算、分析、激励闭环中效果最明显的"猛药"，同时也蕴含了诸多管理的艺术。

在此，我花了部分篇幅来介绍奖金、长期股权激励等基本概念，但更多的是将激励方案设计的本质、最佳流程实践、实操过程中的雷区和大家分享，让大家从更本质、多元的角度，沉浸式地体验激励工作的魅力，领悟激励工作的精髓。

在多年的实践过程中，我发现许多HR同事在奖金设计的过程中主要关注在流程上，拿一个流程清单，一步一步做，把奖金方案的空填上（例如：起奖线、斜率、现金发放条件等）。但在通盘设计过程中，他们缺乏对目前战略目的的达成、团队现状，以及奖金方案可能带来的行为改变的深度研判。因此，奖金方案做不出预想的效果。

奖金设计的本质是激发人的主观能动性和人性中的善。

若想真正激发出团队的战斗力，打造一支攻无不克、战无不胜的团队，核心是基于对人性的管理。这就要求我们的管理者，对人性有深度的认知和把握。

自私

人具有自私性。发奖金的企业老板与拿奖金的员工都是自私的，这就产生了冲突。

奖金设计者的目的，是激发员工的主观能动性。员工调动主观能动性的动机，源自是否利己。

也就是说，奖金设计者必须克服自身的利己本性，分利于员工，才能真正获得员工的认同与回报。

让我们一起做一份激励计划吧。假如你是一家上市公司的HR，负责股权激励的设计。公司正处在转型发展的关键时期，希望针对关键高管进行有效激励和保留。保留的主要目的包括：保留核心人才、刺激长期管理行为、"金手铐"（限制离场）。

目前公司在"第一曲线"发展过程中留下的老员工比较多，但是为公司转型贡献有限。近两年，公司引进了许多新高管，但离职率居高不下，因此HR希望通过长期股权激励来激励和保留核心高管，让他们和公司一起打拼"第二曲线"。

HR为此设计了这样的方案：为部分核心高管提供限制性股票，6年解锁，解锁的目标收益为年薪的1.5倍。HR的主要考虑是延长解锁期，同时拉高目标收益，达到留住核心高管的目的。

这个方案好不好呢？此时我们没办法下结论。作为奖金方案的设计者，我们必须站在被激励的高管的角度考虑，才能知道奖金方案的优劣。

这个时候，我和我的团队做了一个实验。我请我的团队作为高管，充分考虑我给出的以下案例和条件，谈谈自己的想法、感受和选择。

第一种情况：假设你是一家上市公司高管，男，40岁，年薪200万元，入职1年。公司为你提供如下两份股权激励方案：

1. 公司授予你限制性股票，2年解锁，解锁的目标收益为100万元。
2. 公司授予你限制性股票，6年解锁，解锁的目标收益为300万元。

您可以选择方案1或方案2或放弃。您会做何选择？我的团队全部选择方案1。为什么？他们说："因为我入职不久，也比较年轻，还没有完全确定是否要长期在该公司工作。对我来说2年的时间增加50%的收益，还是有吸引力的。虽然300万元的方案目标收益更大，但从我的现状来看，我未必能坚持 6 年，因此我更愿意先选择一个小礼包尝试。"

大家听完彼此的选择，都笑了，感觉很真实，也很坦诚。

这时候我换了一种角度，又问了第二种情况：现在，假设你是这家上市公司高管，男，54 岁，年薪 200 万元，入职 21 年。公司为你提供如下两份股权激励方案：

1. 公司授予你限制性股票，2 年解锁，解锁的目标收益为 100 万元。
2. 公司授予你限制性股票，6 年解锁，解锁的目标收益为 300 万元。

您可以选择方案 1 或方案 2 或放弃。您会做何选择？我的团队全部选择方案 2。为什么？他们说："因为我在公司 21 年，肯定是希望能做到退休。退休之前能有股权激励，那我肯定是要选择一个收益最大的礼包，也为自己退休多攒一些钱。"

大家畅谈着对每个方案的感受，甚至还谈到了不同的年纪、性别、司龄的决策关键点，每个人都很投入，也感觉非常有意思。

回到 HR 的方案设计上来，此刻我们应该很清楚，我们的激励对象其实总体分为三类：

1. 老员工：在公司工作多年，对公司极度忠诚；
2. 新员工：在公司工作 2 年以内，有一定的离职风险；
3. 离职风险极高的人：目前已积极看机会，离职风险很高。

从本案例来看，我们的目的主要是人才保留，但是在分析的时候，我们不能"一刀切"，认为只要能留下人就是好的。我们还要把员工分类，详细分析我们要重点保留哪类人。从公司的情况来看，我们要重点保留的主要是以第二类新员工为主。想到这里，大家心里都清楚了，我们在时间设计上，可能要部分缩短时间。回到奖金设计的本质来看，人性是自私的，奖励方与被奖励方都自私。奖励方希望拉长时间，保留人才；被奖励方，考虑到自身入职时间短，不稳定的情况，更倾向于做一个短期的尝试；这之间就形成了矛盾。

奖金设计者必须换位思考，利他才能真正激发员工的利己人性，以达到双赢的目的。

贪婪

有人问，既然你说我设计奖金就是要激发人性，激发员工的主动性，那是不是员工的主动性越高越好呢？并不是。

我举一个真实的例子。我们曾有一位出色的销售人员，她是一位非常漂亮的女生，人既勤奋又聪明。那一年，我们的销售奖金计划的设计是无封顶的，而且超出目标的部分，斜率非常高。

这位员工从对手那里挖来了几位大客户，销量额一骑绝尘，达成率高于300%。她的奖金甚至是平时奖金的6倍，达到100多万元。

她在手术室里跟台，一周七天，从不间断。有段时间我见到她，问她要不要把区域分出去一些，休息休息。她和我说，好不容易有这个机会赚钱，今年的目标不高，奖金又不封顶，她肯定要拼一把。明年她的目标肯定会很高，明年再休息。一边说还一边笑着，拉着我的手说，有这样一次赚钱的机会，她真的不想错过。

我心里既为她开心，又略有隐忧。我们已经为她预备了高潜人才的长期发展计划，并希望她可以尽快升职为销售经理带团队。

我再一次见到她，是一年多后。她辞职了，来和我道别。我非常吃惊，她平日里的风采不再，形如枯槁。我请她去公司楼下的咖啡厅喝咖啡。问她发生了什么，我们能怎样帮她。

她说，那一年，虽然她拿到了很多奖金，但是整个人都累坏了。她生了一场大病，也离婚了。那一刻，我的心里五味杂陈。我心里问自己：为什么我没有坚持把这个奖金方案做封顶？

人不是赚钱的机器，工作的意义也不只是挣钱。除了工作，生命里还有太多需要我们真正关注的人和事。人性是贪婪的，我们要尽量避免激发贪婪的机制。这件事给了我非常大的警示，从那以后，我很关注避免过度激励的条款，不希望同事因为过度追逐金钱，而失去一些人生中更重要的东西。

作为奖金设计者，我们应该为员工的综合发展与身心健康考虑，从员工深层次的需求角度多思考，让员工的工作更有意义。这不也是管理真正的魅力所在吗？

及时反馈

人具有及时反馈的人性。

人为什么喜欢玩游戏呢？因为游戏是及时反馈的。你这一局打得好，它会马上让你通关，并且给你一些奖励和装备，这大大激发了人的主观能动性。所以说，所有游戏的设计者都是懂人性的高手。

而奖金需要与企业业绩挂钩，企业又有长期发展的特性，这样的矛盾如何解决呢？

例如，医药行业新药的研发周期通常在8—14年，如果我们对早研团队的激励是在其药品上市大卖之后，那至少也是10年之后。我们作为推出这项计划的管理者，都不太好意思这么安排。

这就给管理者提出了新的挑战：一方面人性是追逐及时反馈的，另一方面业务的周期又非常漫长。这就需要我们想办法，把长周期切割、变短，让大家的奖金短期够得着、拿到手，再进一步向前走。

例如，某眼科公司制订了合伙人计划。公司为了增强核心竞争力，吸引人才，会选定几名骨干人员代表核心团队设立合伙企业。在该合伙企业未来实现更高的盈利目标后，公司通过发行股份、支付现金，或二者结合等方式，将该合伙企业收/并购。

一般来说，通过3—5年时间，合伙企业业绩优异，骨干人员就可以通过公司被收购而退出，得到一笔不错的收益。这样的退出机制，类似虚拟股票，无须真正等待上市，缩短了退出期，更符合及时反馈的人性机制。

最后，我想坦诚地分享我个人做奖金设计的一些心经，供大家参考。

一是多一些人生阅历，多换位思考，沉浸式体会与感受。一个真正能做好奖金设计的人，一定是一个拥有丰富的生命体验，同时能很好共情他人的人。只有我们拥有更丰富的人生阅历，才能真正体会每一位同事的真实感受和心态，才能设身处地地去换位思考，思考每一位同事拿到奖金后的反应、感受、行为方式的改变。

在每一个奖金细节的设定上，多换几种不同类型的同事，把自己想象成他，来思考他的处境、他的动机、他的行为改变，这对一个制度设计者来说特别重要。

当然，制度设计本身也需要管理者多年的实战经验，同时深谙世事，懂一些心理学。要知道，管理也是功夫在诗外。

二是先人后事。在这个世界上，许多人追求确定性。例如，我们常听到有些同事因为完全不懂、不了解股权激励而弃购，这非常可惜。

许多奖金设计者100%关注在奖金设计上，制度一旦发布，他的工作就结束了，赶紧去忙下一项工作。但是，在我的实践中，奖金制度发布之前的工作大概只占工作的一半，另一半还涉及与员工充分地讲解和沟通，以及奖金制度实行过程中不断地调整和分析。完善的流程，耐心的辅导，持续的跟踪，让员工感受到组织的温度是非常重要的。

在奖金制度实施的过程中，要反复分析、关注同事的行为变化。不仅要关注销售部门的最终产出结果（如，销售动作是否更频繁，收入是否提升等)，还要关注核心高管的决策逻辑是否有变化，决策心态是否更保守或激进等。

通常，每个季度我都会分析奖金的数据与业绩的关系，在会议上详细观察和分析高管决策背后的心理、政治、动机因素等，并形成报告。之后，我会与总经理分享目前公司奖金制度的得失，以及需要改进的部分。

这样的工作，也让我切实感受到奖金设计的魅力。看到员工行为的改变，业绩的改变，公司"土壤"的改变，是一件非常有成就感的事情。我们每一个人，都可以通过自己的努力，让业绩变得更好。

10.4　实操：一起来做奖金设计

本章的最后，我们进入奖金设计的具体案例，了解奖金计划八因子，以及制定要点。

奖金设计八因子

一个完整的销售奖金计划，往往由八个因子组成，接下来我们逐一学习。

适用人群：谁参与，谁不参与？

在公司中，通常会有不同的奖金政策：利润销售奖金政策、市场团队奖金政策、后勤团队奖金政策，不同的群体适用不同的奖金政策。例如，事业部负责人适用销售奖金政策，还是管理团队奖金政策呢？他的奖金和当年的销售收入挂钩吗？

很多人可能会认为，当然要和销售收入挂钩了。这还真不一定。事业部负责人属于高管，公司为了激励其用更长期的视角做决策，可能仅有少量的挂钩，更多是用一些长期的激励因子。

再比如，事业部老板的秘书，适用什么奖金政策呢？如果和销售一致，秘书的工作确实和销售的工作没有直接关联，但若和后勤的同事一致，事业部的红利又无法享受。

因此，做奖金的第一步，要把人划入不同的奖金政策体系之中。

奖金计算池：分为几个奖金池，每个奖金池所占比例为多少？

通常，奖金会分为2—3个奖金池。什么叫"奖金池"？就是把100分的奖金，分成几个池子，不同的池子，有完全不同的KPI和计算方法，以作为不同的激励。

奖金池的比例，通常为3∶7或6∶3∶1等。占比多的，通常是总销售达成，占比小的，可能是其他的激励方案。

KPI：业绩衡量的 KPI，是按销售额、利润额还是利润率？

有了奖金池以后，就要有一个考核目标 KPI。这部分我们在第 3 章定目标中有较详细的阐述。

每一个奖金池，可以有不同的 KPI 和计算方式。有时候奖金池是按老产品、新产品来划分的。比如，70% 占比的奖金池 1 是按总销售目标考核，30% 占比的奖金池 2 是按照新品的销售目标考核。这样，即使老产品销售额再高，新品不达成也是很吃亏的。这样就促使销售同事去卖新品。

有时候，奖金池是按照团队业绩与个人业绩来划分的。比如，我在新加坡工作的时候，有一位市场负责人将下属市场经理的业绩 50% 与个人负责的国家（如：新加坡市场）相关联，再将 50% 与整个东南亚地区市场相关联。我问他，为什么？他说，因为市场团队经常一起去邀请客户办活动。如果每个人只关心自己负责的国家，那其他国家的活动，整个东南亚地区的活动就会比较少被关注。他希望团队能团结一致。果然，在他的团队，每一场活动几乎都是全员出动，大家热情高涨。其他事业部的人都很好奇，为什么他的团队会如此团结和互助，这背后的秘密就源自他在激励机制上的设计。

那么，奖金发放一定要基于量化目标吗？不一定。尤其在支持部门（如：人事、财务等）的奖金考核上，会有非量化的考核目标。

起点与终点、分段与封顶：什么是起付点、终止支付点、封顶奖金规则、分段规则？

我们再以心悦集团案例为例。奖金起点，若达成率 80%，则支付率 50%。假设季度销售目标为 100 万元，销售同事的目标奖金为 2 万元。也就是说，销售额实际达成为 80 万元及以上，销售同事可以开始获得奖金；如果销售额在 80 万元以下，销售同事没有奖金。

奖金终点，若达成率大于等于 150%，则支付率为 300%。也就是说，若季度达成在 150 万元及以上，销售奖金为 6 万元。超出部分，不多支付奖金。

可能很多伙伴会问，为什么会有这样的政策呢？一般来说，这种政策有两方面考虑：一方面，考虑到经济有效性，避免因目标分配不合理而导致的奖金过多支付；另一方面，也不建议进行过多压货等行为。当然，这种政策也有其局限性。比如，几乎没有销售会做到150万元以上的销售额，即使他有能力做到。

斜率：每一段斜率为多少，即达成率每增加1%，奖金增加多少？

在心悦集团的案例中，如果达成率为100%，则支付率为100%。也就是说，达成100万元，支付奖金2万元。达成率为150%，支付率为300%。这样斜率的计算如下：

$$斜率 = (300\%-100\%) \div (150\%-100\%) = 4$$
（不包含提成部分）

斜率是不是越高越好？当然不是。斜率越高，代表单位达成率上支付的越多，其经济有效性就越差。那斜率是不是越低越好呢？斜率低，销售同事到手的奖金就非常有限，激励销售同事的动力就不够强。

斜率的设计应该充分考虑目标的挑战性、可及性、竞争对手的薪酬方案和斜率等因素，提供有竞争力，同时经济上有效的斜率值。

支付频率：季度还是年度支付？

刚刚的计算只是一个应付的概念，和实付之间是有区别的。比如，公司会规定支付频率，或每季度发放一次，或仅年度支付一次，或季度支付加年底调整等。

支付频率是不是越高越好？支付频率高会不会引发员工"拿钱走人"，员工留存率低？不同的学者在支付频率上做过不同的研究，原则上，季度的支付频率会比年度的支付频率给销售同事更高频率的刺激以及生活保障，而且真正的员工保留不应该依赖奖金的延迟发放。

支付条件与扣罚：回款后方可支付？季度超出部分年度可以扣罚？

支付条件也很有讲究。有的公司规定，回款后方可支付；有的公司规定，年度计算时会扣罚被考核人部分季度未达成的部分。相当于把季度达成统一成了年度达成。

加速器、减速器及挑战目标：挑战目标之下的双斜率曲线。

这个概念相对使用比较有限。有些公司会规定：如果被考核人达到某种条件，斜率会升高1个点（如：从3变为4）或降低1个点（如：从3变为2）。这通常和挑战目标协调使用。

案例：奖金计划

在了解了奖金八因子后，我们一起来看案例。以下是心悦集团新产品上市的奖金计划方案。

表10-1　心悦集团产品未上市奖金方案示例

产品未上市奖金方案							
××事业部							
	上市（×期临床）里程碑				行为考核		
	里程碑时间	支付率（%）	斜率	考核评分	支付率（%）	斜率
每延迟一个季度	每延迟一个季度	-25		<80	0	
按时上市	按时	100		80—120	80—120	1.0
每提早一个季度	每提早一个季度	+25		>120	120	封顶
封顶		150				
考评期间	里程碑时间				年度		
支付期间	里程碑达成时间				年度		
备注	在同一年度之内，按里程碑达成所在季度一次性支付奖金。如提前一个季度，可得125%，提前两个季度可得150%，150%封顶，扣罚50%封顶。里程碑部分占浮动奖金部分的50%。				行为考核部分占浮动奖金部分的50%，行为考核项目建议不超过5条。		
封顶、支付								
固浮比	固定部分	浮动部分					
	60%	40%					

表 10-2　心悦集团产品已上市奖金方案示例

<table>
<tr><td colspan="11" align="center">产品上市后奖金方案</td></tr>
<tr><td colspan="11" align="center">××事业部</td></tr>
<tr><td rowspan="2"></td><td colspan="3" align="center">第一年</td><td colspan="3" align="center">第二年</td><td colspan="3" align="center">第三年</td><td colspan="3" align="center">提成</td></tr>
<tr><td>指标达成率（%）</td><td>支付率（%）</td><td>斜率</td><td>指标达成率（%）</td><td>支付率（%）</td><td>斜率</td><td>指标达成率（%）</td><td>支付率（%）</td><td>斜率</td><td colspan="3" align="center">按销售额提成</td></tr>
<tr><td>1. 起奖线</td><td>80</td><td>50</td><td></td><td>80</td><td>50</td><td></td><td>80</td><td>50</td><td></td><td>第一年</td><td>第二年</td><td>第三年</td></tr>
<tr><td>2. 中值</td><td>100</td><td>100</td><td>2.5</td><td>100</td><td>100</td><td>2.5</td><td>100</td><td>100</td><td>2.5</td><td colspan="3"></td></tr>
<tr><td>3. 峰值</td><td>150</td><td>300</td><td>4.0</td><td>150</td><td>300</td><td>4.0</td><td>150</td><td>300</td><td>4.0</td><td>5%</td><td>5%</td><td>2%</td></tr>
<tr><td>4. 封顶</td><td>>150</td><td>300</td><td></td><td>>150</td><td>300</td><td></td><td>>150</td><td>300</td><td></td><td>6%</td><td>6%</td><td>3%</td></tr>
<tr><td>考评期间</td><td colspan="3" align="center">季度+年度</td><td colspan="3" align="center">季度+年度</td><td colspan="3" align="center">季度+年度</td><td colspan="3" align="center">年度达成</td></tr>
<tr><td>支付期间</td><td colspan="3" align="center">季度+年度</td><td colspan="3" align="center">季度+年度</td><td colspan="3" align="center">季度+年度</td><td colspan="3" align="center">年度支付</td></tr>
<tr><td>备注</td><td colspan="3">季度上限支付200%，其余部分按年度总达成计算补足。</td><td colspan="3">季度上限支付200%，其余部分按年度总达成计算补足。</td><td colspan="3">季度上限支付200%，其余部分按年度总达成计算补足。</td><td colspan="3">此部分提成按年度达成总额计算，上限为不超过个人浮动部分的2倍；净利润亏损团队不得支付提成部分。</td></tr>
<tr><td>封顶、支付</td><td colspan="12"></td></tr>
<tr><td rowspan="2">固浮比</td><td>固定部分</td><td>浮动部分</td><td colspan="10">备注</td></tr>
<tr><td>60%</td><td>40%</td><td colspan="10"></td></tr>
<tr><td>季度、年度回算机制</td><td colspan="12">1. 年度一次性回补。
2. 举例：季度扣除部分按年度最终完成情况进行回补，最高回补到系数1。如，各季度项目得分比例：Q1=80%、Q2=120%、Q3=90%、Q4=120%。年度项目达成率为110%。则Q1及Q3进行回补，最高回补100%，分别Q1补20%、Q3补10%。若年度项目达成率为90%，则各季度得奖不足90%的补到90%。</td></tr>
</table>

我们一起来看表 10-2，产品上市后的奖金方案细节。

1. 适用人群：这份奖金方案适用人群是新产品销售负责人。销售经理和销售代表的方案与此不同。

2. 短期激励由两部分组成，一部分是奖金，一部分是提成，且两者可叠加。这样的设计并不常见，通常成熟公司只有奖金部分，没有提成。之所以这样设计，主要与其整体的业务设计、业务阶段、总体薪酬方案有关。首先，该业务为内部孵化的创新型业务，失败风险相对较高。从风险收益对等的角度来看，产品前期上市要加大分利力度，有效奖励高难度的市场拓展。原则上，这部分也可以做长期股权激励，但是由于种种原因没有做，因此通过提成方式达到收入共享的原则。

3. KPI：主要的KPI是收入，这里的收入为会计准则的收入口径，不含税，不考虑回款。

4. 具体方案：我们来看第一年的具体方案。奖金部分的起奖线是80%，也就是说如果你的收入目标是1亿元，未达成8 000万元是没有任何奖金的。如果你的目标奖金是200万元，达成8 000万元，你可以获得目标奖金的50%，也就是100万元。如果你达成1亿元，你可以获得目标奖金的100%，即200万元。如果你达成150%，也就是1.5亿元（注意，这是非常高的达成率），你可以获得目标奖金300%，也就是600万元。是不是很有吸引力？这就是奖金的斜率在起作用了，达成越多，斜率越高，奖金也越多，这样对销售同事起到很大的激励作用。

5. 斜率：图10-6展示了奖金+提成的总收益曲线与斜率。斜率一共分为4段：指标达成率小于80%，无斜率；指标达成率80%—100%，斜率为2.5；指标达成率100%—150%，斜率为4.6；指标达成率大于150%，斜率为0.9。设计斜率是个技术活，一般需要由专业的人事和财务同事计算。我看到部分企业要么是舍不得给斜率，要么是非常舍得给斜率。这两种情况都有待商榷。斜率能给多少与目标的合理性、达成的难度、对公司的收入贡献有很大的关系，需要财务BP进行盈利预测建模。我所在的行业，斜率超过10就算比较高了，这些经验需要不同行业的管理者自行把握。

6. 支付频率：本案例中支付频率是季度+年度，即一部分是季度支付，一部分是年度支付。也可以全部按季度或全部按年度支付，但销售组织按季度激励效果更明显。

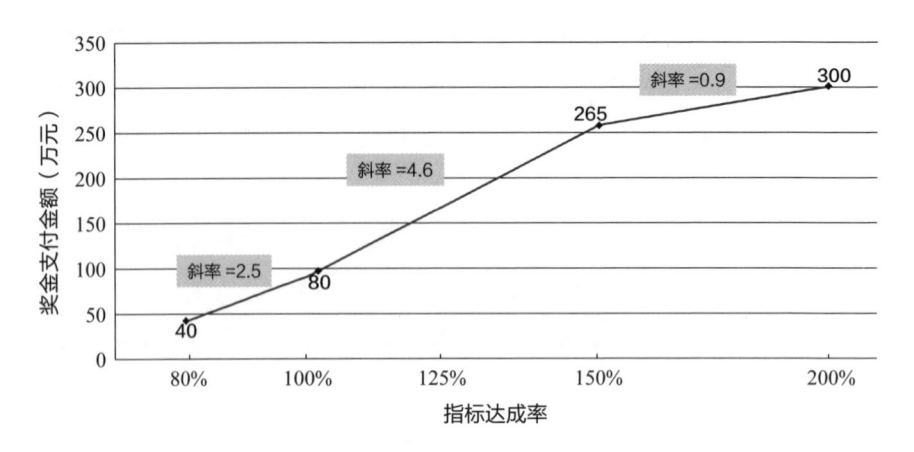

图 10-6　奖金斜率示意图

7. 支付条件及扣罚：本案例中支付条件与扣罚规则相对比较复杂。如，在提成部分规定，净亏损团队不能支付提成，这对于许多新业务团队来说是非常严苛的支付条件。同时在奖金部分规定季度支付上限为 200%，这也是明显的季度封顶操作，避免季度波动。支付条件与扣罚的设计必须结合典型案例复盘。如果有一些同事钻制度空子，这里就要堵窟窿。当然，也不建议将支付条件设置得过于苛刻，影响被考核人取得奖金。

8. 加速器：本案例中未使用。

奖金流程

以下是某世界 500 强公司某事业部销售奖金管理的全流程。

在奖金流程中，要特别关注奖金的复盘。在我多年的奖金工作中，奖金复盘占到了整个奖金工作的 30% 以上，但是被大多数管理者所忽略。

每个季度，我都会把实发奖金进行排序，对达成率、实发奖金、零奖金同事等进行典型案例的复盘。在一次复盘中，我发现有的销售经理工作非常努力，但是一直得不到奖金，因为销售目标不够合理。在另一次复盘中，我发现我们的奖金计划规则有一个漏洞，被销售同事抓到，低达成率也可以拿高奖金。

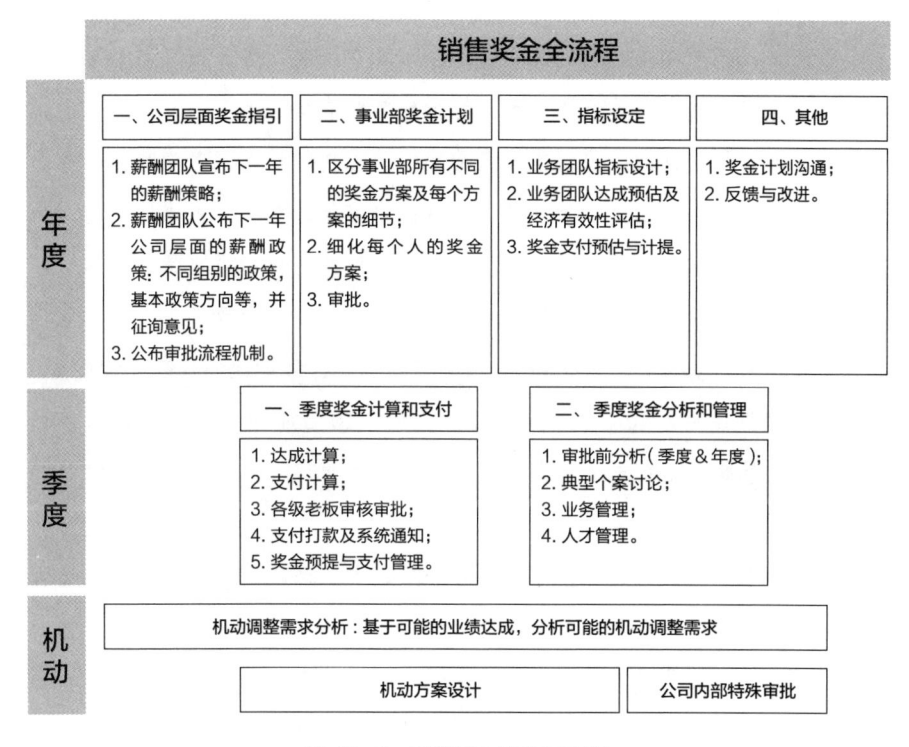

销售奖金全流程

年度	一、公司层面奖金指引 1. 薪酬团队宣布下一年的薪酬策略； 2. 薪酬团队公布下一年公司层面的薪酬政策：不同组别的政策，基本政策方向等，并征询意见； 3. 公布审批流程机制。	二、事业部奖金计划 1. 区分事业部所有不同的奖金方案及每个方案的细节； 2. 细化每个人的奖金方案； 3. 审批。	三、指标设定 1. 业务团队指标设计； 2. 业务团队达成预估及经济有效性评估； 3. 奖金支付预估与计提。	四、其他 1. 奖金计划沟通； 2. 反馈与改进。
季度	一、季度奖金计算和支付 1. 达成计算； 2. 支付计算； 3. 各级老板审核审批； 4. 支付打款及系统通知； 5. 奖金预提与支付管理。		二、季度奖金分析和管理 1. 审批前分析（季度&年度）； 2. 典型个案讨论； 3. 业务管理； 4. 人才管理。	
机动	机动调整需求分析：基于可能的业绩达成，分析可能的机动调整需求			
	机动方案设计		公司内部特殊审批	

图10-7 销售奖金流程示意图

发现了这些问题后，我会及时考虑补救措施，同时与相关同事及其经理进行沟通。因为考虑到公平原则，我没有为这位目标不合理的销售经理修改目标，而是为他争取了一个优秀员工奖励——可以参加一次出国旅游。第二年，我快速调整了他的目标，给予他应有的一些补偿。

这样的工作，或许能让员工体会到管理者的用心，进而提升员工留存率。

临时奖金设计

案例：临时市场机会来了，如何设计奖金

2016年的一天，我们在开东南亚市场的业务分析会。轮到区域经理A

分享的时候，他上来就和大家分享了一个好消息："你们知道吗？我们要在缅甸成一个大单了！"

缅甸？我不敢相信自己的耳朵。这个市场在过去2年大概只做过2台手术，公司几乎没有人覆盖这块市场。怎么会有大单？

原来事情是这样的。公司有一款治疗帕金森病的植入式医疗器械，该器械单价较高。过去，因为缅甸国民的支付能力有限，加上手术难度极高，很多医生不会做，所以几乎没有市场。但是，缅甸有一位超级富豪，他的家人曾植入过这款产品，植入后，该患者的生存质量有了本质改善。因此，他非常希望成立一个基金会，来捐助20位缅甸的患者，帮助他们提高生活质量。

听到这件事后，我的第一反应是开心的。20台手术，对于这样的市场来说，简直就是天上掉馅饼。即使是对于整个事业部来说，也可以增加10%的销售额，也是相当有吸引力的。

但是高兴之后，我却陷入了沉思。会后，事业部负责人把几位管理层留下来开了个小会。事业部负责人让大家谈谈对这单生意的看法。

那一晚，我们开了4个多小时的会议，主要讨论结果如下：

1. 这单生意是一个非常有吸引力的机会，但要想真正完成，需要极大的努力，且成功概率不高。一方面，团队对缅甸市场并不熟悉；另一方面，缅甸当地缺乏有经验的医生、跟台员等，即使是在整个东南亚市场调配医生，也不是一件容易的事情。也就是说，从市场模型分析来看，并不是解决了支付问题，就解决了一切。医生的能力、患者的筛选、跟台员的调配等都是问题。
2. 目前成单的关键，是有一个强有力的团队。因为涉及基金会等复杂工作，仅靠目前兼顾缅甸的销售经理肯定不行，需要一个以事业部负责人牵头的，同时能够牵拉亚太区资源的高管作为管理团队共同介入，才有可能拿下这样的团体订单。
3. 奖金设计工作是激发团队积极性和创造力的关键。这件事由人事和财务共同跟进落实。

奖金到底要如何设计呢？人事同事和我商量之后，我们先去找了 A 经理进行了访谈。

A 经理私下和我们说，他其实对缅甸这一单并不太想做。为什么呢？

一方面，因为他一年的总目标也只有 40 台手术，如果今年真的多做了 20 台，明年他的总目标就变成了 60 台。之后若干年，他都无法再拿奖金了，这不是他希望看到的。另一方面，他缺少团队支持，他一个人肯定做不了这么多单。他要是关注缅甸了，其他国家的订单肯定会疏于管理，甚至被对手抢走。这样，他未来的生意就不好做了。

为了打消他的顾虑，我们去帮他解决目标问题。

首先，经过和东南亚区域内部以及亚太区域领导的多轮沟通，大家一致决定，把缅甸的这 20 台订单作为一个特殊奖金包来计算。不会嵌入未来目标的制定中，和 A 经理的正常奖金不挂钩。

其次，通过精确计算，我们将奖金设置为提成型奖金。也就是说，每一台手术，我们总提成在 30%。如果这台手术的收入是 30 万元，那么，整个团队可以提成 9 万元。这里，我们还对不同层级的同事可提成的部分做了一些分配：跟台员、销售员、销售经理、事业部负责人，以及其他项目组成员各自可以提成多少。

最后，我们在全球范围内去选择 2 位销售和 2 位跟台员，来跟进缅甸的订单，同时帮助这位 A 经理来稳定其辖区内的业务。

我们带着方案与 A 经理做了沟通，A 经理还是感觉压力很大。接着，我们就和他算了一笔细账：一台手术，他可以提成 3 万元，20 台手术，就是 60 万元。相当于他全年的工资与奖金的总和。

A 经理听到这个数字的时候，非常吃惊。他笑着对我们说："我现在赶紧去多吃一个汉堡，我要能量满满地大干一场。"临走之前他还对我说，"你先给我发个邮件，把你说的目标方案和考核方案都发给我，作为落实的依据。"

A 经理信心满满地离开了，我们的工作才刚刚开始。我们积极地去世界各地找人、联系基金会，以及向亚太区申请目标和特殊奖金的审批。我心里想着，能有20位患者，因我们的工作，从生活无法自理的状态中恢复，就感到自己的工作很有意义。想到能为一线业务人员排忧解难、争取合理的利益也是我们作为管理者最开心、最有成就感的时刻。

案例：不可抗力发生，如何设计临时奖金方案

有时候，因不可抗力的外部原因，行业的企业销量有很大幅度的下滑。这时，过往的奖金政策很可能会不适用，需要做临时奖金政策。这样的奖金政策该怎么做呢？

假设一季度因为不可抗力，业绩会大幅下滑，下滑至原有目标的10%—70%。这种情况下，A、B、C、D这4家公司做了4份不同的临时奖金方案，我们比较一下。

表10-3　4家公司临时奖金方案一览表

公司	第1季度	2020全年	优势		
			关怀保留员工	激励第1季度达成	激励第2—4季度达成
A	保底奖金100%。	第2—4季度指标重新调整（上调），达成当季度指标可多得25%奖金。	是	否	是
B	2月未达成的部分，按100%达成计算。	第2—4季度指标待定。	是	是	否
C	保底奖金60%。	第2—4季度指标不变。	是	否	否
D	保底奖金50%，同时起奖线由原来的达成率90%、支付率50%，调整为达成率50%、支付率50%。	第2—4季度指标待定。	是	是	否

A公司的奖金方案与原方案相比调整了哪些内容呢？

1. 固浮比：第1季度奖金从浮动薪酬变为固定薪酬；
2. 目标：第2—4季度目标上调；
3. 斜率：第2—4季度的支付，原计划为达成率若为100%，支付率则为100%；现改为达成率若为100%，支付率则为125%（考虑到目标上调，100%达成后收入上升）。

A方案的主要优势是激励第2—4季度的超额达成。

D公司的奖金方案与原方案相比调整了哪些内容呢？

1. 起奖线：第1季度起奖线由原来的90%降至50%，这有利于负责部分受外部因素影响的省份的同事，鼓励他们再去努力触达目标；
2. 斜率：由于起奖线变化，斜率也随之变化，原计划的斜率为5，现计划的斜率为1。

D方案与A方案相比，对第2—4季度并未多做考量，但是降低了第1季度的起奖线，也就是降低了门槛，同时鼓励员工仍然积极克服困难，去进一步达成销量。

从这个案例我们可以看到，当外部环境变化时，我们可以通过多种手段来改变奖金计划的方案，实现不同的激励目的。总的来说，有3种主要的调整模式：

1. 调整固浮比，设定保底奖金；
2. 降低起奖线；
3. 改变实际达成率或目标（如：未达成的按达成计算）。

通过这一节奖金设计的实战案例，您是否已对奖金设计有了不少了解？在接下来的实际工作中，我们可以先多看一些成熟的奖金方案，分析和比较其优劣，做一个点评者，再慢慢过渡到一个奖金计划的设计者。

除了短期激励之外，在我国内资公司中，长期股权激励也是一个非常热门的话题。

第 11 章
股权激励

11.1 定义：什么是股权激励

股权激励的基础

从学习和实操的角度来看，我们常常接触奖金设计，这部分工作基本上每年、每个季度都会讨论，是一项基本功。股权激励在民企相对较多，但未必每位同事都能接触到这部分内容。在具体实施过程中，公司往往会聘请专业的咨询公司提供咨询与设计服务。我们可以在了解其基础概念后，与战略、预算、分析等环节进行有机地结合与运用。

激励可分为短期激励与长期激励。股权激励虽然是长期激励的一种，但它毕竟是股权"土壤"中长出的花朵，我们不能仅仅用激励的视角来看待股权激励。相反，我们要寻根溯源，从股权视角来了解它和运用它。

表 11-1 短期激励与长期激励的区别

项目	短期激励（奖金）	长期股权激励
时长不同	短期（1年以内，季度）	长期（3年及以上）
人员不同	覆盖公司销售等全体同事	董事＋高管＋核心骨干
方式不同	现金	股权
KPI不同	收入、利润等	利润、市值等
程序不同	内部程序	外部程序＋内部程序

什么是股权？股权有哪些权利？

股权是股东基于其股东资格而享有的，从公司获得经济利益，并参与公司经营管理的权利。

股权是为公司未来的权益发的"产权证"，这和房屋的主人有房产证，土地的主人有土地使用权证有异曲同工之妙。股权的价值是面向未来的。举个例子，如果A公司每年盈利100万元，那A公司估值是多少呢？假如它的市盈率是20倍，则估值2 000万元。这就看得出股权其实是给未来的钱发的"产权证"。

所以有人说，股权激励是用明天的钱，激励今天的员工。这句话就反映了股权估值的底层逻辑，即是企业未来现金流的折现。

股权有4项基础权利，包括所有权、控制权、分红权、资本增值权。这4项权利往往是可以分开设计的。在这4项权利中，控制权是核心。因为一旦丧失公司的控制权，公司治理结构将出现严重问题。例如，俏江南的创始人张兰丧失其公司控制权就是典型案例。

而在实际操作中，所有权、控制权、分红权可以是三权分离的。

表11-2 三权分离案例

股东	出资比例	表决权比例	分红权比例
A	51%	40%	70%
B	29%	40%	10%
C	20%	20%	20%

表11-2中，A用其表决权比例的减少换取了分红权比例的增加，这在法律上是允许的。每一位股东在不同权利之间都要进行"取舍"，这考验股东的战略眼光与政治智慧。在实操过程中，许多创始人的出资比例不高，但是拥有公司控制权，是公司实控人，也是利用了股权三权分离的特性。

股权是公司的"胚胎"，是公司孕育的基础和原始因子。股权来源于股东的投入。经济基础决定上层建筑，股东的投入是经济基础，随之而来的控制权、分红权等，是上层建筑。当一个公司的股东大于等于两个的时候，就形成了股权结构。

什么是股权激励?

股权激励是指公司以本公司股票为标的,对其董事、高级管理人员及其他员工进行的长期激励。

在这个定义中,有三个关键点。第一,股权激励是长期激励,也就是激励的一种,决定了其"分利"的属性。第二,股权激励与奖金不同,它的标的是股权,因此决定了其复杂性。第三,股权激励的对象与短期激励相比更集中在董事、高管、技术骨干等核心人员。

案例:公司授予股权激励,我到底买不买

2022年6月的下午,娟子打电话给我,和我说公司授予了她一份股权激励,让她签字,她不知道该不该签。想请我帮忙看看。

见面落座后,娟子给了我一沓公司股权激励的资料。她提出了几个简单的问题:

1. 公司给了一份股权激励,她想知道这个股权激励是什么意思?
2. 公司让她交30万元,她很犹豫,手头没这么多钱,她到底该不该签呢?
3. 如果不签,她是不是得准备离职?

听到第三个问题,我心里一惊,赶紧拿起来股权激励计划阅读起来。

"娟子,首先我要恭喜你,你获得了公司授予你的股权激励。从某种程度上来说,这是公司对你工作的认可。"娟子很开心地和我分享说:"月思,我们团队30多个人,只有两个人得到了股权激励。我是负责东区的,还有一个南区的经理也拿到了。我还挺开心的。"我不住地点头,为她感到开心。

"薪酬并不是只有现金才叫薪酬。从薪酬的组成来看,包括固定薪酬、奖金,以及股权激励这些长期激励共同组成。如今,公司授予你股权激励,也是一种薪酬,证明你跨越至一个新的阶段。股权激励算是甜蜜的烦恼。那么，从你的股权激励计划来看，我们一项一项来了解。首先，公司授予你的是第一类限制性股票，要求你在3个月后，按市场价格的5折购买公司股票。我们来查一查你们公司现在的股票价格。"

我们打开了股票软件，看到目前娟子所在的公司的股价为300元。

"我们假设你购买股票的价格是150元，公司授予你2 000股，因此你确实需要交纳30万元。那么，交纳了30万元，你买到了什么呢？你买到了公司2 000股的股票。注意，这和你自己在证券公司购买的股票是不同的，你购买的是限制性股票，也就是说，这2 000股是暂时不能流通和交易的。这就相当于3个月后，你要做一笔投资，投入30万元。那么，什么时候能获得收益呢？限制性股票分1次解锁，解锁后可以流通。2024年，如果满足条件的话，你可以解锁2 000股。"

娟子有些疑惑地问："那意味着什么呢？"

"假设2024年年底，公司股票每一股价值400元，2 000股是多少钱？"

"80万元，80万元减去我买入时的30万元成本，我就赚了50万元啊！"娟子兴奋地算着账。

"但是要注意，这50万元是税前收入，我们还要按国家规定交纳个人所得税，税后收入会小于50万元。"我补充道，"假如2024年公司股票每股价值为100元，2 000股股票价值多少呢？"

"20万元，那我还亏了10万元？"娟子脸上的笑意收了起来。

"是的，这就是长期股权激励与奖金激励之间的差别。股票有涨有跌，很难预测，所以投资需谨慎呀。"我们都笑了。

"月思，我一直听同事说，要满足一些条件才能解锁，但是同事都对我们的解锁目标非常有信心。目标对解锁有什么影响？"娟子追问道。

"刚刚我们说，2024年满足一定条件可以解锁，但是需要满足什么条件呢？这里有清楚地写明：第一，公司层面的解锁条件是利润在2021年的基础上增长40%。第二，个人层面的解锁条件是你的绩效考核要达到A级，且2023年的收入与利润目标达成率是100%。"

"月思，如果我没达成个人的解锁目标会怎么样？"

"那么，你无法解锁你的股票，公司会回购你的股票。这对你有两种损失：其一，2年间30万元的利息支出。假设你是向银行贷款购买股权激励的股票，假设贷款利率为5%，2年贷款利息的总额是30万元×5%×2=3万元。这部分贷款利息你要自行支付。其二，如果你在2024年之前离职，根据你们公司的规定，如果股价击穿150元，你需要承担其中的投资损失。"

娟子认真地记录下这些要点，她总结道："现在我清楚了。公司授予了我2 000股的限制性股票，3个月后我需要交纳30万元。如果理想情况下，2024年公司股价上涨我也能解锁，我可以赚钱，但若公司股价下跌，或者我无法解锁，又或者我提前离职了，我都要承担相应的损失。也就是说，这不是一个稳赚不赔的买卖，是一个有风险的投资。"

我点了点头，看来娟子是理解这份股权激励计划了。

接下来，娟子就和我商量，她该不该签这份股权激励。

她说："月思，从我的角度来看，我当然是希望赚钱，不希望亏钱。那现在我就要考虑赚钱和亏钱的可能性的问题。"

"没错，娟子。"我帮她列出亏钱的几个主要的可能：

1. 公司未来2年股价下跌至150元以下；
2. 娟子个人目标无法达成；
3. 公司目标无法达成；
4. 娟子提前离职，且离职时股价低于150元以下。

娟子看了看这几个条件，陷入了沉思。她说："公司股价会不会降至150元以下，主要还是看公司未来的成长。我们公司这几年的发展非常不错，大家都很看好，我个人觉得明年完成40%的成长应该没有问题。不过这些细节我老板了解得更清楚，我得详细跟老板了解一下。"娟子继续说，"如果真的签了股权激励，我无论如何也要把个人目标给达成。"她看起来斗志昂扬。我想，如果她们公司的HR同事看到这样的股权激励效果，一定会非常开心。

娟子说："月思，万一我和老板盘算下来，我们达不成个人目标，我不想买了，会不会有什么后果？"

我笑着说："可能会，你怎么看？"

娟子说："现在只是让我们先签意向书，没让我交钱，我先签，也看看公司给我的目标。如果不行的话，我就不买了，和老板说我实在没钱。"

"这件事情比较敏感，在公司里你可以多搜集信息少表态，也可以先随大流跟着跑，看看情况再说。更不必觉得不签股权激励就会影响自己在老板心中的形象，毕竟公司几百人都有股权激励，老板也未必会关注你。"

"月思，和你聊一聊，我感觉自己对股权激励了解了不少。如果要签，股权激励对于员工来说，最重要的是考虑哪些方面？"娟子问我。

我想了想，列举了几条：

1. 公司未来的成长性：股权激励往往是基于未来公司股价的，那么，公司是不是未来向好特别重要。大型的股权激励失败案件多数与公司股票大幅下跌有关。

2. 解锁的难度与时间周期：对于成长性良好的公司，如果目标合理，就不会有本质的影响，但是对于有下跌风险类型的股权激励计划，无论是公司层面的解锁，还是个人层面的解锁，如果难度太高都须谨慎。同时，如果公司绑定的时间周期过长，也大大增加了变数。

3. 公司股票的流通可能性（个人退出）：有的非上市公司，许多年都无法上市，股权激励的意义就相对小了许多。如果公司的股票无法流通，又不能给予非常好的退出变现的方案，这样的股权激励的价值就大幅降低了。

4. 老板的人品：在公司股权激励的过程中，往往有规则规定，员工一旦离职，其相应持有的股票就需要公司回购，甚至作废。不少公司高管，"倒"在了公司上市前夜，一夜之间丢掉了工作。老板这样做的目的就是为了收回股权激励的股权。也有人因此与老板对簿公堂，闹得很不愉快。

股权激励的几种常见模式

限制性股票：限制性股票属于实股，指上市公司按照预先确定的条件授予激励对象一定数量的本公司股票。激励对象只有在工作年限或业绩目标符合股权激励计划规定的条件内，才可出售限制性股票并从中获益。一般以50%折扣授予激励对象。其中又分为第一类限制性股票和第二类限制性股票。第一类限制性股票，例如目前股价100元，激励对象以50元价格认购，但须等到1—3年后方可解锁流通。第二类限制性股票（仅限于科创板、创业板），例如目前股价100元，激励对象1—3年后以50元价格归属股票。

期权：公司授予激励对象在未来一定期限内以预定条件购买一定数量股份的权利。例如现股价为100元，激励对象在1—3年后有以100元购买股票的权利。如果3年后股价为130元，则激励对象可购买并获益；如果3年后股价为80元，激励对象可不购买，对自己也不造成损失。期权不是获得实体股票，而是拥有某种权利，要知道这种权利也是有价值的，且不必承担股票下跌的风险。

股票增值权：股票增值权无须实际购买股票，经理人直接按期末公司股票增值部分（=期末股票市价-约定价格）得到一笔报酬，经理人可以选择增值的现金或购买公司股票。股票增值权的有效期各公司长短不等，一般为授予之日起6—10年。

员工持股计划：指公司将本公司的股票或股权授予公司经营者（高管、核心员工、员工等），使其成为公司股东以获得共享公司收益以及参与公司经营决策的权益。

那么，员工持股计划与限制性股票的区别有哪些？从范围来看：限制性股票只针对小部分人群，如中高层管理人员及少数基层骨干；员工持股计划对象覆盖范围更广，甚至可以达到公司全员。从周期来看：限制性股票一般3—5年，其中1年等待或锁定期，3—4年进行每年分期行权或解锁；员工持股计划一般是1年锁定期，3年内任意时间卖出锁定收益，分期兑付。

2022年，A股上市公司推出的员工持股计划比2021年多出约20%，也出现了部分超低价格、缺乏合理考核机制的员工持股计划。在实际操作中，可以依据情况合理使用。

值得注意的是，"员工持股计划"一词，在中文使用的过程中会产生一些歧义。有时候，"员工股票购买计划"中文译为"员工持股计划"，并与员工持股计划概念混淆。员工股票购买计划并不是股权激励。它本质上是一种员工投资行为，允许员工在一定期间内每月预留资金，以一定折价（通常为85%）购买公司股票。

股权激励的模式在实际操作中种类较多，我们可以根据实际情况进行具体选择。

股权激励九定模型

在了解了激励模式之后，就来到了股权激励的具体方案制定环节。

表11-3 股权激励九定模型

1.定目的	4.定来源	7.定价
2.定目标	5.定人	8.定时间
3.定模式	6.定量	9.定流程

九定模型的具体内容，在本书中不予赘述。我们只分享其中两个最重要的、与预算关联度最高的内容：定目的与定目标。

定目的。有人说股权激励的目的是把钱分出去，把心收回来。通常来说，股权激励的目的包括：吸引高端人才、保留核心人才、降低现金支付、建立利益共同体、完善治理结构、对接资本市场、刺激长期管理行为、"金手铐"（限制离场）。

总之，股权激励的本质目的还是要提振业绩和股价。那么，要判断一家企业的股权激励是否成功，参考以下5点：

1. 公司中长期业绩，股价是否有明显提升？
2. 公司阶段性战略目标是否达成？
3. 核心管理层的主观能动性、管理动作是否有积极变化？公司核心高管的工作动力和工作结果是否有明显提升？
4. 核心高管的员工满意度是否提升？忠诚度、投入度、离职率是否有积极的变化？
5. 公司对行业顶尖人才的吸引力是否提升？

定目标。还记得我们分享的销售奖金设计三要素吗？奖金三要素中，最重要的并不是奖金计划本身，而是目标。在娟子的案例中，娟子在决定是否参与股权激励中有两个最重要的决策点：一是未来股价的走向，二是目标的合理程度。足见目标之于股权激励的重要作用。

11.2　痛点：股权激励落地却引发公司动荡

案例：一次股权激励掀起的风暴

有一天，我的朋友张宇来找我，和我分享了他们公司最近由长期股权激励引发的连锁反应。

一个午后，张宇正准备闭目养神，人事的一位经理打电话给他，和他分享了最新的高管股权激励（上市公司）计划。人事讲解了限制性股票的规则：公司授予他一定的股票数，需要他以某一价格来购买，解锁期为6年。解锁的条件有两个部分，包括公司的业绩指标（主要是利润）和他个人的解锁条件。

公司给他的股数不多，但是购买价格不低，算了算，需要他自掏腰包200万元。虽然张宇拿得出200万元，但对他来说，也相当于两年的工资。

但这6年中，张宇需要承担许多风险，包括股票降价的风险和提前离职的风险等。他问人事："可以给我多少时间考虑？"人事说："两个小时。"他问人事："可以不买吗？"人事笑着说："这个当然是自愿的，但是您要是不买，在公司影响多不好。"张宇自然明白人事的深意，谁要是不买，那就是不和公司一条心。

过了一会儿，人事又打电话过来，对张宇说："不好意思，张总，刚刚解释的条款有点问题。这里还有一个惩罚性条款。"他想和张宇再介绍一下。张宇不禁笑了，问他："你也不清楚条款细节吗？"人事说："别说我了，就是人事总监也没全明白。领导说传达要快，我们就先干了。"

一个小时之后，张宇在人事的再三催促下，签下了意向书。

第二天，张宇私下打听了其他高管的情况，发现事情并非他想得那么简单。有一个高管的故事比较有意思。据说那位高管本来安心干活，但是正因为股权购买的金额确实很大，解锁期限又非常长，促使那个高管在回家的路上一直想，自己能否做满6年。他发现，自己从来没有考虑过这个问题，由于要签股权激励意向书，他竟不得不如此认真，又在如此短的时间内做一个决定。最后，他发现自己好像没办法在公司做6年这么久。看清了自己的职业方向并不在现在的公司，也成了压倒他决定离职的最后一根稻草。

还有一个高管，迫于压力签订了意向书。由于从签订意向书到付款之间还有几个月的时间，所以这个高管就给自己定了一个期限：必须在几个月内找到新工作，然后在付款之前辞职。

张宇听说，绝大部分高管都签约买了，也有少数高管并没有购买。他问了那个没买的同事，没买会怎么样？

那个同事告诉他，人事听了之后什么都没说，也没问原因，马上让他签字确认放弃购买。之后公司也没有任何一位领导找过他谈话，了解他的顾虑和情况。只是人事说："不买的人就是不想和公司共进退。"买与不买，买多少，成了那段时间公司高管和员工茶余饭后聊天的第一主题。

而股权激励计划带来的问题，还远不止于此。公司的业绩解锁条件是两年内利润达到某个较高的水平。由于公司长期发展需要费用投入，因此为了能够达成高利润的解锁目标，公司内部默认所有中高风险的项目都暂缓两年投入。公司的几位元老本来还有几年就退了，这次股权激励之后，元老投了半副身家进去，利用手中职权，把中高风险等长期项目在审批过程中卡死，以保自身"荣华"。

最糟糕的是，在草草签署了意向书之后，许多同事在实际购买等待的两个月里反悔了，不想买了，四处打听该如何操作，但是公司竟没有一个人能给出明确的说法，一时间人心惶惶。

为何一个股权激励计划出发点是好的，却得出了事与愿违的效果。这里有以下几个原因：

限制离场条件过重（定目的）

"金手铐"目的过重，限制高管离场，成了公司与高管之间彼此心中的一根刺。一般来说，股权激励有正向目的与反向目的。正向目的主要是吸引人才、留住人才、建立利益共同体、刺激长期管理行为等。反向目的有"金手铐"，把人才"铐"起来，限制其离场。在整个股权设计过程中，反向目的一旦过多，便会激发人的抵触心理，使用时须审慎考虑，更要注意方式方法。高管的股权激励，如高手过招，是聪明人的游戏。普遍而言，高管的社会经验非常丰富，行业人脉较广，因此不建议过度使用"金手铐"。

缺乏案例模拟（定流程）

在做激励机制设计的过程中，要充分进行不同案例的模拟。例如，有的高管是一心要和公司共进退的，那么这部分人无论你是否给他股权激励，他的保留性都很高。有的高管若有短期离职的风险，公司即使授予其长期股权激励，也未必能留住人。还有一部分高管属于有一定离职风险，但是风险不高。股权激励就是要充分考虑这部分中间派，能让这些人留下来。

设计的时候，必须用几个案例去模拟，模拟他们的心态和反应，以确定这些机制是否真的可以触达人性，是否可以实现有效激励和保留作用，是否真的会让他们在摇摆不定的过程中选择留下。

通常，在设计的过程中，会有一个小规模实验。我们会找一些高管，和他们详细讲解激励机制，请他们提出自己的问题和挑战，再让HRBP或他的直线领导在事后一对一跟踪访谈，让大家谈谈自身的顾虑。我们收集问题，进行统一的修改和完善。通过这样的小规模实验，我们可以更好地理解高管们的实际问题和心理状态，进一步分析和完善规则，从而做出更有效的股权激励方案。

未能分人而治（定人）

定人是决定授予哪些人股权激励。定人是在公司元老、管理团队和接班人三者之间有效平衡。我们说，激励最重要的是激发人的主观能动性，但是不是人的主观能动性越高越好？答案是否定的。因为有的人主观能动性高，对公司反而是反作用。因为他的主观能动性是关注其自身利益的最大化，而非公司长远利益的最大化。

例如，许多公司利用股权激励解决公司元老不让位的问题，用股票换实权，让元老们从实权位上下来，业内也有人称为"杯酒释兵权"。但是，张宇的案例却相反，等于激发了元老的主观能动性和实权行为，导致元老为了保护自己的利益，影响了公司的利益。

而在管理团队和接班人方面，公司选择了"阳光普照"：一方面涉及的层级很多，无论绩效如何，全部授予长期股权激励；另一方面没有对员工的重要性、外聘难度、未来重要岗位等做充分的盘点，以致对于接班人的实际保留力度远远低于行业水平（该案例为年薪的16%）。这样的水平，完全禁不起对手对高潜继任者的出价。

股票购买价格高（定价）

定价，是指高管购买时的价格。在此案例中，因为价格很高，所以不是一种激励行为，反而成了"金手铐"。通常高管股权激励的购买价格会相对较低，或者由公司出价购买，不会设置为需要用高管1—2年的年薪来购买。毕竟高管不是创业合伙人，不能要求他们赌上身家。购买价高，击穿购买价的可能性就大，高管承担的风险就高。

惩罚机制严苛（定条件）

这个案子中，有两个惩罚机制。表面上，高管要承担股价下跌被击穿，个人财产损失的惩罚机制；内里，高管还要承担不买就是不和公司一起共进退的压力，会被老板"穿小鞋"，甚至被辞退。惩罚机制在高管激励的案例中不常见，也是导致此案事与愿违的主要原因。

解锁时间过长（定时间）

在解锁时长的设计上，对于那些中间派，提出留在公司工作3年就可得到150万元的方案，比提出留在公司工作6年就可得到300万元的方案，要有吸引力得多。高管的时间都是非常宝贵的，3年可以等，但是6年可能就等不了，而往往当他真的留下来3年之后，他留下来6年的概率就大大增加了。

逼迫签约 + 回避讲解（流程）

在流程上，建议要充分预留合理时间，完成必要的步骤和流程。在事前进行充分的讲解，过程中提供详细的资料，不进行逼迫签约等动作。毕竟股权激励金额较高，涉及较大的个人利益。同时预留时间相对较充分，还能测试团队反应，及时调整。

另外，公司在讲解股权计划的过程中，并没有充分将信息和同事说清楚、讲明白。临时打个电话，说几个要点，针对惩罚机制、股权的意义、个人解锁条件等问题甚至是在事后才说的。对于高管应该承担的股权激励的税负问题只字不提，也未整体进行合理的个税筹划。虽然有部分高管确实不太理解股权激励的细节，可能糊里糊涂就签了，但是事后，少则几日，多则一个月，所有高管都会对这个项目的细节了如指掌（不要小看高管的人际网络以及公司内部的小道消息）。信息不对称仅可能是一时的，但高管一旦理解之后再反悔，其实更加难以收场。

因为公司授予许多基层员工股权，基层员工完全没有得到过股权这样的薪酬支付，也会感觉风险较高，彼此交流。事实上，这样的想法很正常。因为从薪资结构来看，基层员工以固定工资为主，奖金为辅。中高层员工奖金比例适度增加，并叠加部分股权。高管的薪资，股权占有较高的比例，固定工资、奖金为辅。

员工的成长需要一个过程，需要耐心的辅导与陪伴。如果股权激励是第一次授予基层员工，我们应该更耐心地讲解，并在事后需要设立一个信息通道，来及时解答员工提出的问题。这样的陪伴，让员工熟悉、理解自己薪资结构的变化，也有了真正的成长。

缺乏事后跟踪（流程）

对于不签约或有各种顾虑的高管，应该派 HRBP 进行事后跟踪随访，及时了解高管的心理变化。在过程中发生的派系争利、心理施压等情况有效监控，及时纠偏。

缺乏重点关注（流程）

对于不购买等存在高离职风险的高管，进行有效的个性化预案。这种预案，不应该是发生了才开始应对，而是在股权激励项目的策划过程中，就进行有效布局。对于确实需要保留的高管，进行有效劝导或进行其他方式的保留计划。往往高管离职和钱本身没有关系，和其工作的职位、处境、工作内容、政治环境等因素高度相关。这是暴露问题的好时机，也是解决问题的好时机。遇到问题不能躲，要有效解决。

张宇和我分享，有的高管没买，确实是有一些苦衷的，但是公司完全不闻不问，让这些高管心寒。高管也是人，虽然他们理智、客观、冷静，但不代表他们不需要组织的关怀以及对其个人的认可。

激励工作是抓人心的工作，同时也映射出公司的人文关怀和公司文化。在这个过程中，管理者的工作，不是机械性地走流程，不是想方设法设置高难度的指标以提升业绩，而是应充分体现公司对每一位高管的重视。这个过程是用实际行动来体现公司文化的最佳契机。

流程不完善，就无法体现出人文关怀，反而可能会呈现反向效果。事实上，完善流程，也是借假修真：借流程的假，修的是抓人心的真。把握住这一要点，我们才能真正把股权激励的工作做好。

另外，需要注意的是：公司要留人，留的是人心。聚拢人心，并非与使用"金手铐"等限制离场的手段有关，而是与公司提供的环境、职位、机制、薪酬竞争力，甚至老板的人情味等综合因素有关。因此，在股权激励计划的过程中，要充分考虑人性，激发主观能动性，完善流程，这不仅考验设计者的管理基本功，更考验整个组织的能力。

案例：长期股权激励的 KPI 之殇

再次见到张宇是在半年后朋友的聚餐上，张宇又聊起他们的股权激励计划。当时，股权激励已经公示结束了，出现了更多问题：

1. 定价高，股权激励化身投名状；
2. 对手公司同时公布股权激励计划，公司高管纷纷"起义"，对手股价顺势上涨；
3. 个人指标，上下无法达成一致，造成了积怨；
4. 公司利润解锁严重限制了研发投入和 BD 投资，公司决策行为发生了根本性的变化；
5. 股权激励期间高管离职率明显提升，HR 团队激烈震荡，薪酬激励负责人顶不住压力辞职了。

从签订意向书到实际付款，中间有两个多月的等待期。期间，公司股价一路下跌，结果股价跌至签意向书时候股价的 50%，到实际付款时，购买价格约等于市值的 70%。

再考虑到股权激励的税负，实际的收益对于高管来说肯定不多，甚至还可能面临亏损。这期间，许多高管尤其是新晋高管大部分弃权了，公司的老员工其实也并不想买。公司内部开玩笑，都说这不是股权激励，这是股权投名状。要想上山，请先质押你的半副身家。很多高管茶余饭后就是讲自己在银行贷款的种种困难，对这份"激励"强颜欢笑。

定价不同，股权激励的意义和性质完全不同，甚至可能彻底反转股权激励在员工心目中的意义。

好巧不巧，他们最大的对手公司，几乎在同一时间段公布了其股权激励计划。结果对手公司给出的股权激励价格只有其市值的 15%，而且解锁时间更短，KPI 解锁也不需要满足收入和利润要求，更合理。一石激起千层浪，张宇的公司高管听说之后纷纷"起义"，跑去质问公司人事。

"15% 的价格，不是走的非限制性股票吧？"我问张宇。"不是，他们选择的工具是员工持股计划。"

对手公司方案一出，业内的公众号竞相转发，对手公司股价连续飘红。而张宇的公司因为种种问题，股价连续下跌。

股权激励是公司最重要的流程之一，串联了激励、人才保留、长期业绩管理、资本市场等。公司一直在给各位高管确定个人解锁绩效，结果绩效目标确实比较高，不少销售高管认为自己是没有可能达成解锁目标的。如果在这种条件下，为何要压上上百万元，还要损失利息呢？经过上下反复沟通，公司与销售高管之间依旧无法达成一致。部分销售高管弃购，而且开始积极看外面机会。近段时间，公司高管辞职现象明显增加，张宇笑言，他一个月都要吃好几顿送别餐。

最重要的是，大家通过股权激励这么一折腾，真正认清了自己是否要和公司共进退。有一个和张宇关系不错的同事，临别时说："既然觉得不能和公司一起走几年，那倒不如现在就止损吧。"显然，这样的股权激励加速了员工的分化。

同时，股权激励大大加速了HR团队的震荡。这次股权激励，从公司到各个体系的HR基本上都全员参与了。因为时间紧、任务重，所有HRBP、薪酬团队、绩效团队全员参与。结果，因流程不够完善以及激励计划满意度低，整个过程受到了大规模的挑战。

同事最不满意的地方有三点：一是价格高，无法对标竞争对手；二是流程混乱，逼迫签约，条款不清；三是税负不透明，缺少纳税筹划。

估计到老板那里告状的领导不会少，这也间接加剧了老板对人事团队的不满。不到半年时间，薪酬福利负责人扛不住压力辞职了，研发、生产的人事负责人也相继辞职。

"我比较好奇，从管理行为层面来看，这次股权激励有哪些变化？"我问张宇。张宇介绍，有非常本质的变化。坦率说，最大的变化就是KPI的限制。他们的解锁KPI主要是利润，这也和绝大多数上市公司的解锁条件是一样的，但是他们正处在转型发展的关键时期，需要大量投资、研发，以及BD。BD项目一投资都是几十个亿，从会计角度而言，刚买入的几年，要承担大量的摊销和亏损，但是解锁条件又是较高的利润目标，这就等于要求公司在解锁期间不能进行大规模的BD投资。

股权激励不仅没有鼓励更长期的布局和发展，反而让大家追逐眼前几年的短期利益。从那以后，公司的许多投资决策会议上，都在讨论这个投资对公司解锁的利润影响。这样的高管行为变化是非常可怕的。

对手公司的解锁KPI是什么？他们的KPI非常巧妙，全部是研发和投资相关的目标，完全没有利润。他们对外公布这一指标的第一时间，张宇公司就做了内部解读。解读的结果是，大家认为对手公司的管理水平比自己公司高太多。

同样一份长期股权激励：自己"踩刹车"，对手"踩油门"，未来几年的发展高下立见。长期股权激励真的是致命杀，它的威力比奖金要大得多。一旦KPI没选好，公司未来几年败局已定。

奖金的三要素是：目标、奖金计划、经济有效性。长期股权激励，最重要的也是目标，即解锁的KPI。KPI源于战略，是牵引的方向，相当于带着整个团队选了路径。路径一旦不对，干部、流程、管理全部失效。

"你觉得这次暴露的最大问题是什么？"我问张宇。

"一是KPI选择错误，未来几年败局已定；二是管理水平低，内部管理混乱。"

我对张宇说："这是好的开端。每个人都在自己的路上走着，探索着，前进着。不怕我们走弯路，而是我们能否在弯路中学习、复盘、前进。"

从张宇的分享来看，他们公司的战略目标不是仅追求利润成长，但为什么股权激励的KPI还是利润导向，甚至是短中期的利润导向呢？

和张宇细聊后，我总结有两点：其一，董事长并不真正清楚公司的战略是什么；其二，即使他知道，他也没有将战略与长期股权激励KPI挂钩的认知与勇气。

而从预算—分析—激励的闭环来看，不仅可以从预算牵拉激励，激励也可以非常有效地牵拉预算的落地实施。

2022年，我在内资公司实施战略预算落地的过程中，遇到了不小的阻力。战略规划从公司层到事业部很难落地。这个时候，股权激励计划的实施帮助了我。一开始，各个事业部是不愿意落地战略规划的，但是，因为大家都想参加股权激励计划，那么，拿了激励之后要定未来5年的目标，自然就要进一步讨论战略和目标。这样，目标就逐步落地了。

是否使用股权激励要根据公司实际情况而定，但是否深入了解这一工具，并能灵活运用这一工具却是许多管理者的必修课。

至此，我们将业绩铁三角（预算、分析、激励）的全部内容都分享完毕。在本书的最后一章，我想再对业绩铁三角在我国企业实施过程中的组织问题，进行有意义的探讨。

5

落地篇

2021年，我在悦财公众号上发表了一项关于降本增效深层次原因的投票，令我吃惊的是，票选第一的原因竟然是组织问题：财务组织结构如何配合公司运营，提高分析管控能力？无独有偶，在过去几年的咨询过程中，有超过一半以上的创始人、CFO找到我，都是咨询组织转型的问题。可以说，世界500强企业最佳实践如何本土化，如何推动我国企业组织转型是当今最困扰企业高层的问题。

第 12 章
组织转型

12.1 痛点：八成中国企业，尚未建成铁三角

李总是一家大型内资企业的 CFO，他找到我分享了他的困惑。他的团队有数千位财务人员，目前企业的收入和利润因种种原因都呈现出下滑趋势。在进行了财务共享中心搭建之后，冗余了 300 多位财务人员。另外，业务对财务支持的需求，尤其是利润提升的需求大大增强。而在财务组织上，他们没有相应的组织予以配合。原本的财务团队能力偏传统会计，薪资不高，大家工作积极性也有限。另外，业务发展了多个部门，如运营部、战略部、总经办、销售管理部等，来与财务部"抢饭碗"。这些部门深入参与战略制定、业务分析并掌握大量数据。财务沦为后勤和记账部门，被逼到了墙角。

他梳理的 5 个主要问题如下：

1. 公司从粗放式经营向精益式经营发展的过程中，更关注利润提升。那么，财务组织应该如何变革、进化，配合公司发展？
2. 财务 BP 团队应该如何搭建，承担哪些职责，原有的基层会计能否转为财务 BP？
3. 团队向财务 BP 发展的过程中，应该如何进行梯队建设？谁为培养财务 BP 负责？财务 BP 的考核怎么做？

4. 在群雄逐鹿的年代，财务部如何与运营、战略等部门协同，并实现自身突围？
5. 在公司逐步上预算、分析等流程的过程中，阻力很大，如何在企业中搭建预算、分析、激励的业绩铁三角？

他的问题非常具有代表性。公司变革过程中，如何实现组织和人员的转型？搭建铁三角，从哪里开始？

我请他先做一份测试，测一测他的企业目前的业绩管理成熟度。

表12-1　企业业绩成熟度模型

类别	分类	初级	中级	高级	资深级
"土壤"	认知	管理层和一号位对业绩管理认知有限	认识到业绩管理的重要性，逐步搭建相关组织与流程，梳理战略	业绩管理体系有效搭建，企业以法治为主，战略相对清晰	完善的业绩管理体系，是业内的"黄埔军校"，业绩长期稳定
预算	目标设定	不设目标或仅为公司整体目标	团队目标趋于精准，与奖金弱挂钩；奖金KPI数量较多，精度低	个人目标较为精准，目标与奖金强挂钩，奖金KPI数量减少，精度提高	战略牵引的目标与KPI设计，指标体系有效
	资源分配	基于业务负责人判断的资源分配	基于公司高管团队判断的资源分配	基于有效计划的资源分配，浪费减少	基于战略的资源分配，资源精准配置
	预算体系	几乎没有预算，预算花费时间少	预算起步，开展年度预算，关键项目落地困难，花费时间逐步增加	开展战略规划，滚动预测，部分项目落地，完善规划流程，花费时间多	预算体系完善，"关键战役"落地支撑战略，超越预算，花费时间逐步减少
激励	长短期激励	提成为主，基本无流程指引	提成与奖金等的结合，激励KPI基本与战略不挂钩，流程有限，奖金透明度低	奖金为主，配合长期股权激励，激励KPI能配合战略，流程有序推进，奖金透明度高	深度反映战略并指导运营的长短期激励计划，绩效与薪酬流程完善，组织活力强、战斗力高
分析	分析决策	仅有少量基于历史的、有限的数据，描述性分析为主	描述性与诊断性分析的结合，能通过数据发现部分问题，模糊决策为主	诊断性分析，有效解决问题，基于数据与事实做决策	前瞻性布局，预判问题，分析并重塑战略
组织	业绩管理组织	账务财务组织，极少量高管主导业绩管理	共享财务组织，多体系散落贡献，缺乏有效的牵头人	业务财务组织，战略组织清晰，多部门协助联动发力	战略财务组织，组织人才全面支撑公司战略与运营
系统	系统支持	以手工、Excel为主，记账软件有限	ERP系统部分模块实施，基于Excel进行预算与分析	ERP与预算系统全面实施，有效运作	数字化体系完善，提供精准及时的数据与预测

实现有效跨越的重要能力

李总认真地做了测试，测评结果为"中级"，代表他的企业已经逐步开展相应的体系搭建，但尚未建成业绩铁三角体系（"高级"代表初步完成业绩铁三角的搭建）。

恰巧这个时候我的朋友王总也在，他的企业在财务 BP 转型过程中有较为成功的经验。我请王总分享他的成功经验。

案例：财务组织的进化

冯月思：王总，您觉得民企业财转型过程中，关键点是什么？

王总：找明白人。招 10 个薪酬 20 万元的人，不如招一个 80 万元的明白人来得有用。市场上在大公司工作的人才，看起来薪酬差不多，但事实上分为两种：一种是可以自带体系的人才，一种是在体系中工作的人才。财务组织转型的第一步，是在市场上寻找那些可以自带体系，能够从 0 到 1 的人。没有体系和方法，无论是做分析，还是做预算，都无法形成战斗力。

我所在的公司，过去做分析的同事提供的是三张会计报表，和董事长开会汇报，讲的是会计事项，董事长并不感兴趣。后来，请了明白人来搭体系和架构，一下子就从杂牌军变成了正规军，体系和架构有了，大家就可以依据相应流程展开工作，这是转型过程中关键的一步。

冯月思：那么，您的财务 BP 组织有怎样的进化过程呢？

王总：最开始，基本上就是"会计 BP"团队，大家都不懂如何做。接下来，总账慢慢进化为报表，报表进化为分析，再逐步进化为财务 BP。一开始，我们财务 BP 团队按收入、费用来分工：一个经理管收入，两个经理管费用。后来，我们变成了事业部制的财务 BP 组织。在从收入与费用分工到事业部分工的过程中，我们还经历了一些探索。开始的时候，大家都感觉很迷茫，那时的财务 BP 既负责收入，又负责 A 事业部。经历了一段时间的转型期之后，各个 BP 开始独立运作自己事业部的利润表，工作逐渐开展起来。再后来，我们逐渐在市场中引进优秀的事业部财务 BP 人才，战斗力逐步提升。

冯月思：我还在回想您之前说的"市场上的人才分两种"这个观点，特别有感触。大家都清楚，当今市场上的绝大部分大公司工作的 BP，是被体系赋能的人。如果体系一摊烂泥，比如完全不能计算事业部的收入和利润，完全没有任何数字化系统、数据看板，这些 BP 基本上就无法工作了，即使招聘进来了，也会很快离开。

王总：是的。所以开始先要招有体系的"大牛"来搭体系，有了体系，再招"小牛"来提升工作质量，一步一步走。

12.2 "土壤"：变革失败的根源

结合李总的公司的测评结果和他梳理的 5 个问题，我把他的公司在财务组织转型中所面临的 3 个问题梳理为一幅图（见图 12-1）。我把组织分为三个层次："土壤"、人才和组织。我们必须深入组织的"土壤"，观察一号位和管理团队对管理的认知，观察公司的战略是否清晰，公司的机制体系（尤其是治理机制、权力机制，法治机制等）是否健全。组织变革能否成功，关键看"土壤"。"土壤"不行，再有能人也无法主导变革。组织的细胞是人才，人才涉及有多少人、想不想干、能不能干、允不允许干的问题。一个人不能称为组织，两人以上才能形成组织、形成分工、形成结构、形成文化，并不断变革与进化。但仅仅关注人才和组织，是远远不够的。

李总思索良久说："月思，我非常同意你这幅图里面所提的'土壤'问题。确实，过去我们在讨论组织转型时，都是在谈人才、谈组织、谈变革。但真正落地实操的过程中，发现业务部门对财务转型缺乏认知，根本不予以支持。公司政治环境复杂，派系林立，动弹不得。这都严重阻碍了组织转型的进程。"

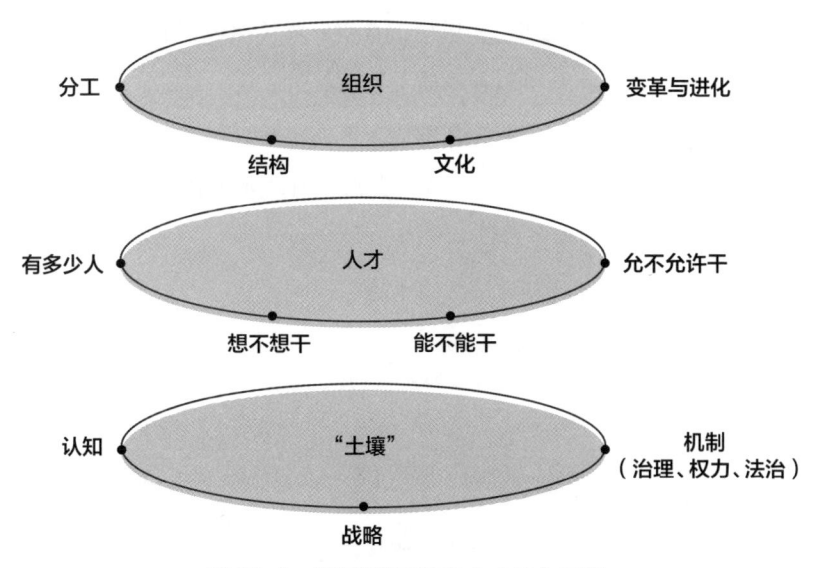

```
分工 ●——— 组织 ———● 变革与进化
         结构   文化

有多少人 ●——— 人才 ———● 允不允许干
         想不想干 能不能干

认知 ●——— "土壤" ———● 机制
                    （治理、权力、法治）
         战略
```

图 12-1 组织转型面临的 3 个核心问题

我想谈谈自己在组织转型过程中的经历。10 年前，我亲身参与过世界 500 强公司的大型财务共享中心从 0 到 1 的创建过程；10 年后，我陪伴千亿市值的内资公司探索业财转型之路。从我自己的实践来看，引入财务 BP、业绩铁三角体系，比建立财务共享中心难太多了，完全是不同的难度。

财务 BP 和业绩管理体系在中国的实施是一个谜。许多公司折戟而归，建了几十人的财务 BP 团队，花了两年时间，却收效甚微。为什么同一套在国际化企业成功应用的体系，在我国一些本土企业却效果不好呢？橘生淮南为橘，生淮北为枳。不是种子不同，是环境不同。一个事物，对一部分人非常管用，另一部分人不管用，那一定是对其机制还没有真正研究透。

过去，我国一些企业进行业绩管理体系搭建怎么干？上预算，上系统，上分析，但就是走不通。为什么？因为没有明白人，创始人不重视预算，组织政治环境复杂，体系推行不动。若想建设有中国特色的业绩铁三角及财务 BP 体系，就要先治理"土壤"，根基打实，然后再真正地走从账务财务到战略财务之路。

"土壤"是什么？还是业绩铁三角的战略、机制，同时强化认知。

1. 认知：企业有长期主义思想，希望形成长期稳定的业绩，同时认识到业绩管理体系可以在本质上帮助其达成这一目的。
2. 战略：公司有一定业绩基础，未来方向是清晰的。
3. 机制：要法治不要人治，企业的政治环境不能过于复杂。

接下来，我来详细聊聊这三大"土壤"。

认知

认知是根本，认知即结果。

企业要有长期主义思想，希望形成长期稳定的业绩，同时认识到业绩管理体系可以在本质上帮助其达成这一目的。构建业绩铁三角可以帮助企业实现长期稳定的业绩，达到基业长青。如果一个企业抱着短期发展的目标，只是赚几年快钱，那它不需要搭建业绩管理体系。

当企业发展到一定阶段，形成了不错的业绩，它考虑的必然是如何维持这一稳定的业绩。企业本身有长期稳定发展的目标和诉求，企业管理者也必须有相应的认知。其中，业务部门和财务部门对管理的认知，对变革的紧迫感，是成功的第一个前提。

以财务 BP 组织搭建为例。有的公司招聘财务 BP，是财务部门发起的。业务部门完全不参与，不过问。认为预算是财务部门的事，与业务部门无关。有的公司是业务部门发起的，财务部门并不支持，招聘财务 BP 由业务部门发起，CFO 连面试都不露面。财务 BP 招进来之后，财务人员在背后搞一些小动作，最后出现一年换了 4 个以上财务 BP 的情况。

业务部门和财务部门都要真正理解跨越管理山对公司的意义和价值，并对公司业绩管理的切入点、步骤、可实现的结果的认知充分达成一致。至少，彼此不掣肘，不能抱着看戏的心态。

思想不先进的公司，是跟不上时代的，无法完成管理体系的真正搭建。

战略

公司有一定业绩基础,未来方向是清晰的。

完善管理的前提,需要一定的业务基础。

什么样的公司不需要预算?没有找到商业模式,没有达到产品市场匹配的公司不需要做预算。为什么?因为产品没跑通,所以不需要想自己能收入多少,即便想了也肯定达不到。先服务客户,让公司先成为一个对社会有用的公司。

因此,呼应本书开头的产品山、资本山、管理山的介绍,企业必须达到一定的发展阶段,才可能开始系统构建管理体系。

有的公司虽然比较大了,仍然战略混乱。业务的方向天天变,今天要国际化,就开始招人;明天想想,国际化好难,就开始开人。战略与业务方向没有一定的定力,就无法真正落实组织,无法踏踏实实跑业务。

如果公司业务天天都变化,那么,战略规划就没有规划的可能性,预算也没办法算,分析实际与预算的差异也做不了。战略决定组织,组织能力强,才能进行变革。生意里业务为本。

机制

机制,要多一些法治,少一些人治。

什么是法治?法治是在不确定性中寻找确定性,形成法治约束,约束不正当行为,形成内部秩序。法治构建的是秩序,稳定的秩序,法治依赖的是法,是制度。人治也能构建部分秩序,但是其依赖的是人,形成的秩序不稳定。

有人会好奇:法治和业绩管理体系是什么关系?构建业绩管理体系的本质,是公司要走体系化、系统化之路。企业要有规矩、有规则,团队要守规矩、守规则。比如,指标说好了 1 000 万元,任何人都不能改,即使被考核人的奖金拿不到也不能修改。这样管理才有意义。如果老板一特批,就可以修改了，那业绩管理体系就失效了。所以说，人治的"土壤"缺乏体系化、法治化的可能性，无法产出法治的果实。

如何判断一家企业是更偏人治还是更偏法治呢？

更偏法治的公司有法可依、执法必严。那更偏人治的公司呢？

第一，更偏人治的公司无法可依，老板就是法。

第二，公司缺乏有效的管理制度，权力体系不清晰，内控混乱。例如，审批权限、招人的标准及流程主要根据老板近期的想法。

第三，更偏人治的公司有法不依，执法不严，即使有规章制度，某些人仗着和老板关系好，出了问题也不用担责。公司制定了业务指标，分奖金的时候可以找老板特殊审批，随意修改。公司审批重要的费用、人数、调薪等事项，以与老板的关系亲疏远近为依据，或常常不走常规流程。

第四，更偏人治的公司依赖人而非体系。公司依靠老板人盯人，依靠人而非依靠组织能力。更偏人治的公司用人会充分考虑其与老板的亲属、同学、朋友关系。

第五，更偏人治的公司员工不是跟着业务跑，而是跟着老板跑，老板一言堂。公司员工以老板的喜好为主要的工作方向，花大量时间猜测老板意图，以老板对其看法为根本。

第六，更偏人治的公司变动很大，无法稳定输出。公司频繁调整业务方向、组织架构，又常常半途而废。

企业发展初期，人治效率更高，但是企业发展到一定规模，法治效率会成倍提升，而人治效率会急剧下降。因此，随着公司规模的扩张，从人治到法治，是公司发展的必经之路。

管理体系是法治的产物，因为它强调规则，强调控制，强调依律而行。例如，制定了指标，就要按指标进行考核，不能肆意修改指标。这就是为什么财务组织转型比人事组织转型要更困难的部分原因，因为人事组织对法治的要求、对数字化的要求没有财务组织高。

另外，政治环境不能过于复杂。许多公司政治环境错综复杂，也封死了变革的"土壤"。有的公司，内部有非常多的陷阱和雷区，随时可能"爆雷"。这种"土壤"没办法引入变革。比如，公司想推战略规划，各个部门各怀鬼胎，但凡公司推进的流程，利益相关人员就要尽量把这个流程给破坏掉。这样如何能真正推进流程？

李总补充道："目前，许多公司在进行组织变革的过程中，过于着急，违背事物发展的客观规律。长期投资，并非短期投资的 N 次方。短期投资和长期投资的结构、方法、收益是不同的。能理解这个道理，就能摆脱短期投资的陷阱，进入正反馈循环。如今的市场情况比 20 年前要好得多。资本市场现在有接力棒机制，公司研发出好产品，到了某些阶段就可以估值变现，再传给下一拨投资人。这让长期投资这件事，从一个企业家的事，变成了投资圈共同的事。不过，投资企业内部的管理，又是另一件事。投资预算体系、预算系统，往往不能形成立竿见影的效果，鲜有投资人会为此买单。"

如果我们去看许多企业被并购、投后管理失败、江河日下的案例，根源往往在管理体系的缺失。管理能力与管理体系是企业到达一定阶段后的必修课，而非选修课。

最后，从国内财务组织转型成功的实践来看，有下面几类公司成功可能性更大：

1. 创新型的新公司，公司内部政治环境相对简单。
2. 创始人有成熟公司的经验背景，对财务认知度很高，法治程度也较高。
3. 外企在中国从小规模逐渐做到大规模，或者成熟外企总部的经验在中国直接复制。
4. 顶级民企（如华为、阿里等）。

失败可能性更大的公司的类型：

1. 部分大型企业，成立年限较长，组织混乱，政治环境复杂；

2. 老板、CFO 年纪大或临近退休；
3. 一号位或管理团队不懂管理，也不认可管理的价值。

12.3　组织：选对的人，10 年建成铁三角

午餐时分，李总聊到了团队目前的人才困境。他说，目前他们团队虽然人数众多，但是人员能力主要集中在财务会计能力。他是我第一本书《财务 BP：500 强高管的实践之道》最早的一批读者，他也给团队每人买了一本。团队研读后开了一个财务 BP 研讨会。会上有财务总监问他："老板，这本书提到的财务新职能，我们需要培训。谁要为培养新的财务 BP 负责？如何进行财务团队梯队建设？"

我说："李总，形成有战斗力的财务 BP 团队，比培养人更重要的是选对人。财务 BP 与传统会计是两个完全不同的岗位，目前财务组织的发展方向是越来越'瘦'。随着数字化的实施和财务共享外包，财务团队的人数在急剧减少，但是财务工作的内容、边界、增值点却发生了翻天覆地的变化。从世界 500 强公司的成功实践来看，其财务 BP 的数量是非常有限的，一个大 BP 可以管理几个亿，甚至数十亿的生意，不需要下属和团队。但是，他们的工作技能，却相当于一个高级管理者的技能。"

财务组织进化

2000—2007 年	2008—2012 年	2012—2018 年	2018—2023 年
账务财务	共享财务	业务财务	战略财务

图 12-2　某世界 500 强公司 20 年财务组织进化四阶段

1. **账务财务组织**。财务组织的发展，最初都是从账务财务组织进化而来。许多财务团队在做业务财务（财务 BP）的过程中，发现账目混乱，缺乏明细数据。想做事业部的利润表，发现根本没有设置过事业部的成本中心，公司的费用无法拆分至事业部。既涉及底层数据治理，又牵扯流程的变化、组织的变化，甚至是文化的变革，因此很难推行下去。可以说，底层的数据、流程的质量决定了财务组织是否能向业务财务进化的可能性。

2. **共享财务组织**。第二步的财务组织发展，表现为财务共享中心的建立，而实际上，财务共享中心发展的前提是数字化。如今，数字化的发展日新月异，从 ERP、预算系统的实施，到现在的 RPA（机器人流程自动化）、人工智能、机器学习等技术的发展，使公司整体的自动化水平大幅度提高，客户响应更及时、更准确。其中，最容易被忽视的往往是预算系统的实施。许多大型企业虽然实施了多年的 ERP 系统，但仍然是手工进行预算处理，这阻碍了预算的流程推进与自动化。

3. **业务财务组织**。当公司的数字化、财务共享中心逐步建成与完善之后，公司进入业务财务阶段，开始财务 BP 团队的搭建。从流程上看，就是搭建并完善业绩铁三角（预算、分析、激励）的过程。什么情况下可以判定企业的业务财务组织已经形成并发挥战斗力了呢？一方面，企业的财务 BP 可以深度参与业务决策与战略，形成独立有效的业务财务支持；另一方面，企业能够形成并建立预算、分析、激励的有效闭环，业务财务组织就建成了。

4. **战略财务组织**。当财务进一步地深入企业业务，引领企业的战略制定，财务组织又进行了一次新的进化。这时，财务不仅能引领并参与战略的制定，同时能够有效牵引投资、融资、股权等重大资本运作决策，保证企业业绩长期稳定地发展。这样，企业就建成了战略财务组织。

财务转型路线图

如图 12-3 所示，企业财务组织转型有三个关键步骤："土壤"治理、组织进化、人才提升。这三个关键步骤，有可能是同时并行的。"土壤"治理我们之前已经聊了许多。从组织进化来看，有两种模式选择。

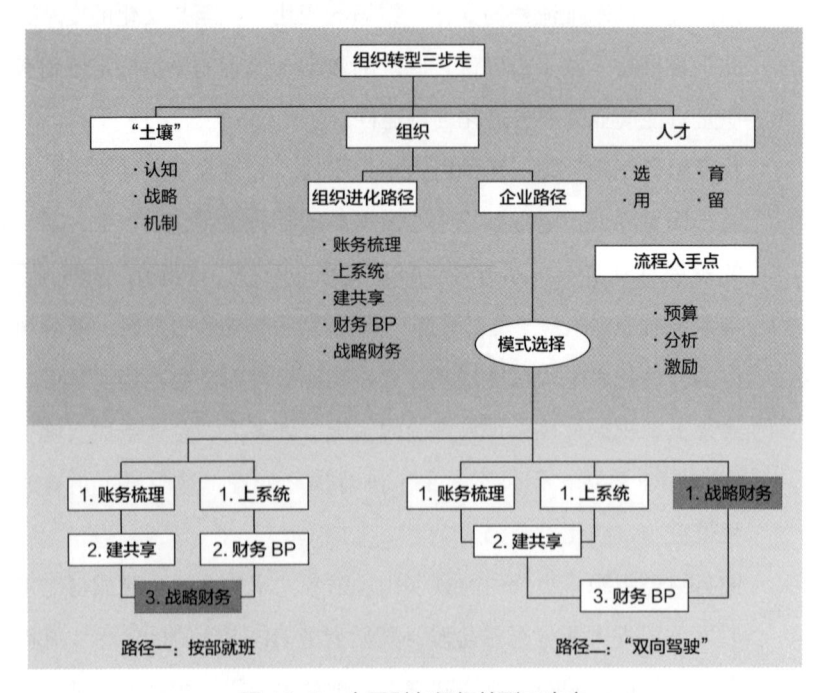

图 12-3 中国财务组织转型三步走

模式一，我们可以按世界 500 强企业的步骤，按部就班、循序渐进地推进组织的进程，这大概需要 20 年。

模式二，也是我国部分内资公司近两年的实践，进行"双向驾驶"。什么是"双向驾驶"？就是聘请一些有相当行业经验的战略财务专家进入企业，同时进行战略财务方向的把脉，以及帮助企业推进财务进程。这种专家可能并不在传统的财务部工作，而是在战略部、运营部、总经办等业务直属的部门工作，展开部分的"赛马"机制。

红军	蓝军
账务梳理—财务系统—共享中心—财务BP	战略财务—财务BP
1. 账务规范化 2. ERP 系统 3. 预算系统 4. 财务共享 5. 财务组织升级 6. 财务培训 7. 业务的财务培训	1. 投资管理与决策 2. 投后管理 3. 筹资：如分拆上市等 4. 战略财务规划 5. 重大激励 KPI 设计 6. 重大收入、利润、现金流管理 7. 公司财务、业务人员财务敏锐度的提升与辅导 8. 协助红军完成红军工作

图 12-4　某公司红军、蓝军"双向驾驶"的主要职责分工

很多公司就有这样的蓝军存在，比如李总的公司里就有，他们也确实不在李总的团队里。下属经常问他，战略部的人总抢活怎么办？李总说，权力是争来的，不是等来的。我们自己实力不提升，不能帮到业务部门，就会大权旁落。我们可以积极地从公司各个部门吸引人才到财务部，形成财务部内部的红军和蓝军，对业务部门形成更强支撑。

有的公司有四五个组织在共同做业绩管理的工作：总经办、战略部、销售管理部、人事绩效部门、财务部门、IT 部门等。实际上，如果我们从更宏观的视角来看，这些部门都是做从战略到激励的工作，公司在未来非常可能将这些组织进行整合，以便更有利于牵拉整体流程。

实际上，我们看世界 500 强企业的实践，业绩铁三角的核心管理组织会回归财务，数据也集中在财务和 IT 部门。这不仅有利于公司权力的分配与制衡，还有利于组织的整合。运营，这一非常具有中国特色的组织，未来会和财务逐步合并，并形成更为有效的战斗力。未来，组织也会逐步规范和统一，这需要一个过程。

目前，我国企业在建设业绩铁三角的道路上还有很长的路要走。真正可以走通这条路的公司，可能只占 20%—30%，但是只要企业成功构建业绩铁三角，形成完善的管理体系，就能通往基业长青之路。

结语
管理，与人性为伴

管理是科学与人性艺术的结合。来到结语，我想聊聊人性。

人性本善还是人性本恶？这是一道千古谜题。人性是一个综合体，既有善的一面，也有恶的一面。那么，如何激发人性善，抑制人性恶呢？总的来说有两种方法。

教化：通过教育、道德约束、宗教、文化建设等构建道德标准和文化氛围，以倡导人性善，抑制人性恶，使人形成条件反射及自我约束。

管理：通过机制或科学的目标制定与激励等，对人性善的行为进行奖励，人性恶的行为进行惩罚，以期实现预期结果。法律、激励机制为此方面的体系，其政治体现为法治。

那么，这两种方法，我们应该用哪种呢？两手抓，两手都要硬。一方面，积极建设公司文化，选择高道德水准的管理者；另一方面，完善科学管理，充分激发人的主观能动性，抑制人性恶。

意义

最让人觉得幸福的，就是做有意义的事。人类喜欢追求使命感，追求心中的成就感，这样的人生会收获更多幸福。

目标就是获得意义感最好的工具之一。好的目标激发人的主观能动性，让人愿意挑战；而过高的目标，会让人产生挫败感，产生畏难情绪。

我先生和我分享，他人生最有干劲的时候就是高考之前，目标非常明确，就是考高分。工作以后，他感觉学习很难，为什么？因为他失去了学习的目标，他不知道自己应该学什么？学成什么样？有怎样的激励？

我想，人性对意义的追求，对目标的追求，是预算这一管理工具成功的根本保障。我们通过设置有一定挑战，但又不过高的目标，让人的精力高度集中，一次又一次地完成自我超越。

契约精神

人遵守规则，这是一项了不起的人性。这项人性的背后，是忍耐、诚信、团结、奉献。契约精神，让机制起作用。如果人不能遵守规则，不能舍小利为家国，那么，管理的难度会无限放大。

我的总经理总对我说："管理者最主要的工作就是制定规则，并允许团队在规则的框里探索个人的最大化利益。如果有人因为我们制定的规则钻了空子，那不是下属的问题，是我们规则制定者的责任。我们要尽快修改，并重新认识规则的设计体系。"他这么说，也这样做。他对权力很克制，很尊重。有经销商不按规矩办事，他并不是马上取消其经销商资格，而是说："回去查一下经销商的协议，协议是否规定了这样的情况如何处罚。"他想办个10万元的管理团队会，不会直接吩咐秘书去办，而是对秘书说："你和月思先申请预算，预算下来了再开始准备。"

再举一个例子，宋仁宗时代，人才辈出，苏轼、范仲淹、王安石、司马光、欧阳修等都来自那个时代。宋仁宗是垂拱而治的典范，后人将其治理之道归纳为9个字："任贤相、听台谏、遵法度"。这9个字翻译成今天管理的语言就是：会用人、懂组织、遵机制。我常想，为何宋仁宗在位的42年中可以涌现那么多的文坛巨匠？看了这9个字，我懂了：他不仅懂组织，更懂机制、懂文化。一个不着痕迹的管理者，创造了文化盛世，宋仁宗对管理的理解、运用可为今日之借鉴。

这就是我为何在过往那么多学者认知的"企业成功＝战略×组织"的公式上，添加机制这一要素。机制从更本质的层面决定了企业的成败。真正懂机制的管理者，是科学与人性艺术高度结合的管理者，他们是管理的集大成者。

人性之善还有许多方面，鉴于篇幅所限，我不再一一列举。接下来，我们来看人性之恶。

贪婪

人性的贪婪，在预算领域最大的体现，就是制定不切合实际的目标。

为什么目标要不切合实际？因为老板总觉得目标高一点，团队压力大一点，实际达成也会高一点。这种不切合实际的目标，不仅体现在不可及的销售数字上，还体现在跨越式的组织管理目标上。

我举个例子，经常有创始人向我咨询如何能够建成财务 BP 体系。当我帮他分析了目前的情况，分享了财务组织发展图，并告知他需要 10 年以上的时候，他觉得这太慢了。他认为，1—2 年就可以从第一阶段跨越到最后一阶段。

其实组织的成长，也必须遵循其发展规律，一步一个脚印地发展，并能够适时"借力"。比如，借用市场成熟的人才而非内部培养人才来提升组织能力。比如，与产业生态链的其他公司合作，来互补彼此的产品与客户，先上一个台阶。

贪婪在战略制定上的陷阱体现在什么方向都想做，做加法而非减法。有一年，我去拜访一位做研发财务的朋友，和她请教如何把研发投资做得更好。一开场，她问我："你们公司在研的管线（研发项目）数量有多少？"我说："30 个。"她说："完了，你们公司落入陷阱了。"

我问："为什么这么说？"她说："你去研究一下国际上真正研发出大项目的公司，它的研发管线和人员配置都是高度聚焦在一两个领域，聘请世界前五的科学家团队，这样的团队才可能做出来大单品。如果你的研发精力如此分散，能做出大单品的可能性微乎其微。一个公司不可能'既要，又要，还要'，我们不是要追求完美，而是要集中精力做出大单品。"

如何用科学的管理打败贪婪？如果我们有自上而下—自下而上—自上而下的科学的指标制定流程，如果我们明确地告诉老板，高指标带来的奖金无法达成以及资源错配的危害，老板就会理性地思考是否需要高指标。

恐惧

许多创始人非常恐惧失去权力，不愿把能力沉淀在组织上，迷恋权力，认为公司处于"离开创始人就转不了"的状态。行人治而非法治，是管理体系构建的关键障碍。而这样的公司，一旦创始人真正离开公司，公司股价不降反升，这从某种层面也反映出资本市场对人治危害的认知。

深究一层，这样的管理者往往有着很强的不安全感，最大的不安全感源自其在股权架构上的不安全感。我观察到，如果创始人不是公司最大的股东，他有被踢出局的风险，他就可能更会强化自身对企业的独特价值，行人治之事。

同时，如果公司没有合理的监督机制，也会造成大量的个人崇拜，甚至是腐败。

那怎么办？用机制平衡人性恶。什么机制？治理机制、用人机制、监督机制、激励机制。在公司股权架构上、董事会席位上、监事会作用上进行有效的设置。要知道，人性是禁不起考验的，一旦在机制设置上出现漏洞，就会激发人性之恶。比如，缺乏审计的公司会出现更多的腐败。同时，用激励机制，才能真正激励管理者把能力沉淀在组织上。

自卑

人性弱点在分析上最大的体现，就是不敢直面问题。我们明明发现了关键问题，但是因为领导者不敢承认自己有问题，对问题视而不见，错过了问题解决的时机。

实际上，每个人在内心深处都害怕被指责、被否定。因为指责很容易带来人的自我怀疑，使人自卑。真正敢于直面问题的人，必须有极大的自信。我们不能对管理者苛求过多。我们不能要求管理者每一次克服自己的人性，去直面公司全部的、深层次的问题，这不现实。

管理者是凡人不是圣人，更不是神。不苛求人性完美，是对人性基本规律的尊重。尊重老板是个凡人，对其有凡人期待，预期会更合理。

回到机制平衡人性的角度：我们可以构建合理的分析机制，让问题有秩序地暴露给各个层次的管理者，并在不同的层次予以解决。试想，如果老板听到一箩筐的问题，再强大的人也可能会抓狂。但若每个下属都带着解决方案来讨论问题和解决方案，老板会平静下来，心平气和地讨论问题与解决方案。

因此，在业务分析会上，我们不建议把会场变成激发人性恶的场域，变成自我怀疑的会场，而恰恰相反，业务分析会应该成为激发人的主观能动性和带动问题解决的场域。

自私

人性陷阱在激励领域，体现在自私。老板不愿与团队分利，表现得小气，或在公司上市前夕夺走高管的股份，进而闹上法庭等这样"双输"的故事，不在少数。

如何用机制平衡人性恶？在激励授予的过程中，我们要遵循更科学的方法与流程。比如，在激励的设置过程中，不能"拍脑袋"，而要合理地论功行赏。每个人的贡献是多少，公司控制权的合理安排是怎样的？在与高管签订的合同上，规定若辞退高管，公司是否可以收回股权。如果不能，那么，老板也不会动"在公司上市前开人"的心思。

如果所分配的激励都是符合市场规律的，是被法律有效约束的，那么，大家都会在规则中行走，反而省下许多内耗。

尊重管理科学

谈完人性，我还想回归管理的科学。

有一位创始人对我说，他从不看任何管理学的书。因为他觉得管理根本就不是一个科学，管理没什么可学的，实践就完了。坦率说，如果创始人自己对管理有如此认知的话，公司的管理不太可能先进。如果部分管理者蔑视管理的科学性，随意调整组织、薪酬、预算目标等，只会把公司搞得一团乱。深究其原因，这些无视管理科学的管理者，一方面是对管理的认知有限，另一方面是对自己过往无管理取得的"成功"路径的依赖。

如果我们不能尊重管理的科学性，不能理解管理是笨功夫，那么，我们就没有可能真正推开管理的大门。所以，我们应该充分尊重管理的科学，学习管理科学中的规律和方法，并逐步结合人性的艺术，经年累月磨炼自身，才能成长为一个成熟的管理者。

人性是非常有深度的话题，仅读此篇远远不够。人性的著作，史书中写得尤为淋漓尽致。好的史学家，都是人性的观察者、记录者和思考者。《史记》《资治通鉴》等都是反映人性的好书。另外，政治方面的书籍也给商业机制构建方面提供了许多范式和指导。

感谢您阅读此书，也衷心祝愿您所在的企业在管理体系的构建方面，可以有长足的进步，未来10年可以踏入世界领先的行列。我相信，未来终会有一天，我国企业的管理体系、管理方法论可以输出至全世界，成为世界企业学习的标杆与楷模。我也会与所有管理者一起，引领和探索我国企业的财务转型与业绩提升之路，并将朴素的理论与实践传播于世。

愿我们满怀热爱，保持敬畏，成就美好人生！